中央大学社会科学研究所研究叢書……23

変革の中の地方政府

自治・分権の制度設計

礒崎 初仁 編著

中央大学出版部

まえがき

　近年，わが国の地方自治は大きく変わろうとしている。大きくみると，その原因・背景は二つある。

　一つは地方分権改革の推進である。地方分権一括法（2000年施行）を中心とする第1次分権改革によって機関委任事務制度が廃止され，自治体には主体的な政策形成・実施と自主的な行政運営が求められるようになった。また，分権時代を担うために平成の市町村合併が進められ，全国約3,200に及ぶ市町村が1,800弱に減少（2009年4月1日現在1,777），これに伴って都道府県の存在意義や区域・範囲のあり方が問われ，道州制導入を含む制度改革が論議されている。また，現在，地方分権改革推進委員会（2006年設置）を中心に，都道府県から市町村への権限移譲，国の地方支分部局の廃止統合と都道府県への権限移譲，法令による義務づけ・枠づけの廃止縮小など第2次分権改革の検討が進められている。これらの一連の改革を「分権改革の文脈」ととらえることができよう。

　もう一つは，新しい行政運営のあり方を求める改革である。1990年代以降，わが国の行政運営に企業経営の発想と手法を持ち込むNPM（New Public Management）改革の理念と手法が導入され，自治体の制度と運営を変えようとしている。民営化・民間委託の推進，行政評価への注目，公共施設におけるPFI制度や指定管理者の導入などがこれである。また，ボランティア，NPOなどの役割が拡大し，こうした市民の活動や力量を「新しい公共」として注目して地域経営に活かす取組みが進められている。こうした改革は「ガバメント（統治）からガバナンス（協治）へ」といわれるように，公共組織や公共性の意味を問い直すことにもつながっている。これらの一連の改革は「公共性改革の文脈」ととらえることができる。

　このような改革は，もちろん一つの設計図に基づいて計画的に進められているわけではない。個々の改革は，様々な状況の下で，関係者が意見をぶつけ合

い交渉と妥協の下で当面の着地点を見出しているのが現実であり，その結果・影響には未知数の部分が多い。本書は，こうした改革によって自治体と住民自治のあり方がどう変わろうとしているか，そこにはどういう課題と可能性があるか，このことを主として制度と政策に着目して検証しようとするものである。

　具体的にいえば，第1章「都道府県制度の改革と道州制」（礒崎）と第2章「『道州制答申』の審議経過」（今村）は，第1次分権改革と平成の市町村合併を踏まえて求められている広域自治体の改革を扱ったものである。前者は，これまでの改革論議を幅広く把握し主要な論点について考察することを通じて，後者は一種の参与観察の手法によって道州制構想がまとめられたプロセスを検証することを通じて，広域自治体改革のテーマに挑んだものである。いずれも「分権改革の文脈」に位置する研究といえる。

　第3章「首都圏都市型自治体議会の会派における政策形成」（田口）は，分権化の進展によって重要性が増している自治体議会の「会派」に注目して，その機能（とくに政策形成機能）の変化について論じたもので，「分権改革の文脈」に属するものであるが，市民・地域との関係で議会という政治機関の今後のあり方を示唆する点で「公共性改革の文脈」をも含んでいると考えられる。第4章「地方環境税の分類と徴税権を巡る自治体間調整」（髙井）も，分権化の中で急速に増えてきた自治体の自主課税（とくに政策税制）の全体像を整理するとともに，二重課税などの新しい問題を取り上げたもので，「分権改革の文脈」に位置づけられるが，市民が税負担という形で政策形成を支えるという意味では「公共性改革の文脈」をも含みもつと考えられる。

　これらに対し，第5章「指定管理者制度導入に伴う第三セクターの変容」（岩崎）は，公共施設管理においてコスト削減とサービス向上をめざして導入された指定管理者制度が，第三セクターの運営にどのような影響を与えているかについて実務に基づいて分析したもので，主として「公共性改革の文脈」に属する研究といえる。

　さらに第6章「首都圏政策の形成と東京都の都市計画」（早川）と第7章「神

奈川県における土地利用コントロールのあり方」（出石）は，いずれも都市計画・土地利用の制度・政策を取り上げるものである。前者は，国の首都圏政策と都の都市計画がどのような関係の中で形成されてきたか，戦後の歴史の中から政策面を中心に描き出しているのに対して，後者は分権化の進む土地利用分野において，広域自治体と基礎自治体の権限・役割がどう交錯しているか，制度面を中心に今日的な課題を提起している。いずれも「分権改革の文脈」に位置づけることができよう。

このように，本書は各章がそれぞれ独立した内容をもつ「論文集」であるが，1990年代から2000年代に進められてきた自治体制度の改革が，日本の地方自治にどのような影響を与えようとしているか，今後，日本の自治体が自立的な「地方政府」になるにはどのような課題と可能性があるか，実態に即して検証しようとしている点では共通している。もとより主要な問題さえ網羅しているわけではないが，全体を通読すれば変革のさなかにある自治体の実相が浮かび上がってくると思う。

本書が研究者，実務家，市民など多くの方々に読まれ，わが国の自治・分権の取組みに何らかの示唆を与えることができるとすれば，望外の喜びである。

本書は，中央大学社会科学研究所に設置された「地方政府体系研究会」（主査・礒崎初仁，設置期間：2003〜2005年度）の研究成果をまとめたものである。この研究会は，研究者5名（院生1名を含む）と実務家8名による混成部隊であり，取り上げた課題や素材も実務的・学際的なものとなった。毎回の研究会や合宿も「自治」に関する最新情報が飛び交う，充実したものであった。実は，実務家のうち3名はその後大学教員や研究機関の研究員に転身され，今では研究活動を本業にされている。このことも，本研究会には各分野で活躍中の人材が集まっていたことを示すものではないかと思う。また，諸般の事情により論文の寄稿には至らなかったメンバーも，何度か研究報告をしていただき，研究活動を豊かにしていただいた。本書もそうした議論の中から生まれたものである。執筆者以外のメンバーである三枝茂樹（神奈川県職員），曽根暁子（大田区

職員），武智秀之（中央大学），千葉修平（神奈川県知事秘書），土田伸也（当時，愛知県立大学，現中央大学），土屋耕平（早稲田大学大学院）の各氏には，心から感謝したい。

　研究会は実際には2006年度まで活動していたが，同年度には草稿の読み合せもしていたから，本書は2007年度中には刊行すべきものであった。多くの原稿を預かりながら大幅に刊行が遅れてしまい，提出されていた執筆者には深くお詫びしたい。また，そうした状況にもかかわらず，研究会活動と本書の刊行を支援してくださった社会科学研究所の川崎嘉元・元所長はじめ歴代所長並びに研究所事務室の鈴木真子氏，そして丁寧な本に仕上げていただいた中央大学出版部の柴﨑郁子氏に，心から感謝申しあげる。

2009年8月

研究代表者　礒　崎　初　仁

目　　次

まえがき

第1章　都道府県制度の改革と道州制
　　　　──府県のアイデンティティとは何か──
礒　崎　初　仁

　はじめに……………………………………………………………………1
　1．府県制度改革論議の変遷 ……………………………………………3
　2．府県制度改革論議の検討 ……………………………………………8
　3．府県制度の現状と問題点－府県機能を中心に ……………………30
　4．府県制度改革の視点と方向性 ………………………………………43
　5．道州制構想の検討 ……………………………………………………65

第2章　「道州制答申」の審議経過
　　　　──参加経験の記録として──
今　村　都　南　雄

　はじめに…………………………………………………………………81
　1．前期地制調からの継続性について …………………………………82
　2．都道府県合併か，道州制の導入か …………………………………85
　3．予想を超える審議のテンポと取り組み ……………………………88
　4．集約されずにおわった憲法論議 ……………………………………93
　5．問われた「この国のかたち」…………………………………………99

第3章　首都圏都市型自治体議会の会派における政策形成
田　口　一　博

　はじめに…………………………………………………………………105

1．会派の概観 ……………………………………………106
2．会派の形成 ……………………………………………109
3．会派の機能 ……………………………………………110
4．自治体の政策とは ……………………………………116
5．議会における決定と政策への反映 …………………118
6．首都圏自治体議会における会派と議員の変容 ……122
7．会派の今後 ……………………………………………131

第4章　地方環境税の分類と徴税権を巡る自治体間調整
　　　　──産業廃棄物税・水源涵養税を素材として──
髙井　正

はじめに ……………………………………………………139
1．環境税の分類 …………………………………………140
2．地方環境税の現状 ……………………………………144
3．地方環境税の徴税権を巡る自治体間調整 …………157
おわりに ……………………………………………………163

第5章　指定管理者制度導入に伴う第三セクターの変容
　　　　──財団法人神奈川県公園協会を例にして──
岩﨑　忠

はじめに ……………………………………………………167
1．第三セクターの果たしてきた役割 …………………168
2．指定管理者制度の導入 ………………………………172
3．神奈川県立都市公園の指定管理者制度の導入状況 …176
4．指定管理者制度導入に伴う(財)神奈川県公園協会の変容 ……189
5．今後の第三セクターについて ………………………192

第6章　首都圏政策の形成と東京都の都市計画
早川　淳

はじめに …………………………………………………………199
1．戦災復興計画における過大都市抑制策とその挫折 …………204
2．首都建設法の制定過程における東京都の役割 ………………212
3．首都圏政策の形成と東京都の都市計画の乖離 ………………219
4．首都制度改革論と首都圏政策の見直し ………………………226
5．巨大都市肯定論と多心型都市構造 ……………………………233
おわりに …………………………………………………………237

第7章　神奈川県における土地利用コントロールのあり方
　　　　──広域的課題と即地的課題が交錯する土地利用の
　　　　　　調整をめぐって──
出石　稔

はじめに …………………………………………………………247
1．本章の射程 ……………………………………………………248
2．都道府県と市町村の役割分担についての整理 ………………249
3．複雑にねじれる法定土地利用調整制度の構造（現状と課題）……250
4．自治体の独自条例による土地利用調整（現状と課題） ………264
5．考　察 …………………………………………………………270
おわりに …………………………………………………………272

第 1 章
都道府県制度の改革と道州制
——府県のアイデンティティとは何か——

礒崎 初仁

はじめに

　現在，都道府県制度の改革論が本格化しつつある。都道府県のあり方については過去にも様々な論議があったが，平成の市町村合併の推進等によって都道府県の機能の空洞化が指摘され，都道府県の合併や道州制の導入が議論されている。

　まず第27次地方制度調査会は，「今後の地方自治制度のあり方に関する答申」（2003年11月）において，「広域自治体としての役割，機能が十分に発揮されるためには，まず，都道府県の区域の拡大が必要である」とし，「現行の都道府県に代わる広域自治体としての道又は州…（中略）…から構成される制度（以下「道州制」という。）の導入を検討する必要がある」とした（地方制度調査会2003；22）。これを受けて，第28次地方制度調査会は「道州制のあり方に関する答申」（2006年2月）において，「広域自治体改革を…（中略）…国のかたちの見直しにかかわるものとして位置づける」とともに「その具体策としては道州制の導入が適当」とした（地方制度調査会2006；5-6）。

　また2007年3月には，道州制担当大臣の下に道州制ビジョン懇談会を設置し，その「中間報告」（2008年3月）において「日本の各地域が，地域の生活や振興に関しては独自の決定をなしうる権限を行使できる『主権』をもつ統治体

制，すなわち『地域主権型道州制』を打ち立てる」ことを目的として，「2018年までに道州制に完全移行すべき」とした（道州制ビジョン懇談会；8, 26）。

このように，中央レベルの政治の側では都道府県を廃止し道州制に転換するという方針が大きな流れとなっている。しかし，自治体や研究者の側では消極論・懐疑論が多い。何人かの知事は道州制推進を掲げているし，全国知事会でも道州制特別委員会を設置して検討しているが，その取りまとめ「道州制に関する基本的考え方」（2007年1月）では，道州制導入を打ち出すことなく，道州制の基本原則や課題等を指摘するにとどまっている。また，研究者の中でも慎重な意見が多いのが現実である。

しかし，これらの議論には，現行の都道府県制度がどのような役割を果たしてきたか，またどういう課題を抱えているかの検証が欠けている。もちろん道州制の導入は，単に広域自治体制度の再編にとどまる問題ではなく，「国のかたち」を変革する問題である。そうだとしても現行の都道府県が果たしてきた役割を簡単に廃棄してよいかが問題になるし，逆に現行の都道府県が抱えている問題点を新たな道州が引き継いでしまうという心配もある。新しい制度を導入するといっても，白いキャンバスに絵を描くような制度設計はできないのであって，現行制度に対する慎重な分析と評価が不可欠である。現在の道州制議論は，こうした地道な検討をはぶいて一気に「改革」に突き進もうとしている感があり，その点にリアリティの欠如と危うさを感じずにはいられない。

本章では，これまで論じられてきた都道府県制度の改革論を体系的に整理したうえで，改めて都道府県がどのような現状にあるか，実態分析に基づいて概観した後に，それをどう改革すべきか，検討を行う。そして，この検討の延長線上に道州制構想を置くとどのような点が問題となるか，いくつかの指摘を行いたい。昨今の道州制論議を念頭には置くが，その論議を地に足のついたものにするためにも，まず現行都道府県制度の問題点と現状を点検し，そこから改革のための視座を明確にしようというのが本章の目的である。

なお，以下では「都道府県」を便宜上「府県」と呼ぶ。

1．府県制度改革論議の変遷[1]

(1) 戦後改革期の改革論議（1945年〜54年）

　敗戦後，府県制度に関してまず問題になったのは，府県知事の選任方法と府県の団体としての性格である。内務省は，当初，府県知事の選任について府県議会の間接選挙制を提案し，これがGHQに拒否されると，知事は直接公選とするが，身分は従来どおり「官吏」とするという案を示した。その根拠は，府県は地方公共団体であると同時に国の行政区画として国家的事務を担当するという点にあった。しかし，この案もGHQ及び衆議院に拒否され，1947年4月制定の地方自治法では知事を「直接公選・公吏」にするという現在の制度に落ち着いた。戦後改革のスタート時から，府県は自治体か国の行政区画かという性格が問題になったのである。

　次に，1940年代後半〜50年代には，府県と大都市の関係が問題となる。まず47年には，横浜市等の5大市の働きかけが実って，地方自治法の改正により「特別市」の制度が導入された。特別市制は，法律で指定された大都市に府県の区域から独立した地位を認めるもので，地方自治の二層制の例外をつくるものであった。これに対して，5大市を抱える府県は，大都市独立後の残余地域との格差等を理由として反対運動を展開し，特別市を指定する法律の制定には，当該市の住民だけでなく大都市を抱える府県全体の住民投票（憲法95条）が必要であるという解釈をGHQから引き出して，事実上，特別市を指定する法律の制定を阻止することに成功し，二層制は維持された。

　その後も大都市と府県の対立は続いたが，その妥協策として56年の地方自治法改正によって現行の政令指定都市制度が成立し，一応の決着を迎える。こうした論争の中で，大都市側は府県による二重行政や二重監督の弊害を指摘し，「大都市に府県はいらない」と繰り返し主張したのである。

　また，この法改正では，都道府県は市町村を包括する広域の地方公共団体で

あること，広域，統一，連絡調整，補完という四つの事務を担当することが明確にされ（2条4項），抽象的ながら府県の制度的位置づけが明確にされた。

　この時期，様々な議論や利害対立を経て現在の府県制度の基礎がつくられたのである。

⑵　高度成長期の改革論議（1955年～74年）

　この時期，高度経済成長政策の下で，府県には地域開発や産業振興の推進役が期待され，財政収入の拡大もあって府県は幅広い分野で様々な事業を行うようになった。また，治山治水，電源開発など広域的な行政需要の拡大とともに，府県の規模・区域の狭小さが問題とされるとともに，依然として公選知事への不信感もあって，経済界を中心に府県合併や道州制の導入が唱えられるようになった。

　まず，57年に第4次地方制度調査会は，激しい議論を経て多数意見として，府県を廃止し全国7～8つのブロックごとに「地方」を設置するという「地方制」を答申した。「地方」は，拡大する広域的な地方公共団体としての性格と国家的性格を併せもつものとされ，執行機関たる「地方長」は内閣総理大臣任命の国家公務員とする構想であった。これに対して，府県はもとより，多くの有識者も反対し，対抗案として府県統合論を主張したため，地方制は実現に至らなかった。この論争では，経済成長を支えるうえで府県の区域が狭小にすぎることが府県廃止論の根拠とされ，府県が市町村自治の防波堤になっていることが府県存続論（府県統合論）の主な根拠とされた。

　また，63年には内閣に置かれた臨時行政調査会（第1次臨調）が，中央省庁の出先機関を統合する「地方庁」構想を打ち出したし，65年には第10次地方制度調査会が「府県合併」の促進を答申したが，ともに実現には至らなかった。さらに69年には関西経済団体連合会が，70年には日本商工会議所が，それぞれ公選の首長と議会を置く地方公共団体としての「道州制」を提唱するなど，経済界を中心に府県の広域再編を求める議論が盛んになったが，実現はしなかった。

一方，60年代には，行政需要の拡大に応えて機関委任事務や国庫補助金制度が増強され，中央－府県－市町村の縦系列の行政体制が強化された。また，63年には建設省地方建設局（現国土交通省地方整備局），農林省（現農林水産省）地方農政局が設置され，64年には道路法改正，新河川法の制定により知事の管理権限が国に吸い上げられるなど，中央省庁が府県を通すことなく直接事業を実施する体制がめざされた。こうしてつくられた体制は「新中央集権体制」と呼ばれている。

この時期，戦後の中央地方関係が完成する中で，自治体としての府県の存在は定着したが，府県合併，道州制導入などの改革論議が繰り返され，府県制度自体は不安定な状況にあったのである。

(3) 低成長期の改革論議（1975年～94年）

70年代後半から，高度経済成長と中央集権体制のひずみが明らかとなり，地域の自立をめざした取組みや議論が中心になる。大分県の「一村一品運動」など，自発的なまちづくり・村おこしに注目が集まる一方で，長洲一二氏（神奈川県知事）が提唱した「地方の時代」は一種の流行語となった。長洲氏は制度論としても，市町村自治を重視して府県を「市町村の連合事務局」と位置づけるとともに，「府県機能の純化」が必要とし，実際に広島県，神奈川県，埼玉県などが独自に市町村への権限移譲を実行するなど，府県と市町村の関係を見直すようになった。府県自身が自治・分権を進めるための自己改革に着手したことは注目される。

また80年代後半からは，都市自治体の成長や東京一極集中を背景として，都市自治体の権限強化が主張され，広域行政の必要性にも注目が集まった。第2政令市構想や自治体連合構想などの制度改革の論議が活発化し，93年の地方自治法改正では「広域連合」と「中核市」の制度が誕生した。

さらに90年代に入ると，府県を廃止してより自立性の高い自治体を置くという細川護熙氏（元熊本県知事）の「廃県置藩論」や，全国を300程度の自治体にまとめ，そこに強い権限を与えるという小沢一郎氏（国会議員）の「300自治

体論」など，府県廃止を含む構想が出される一方で，道州制をさらに進めて地方に主権を与える「連邦制論」や「地方主権論」など，国のあり方を含めた大胆な改革構想が打ち出された。

　この時期，府県廃止を含む大胆な構想はあったものの，府県制度そのものは比較的安定した環境にあったといえる。

(4)　地方分権期の改革論議（1995年〜現在）

　90年代後半になると，分権改革の論議が本格化する。生活の豊かさへの希求，政治行政の「制度疲労」の認識等から，地方分権を求める声が強まり，93年の衆参両院の地方分権を求める決議を基礎として95年に地方分権推進法が制定され，分権改革（第1次分権改革）がスタートする。地方分権推進委員会による5次にわたる勧告に基づいて地方分権推進計画が策定され，99年に地方分権一括法（2000年施行）が制定され，機関委任事務の廃止を中心とする改革が実現する。

　この改革は，当面，現状の地方制度を前提とし，まず府県に重点を置いて国の関与の廃止・縮小を進めることが現実的であるという認識（いわゆる「受け皿論」の棚上げ）に立って進められたため，府県制度も一時的には安泰であった。しかし，機関委任事務の廃止は，府県に対しても，国の下請け機関としての性格を払拭するとともに，市町村との関係を指導監督の関係から対等・協力の関係に転換することを求めるものであり，再び府県の存在意義と役割を問い直す結果となっている。

　また，この分権改革では，残された課題として，今後の地方分権を担える基礎自治体を整備する目的で市町村合併の推進が掲げられた。これをきっかけとして「平成の市町村合併」が実施され，三位一体改革における地方交付税の見直しも影響して，約3,200あった市町村が約1,800弱に減少した（2008年4月現在）。これによって，区域内の市町村数が大幅に減少した府県もあって，今度は府県制度の改革を求める声が高まり，自民党や民主党の選挙公約に道州制の実現が盛り込まれたほか，前述のとおり2006年には第28次地方制度調査会の答

申で道州制導入が提言されるなど，道州制に向けた論議が高まっている。

　府県は，分権改革によって国の統制を離れ，名実ともに「完全自治体」としての立場を獲得することになったが，それゆえに自治体としての存在意義が問われるとともに，新たな改革構想を投げかけられて，再び重大な岐路に立たされているのである。

(5) 小　　括

　第1次分権改革以前の1988年の時点で，塩野宏氏（行政法学）は府県制度を法的に分析した論文を次のようなパラグラフで結んでいる。

　　府県は，このような制度自体に含まれる不安定な要素，制度の建前と現在の乖離があるにもかかわらず，定着したものである。これまでの府県制論は，多かれ少なかれ，この制度上の不安定性をなくそうとするものであった。にもかかわらず，府県が，現状の制度のままで定着したことをみると，現在の府県制度は極めて強固な側面をもっている。しかし，別の面からすると，現状は，建前と現実の極めて微妙なバランスの上に乗っているともいえよう。その意味では，制度のいささかの変更或いはその検討がこのバランスをくずすきっかけになる可能性があるのであって，機関委任事務制度の根本的再検討論は，その一つであると私には思われる。（塩野1990；289，初出：1988）

　分権改革によってこの機関委任事務制度は，「再検討」だけでなく廃止に至った。「建前と現在の極めて微妙なバランス」が崩れた今，府県制度の何らかの改革は避けられない。ようやく現実を「建前」に合わせる改革が可能になったと考えるか，それとも府県制度の「強固な側面」を前にして微調整の改革で済ませるのか。府県制度のあり方が問われているのである。

2．府県制度改革論議の検討

(1) 整理の視点

　府県制度改革に関する論議を一定の視点から体系的に整理してみよう。整理の視点は様々ありうるが，できるだけ論理的な位置づけと相互関係を意識して整理したい（表1-1参照）[2]。

　第1に，府県を存続するか廃止するかによって議論を二分できる。多くの議論は存続論に立っているが，府県廃止を前提とする最近の道州制論（移行型）は廃止論に属する。

　第2に，府県を基本的にどのような性格の団体ととらえるかによって，いくつかの議論に分けることができる。かつては府県を半自治的団体や機能的団体とする考えがあったが，現在では完全自治体とする点でほぼ一致している。しかし，完全自治体ととらえたうえで，さらに純粋に広域自治体たる性格を強調する見解や，市役所的団体たる性格を評価する見解など，いくつかの議論に分けることができる。

　第3に，府県のどのような機能を強化・重視するかによって，いくつかの議論に分けることができる。府県は広域機能，補完機能などいくつかの機能を有しているが，そのいずれを重視するかについて様々な議論がある。この論点は，第2の性格論と密接に関係するが，論理的には別問題であり，実際の議論も一体ではないため，独立の視点として設定した。

　第4に，府県の規模・区域をどうするかによっても，議論を区分できる。論理的には，拡大論，維持論，縮小論の三つが考えられるが，実際には縮小論はほとんど唱えられていない。

　この整理に当たって重要なのは，それぞれの議論が相互につながっていることである。たとえば，性格論において「純粋広域自治体論」をとれば機能論において「広域機能強化論」につながりやすい。このような相互関係について

第1章　都道府県制度の改革と道州制　9

表 1-1：都道府県制度改革論議のまとめ

存廃	性　格　等		機　　能	規模・区域	
存続論	完全自治体論	a 純粋広域自治体論	①広域機能強化論	拡大論	府県合併論
		b 複合的政府論	②支援機能強化論	維持論	現状維持論（府県連合活用論）
		c 市役所的団体論	③媒介機能重視論		
		d 市町村連合論	④補完機能重視論		道州制論Ⅱ（併存型）
		e デモクラシー拠点論	⑤府県機能純化論	縮小論	（府県分割論）
	連合的自治体論				
	機能的団体論				
	半国家的団体論				
廃止論	一層制論（単純廃止論）				
	300自治体論				
	道州制論Ⅰ（移行型）				

は，表 1-1 で示したが，以下の記述でも適宜触れていきたい。

　なお，第1節で概観したように，制度改革論議は一定の時代状況を背景として行われるものであり，それぞれのコンテクストの中で検討すべきものである。しかし，ここでは改革論の位置関係を描くことに主眼を置いて，時代の違いを捨象し，もっぱら主張の内容に着目して整理することとし，各議論の検討の中でその背景等に言及することとする。

(2) 存廃に関する論議

　まず，府県制度を存続すべきか否かについては，全体としては存続論が強いといえる。しかし，第1節でみたように，戦後直後には府県廃止論が有力で

あったし，最近でも「300自治体論」や，府県を廃止するタイプの道州制論（移行型）が主張されている。

1) 一層制論（単純廃止論）

府県を廃止して自治制度を市町村だけの一層とする「一層制論」である。道州等のより広域的な団体を設置するなどの対応も行わない点で，単純廃止論ともいえる。

たとえば，高度成長期であるが，元京都府知事の蜷川虎三氏は，「市町村が自力で立てるような地方の行財政制度ができる」ことと，「国が本当に民主的な行政，政治を行なってくれる」という条件さえそろえば，「府県というものは，道州制だ，合併だといわずに発展解消したらいい」と述べたという（田口 1975；24）。また，元秋田県知事の小畑勇二郎氏も，「福沢諭吉が"人ノ上ニ人ヲ造ラズ"といったが，自治体の上に自治体をつくらないのが理想である。広域市町村圏が整備され強化された場合，そうした基礎的自治体の上には，いっさいの中間団体はいらない。交通手段が発達し，やがて新幹線で秋田から東京まで二時間半でいけるというのに，なにも道州制といった中間団体を経由する必要はない。国と基礎的自治体とが直結すればよいのだ」と述べたという（坂田 1977；439）。

やや乱暴な議論ではあるが，こうした意見がほかならぬ知事から出ていたことは府県の中途半端さを示しているし，単純な論理だけに時代をこえて一定の共感を得る部分がある。

2) 300自治体論（一層制論）

90年代以降の議論として，小沢一郎氏（国会議員，元民主党代表）は，地方分権を進めるため，その受け皿である地方自治体を再編成すべきであるとし，「私は，地方自治体は一層制（基礎自治体のみ）がよいと思っている。将来は，いくつかの県にまたがる州を置くことも考えられようが，基本的には，行政をわかりやすくし，地域住民に密着したものにするためにも，その方が望ましい」

とし，「現行の市町村制に代えて，全国を三百ほどの自治体に分割する基礎自治体の構想を提唱したい」という。そして，この自治体の広さは，市部と郡部，農業と工業など補完関係にあるいくつもの要素を包含していることと，一体的な生活圏を形成できることによって決めるとする（小沢 1993；81-89）。そして，その後，民主党代表としても，新聞社のインタビューに対して同様の発言をしている（朝日新聞2006年4月11日付）。この議論を「300自治体論」と呼ぶことができよう。

なお，このほか細川護熙氏（元熊本県知事，元内閣総理大臣）の「廃県置藩論」（細川・岩國 1991；200-07）もこの見解に近い主張といえるが，制度論というより理念論・運動論の色彩が強いし，府県の廃止論というより分割論とも読めるため[3]，ここでは紹介にとどめておく。

「300自治体論」については，府県を廃止する点について，府県が現に果たしている機能をどう代替するか，国の基礎自治体への直接的統制が強まるのではないか等の疑問があるし，市町村にさらなる合併を強要することにならないか，住民自治が形骸化しないか等の心配があり，両方の意味で問題があると考える[4]。

3) 道州制論Ⅰ（移行型）

府県を廃止して道州等のより広域的な団体を設置するという構想であり，「道州制論Ⅰ（移行型）」と名づけておきたい。この道州制論にも，新設する広域団体を自治体とするか国の機関たる性格をもつ機関とするかによって2種類がある。

まず，自治体としての広域団体を設置するという構想として，冒頭に紹介した第29次地方制度調査会の「道州制のあり方に関する答申」（2006年2月）があげられる。この答申では，「広域自治体改革のあり方は，国と地方及び広域自治体の役割分担の見直しを基本とし，これに沿って事務権限の再配分やそれぞれの組織の再編，またそれにふさわしい税財政制度を実現できるものとすべきであり，その具体策としては道州制の導入が適当と考えられる」とし，道州制

の具体的な制度設計の視点を提示した（地方制度調査会 2006；5-16）。近年はこの種の道州制論が盛んになっている（関西経済連合会 1969, 行革国民会議 1990, 恒松 1993, 読売新聞社 1997, 岡山県・21世紀の地方自治を考える懇談会 2003, 江口 2007, 自民党・道州制推進本部 2007など）。

この提言の評価については第5節で述べる。

次に，国の機関たる性格をもつ広域団体を設置する構想として，前述のとおり第4次地方制度調査会の「地方制」の答申（1957年）があげられる。同答申では，行政の統一的執行や経済化・効率化のために，広域的な地方行政組織が必要になっていること等を指摘したうえで，現行の府県制度を廃止し，それに代わる中間団体として，全国7ないし9のブロックごとに地方公共団体たる性格と国家的性格を併有する「地方」を設置し，その執行機関として内閣総理大臣の任命による「地方長」を置くとともに，国の総合地方出先機関として「地方府」を置いて，その首長は地方長をもって充てるという制度を提言した（地方制度調査会 1957。同答申では，少数意見として，府県制度を継承しつつ統合を進めるという「県」案も付記された）。この「地方制」は，地方公共団体たる性格も併有する団体とされているが，類型としてはここに含まれるといえよう（同種の提言として，全国市議会議長会 1954, 全国市長会 1957, 関西経済連合会 1955, 恒松 1972；225-80＝初出 1966がある）。

この構想は，国の機関たる性格をもたせる点でも，その長を官選とする点でも，少なくとも現在では幅広い支持は得られない構想といえる。

(3) 基本的性格に関する論議

次に，府県の存続を認めたうえで，その基本的性格をどうとらえるか，どういう性格の団体とすべきかについて，いくつかの見解がある。とくに最近は研究者を中心に特筆すべき見解が示されている。

1) 完全自治体論

府県を完全自治体ととらえ，今後も自治体としての性格を徹底する見解で，

「完全自治体論」と呼ぶことができる。戦後改革で知事公選制の導入によって府県が自治体となったことを積極的に評価し，改革の成果を現実化することを求める見解である。たとえば，前述の「地方制」等の道州制論議が強まった際に，田中二郎氏（公法学）は，広域団体の行政機能は地方住民の意思を基礎とすることによって地域の実情に即した合理的なものになるから，広域団体もまた完全自治体であるべきだと主張した（田中二郎 1959；19）。

　第4節で検討するように，府県が戦後改革によって「完全自治体」になったといえるか否かについては議論があるが，少なくとも今後，完全自治体になるべきだという見解であれば，ここに含めることができる。

　この「完全自治体論」は，現行法制度を肯定的に評価する立場であり，その後の論議においては多くの論者が受け入れているといえる。しかし，同じ完全自治体論の立場に立ちながら，さらに何を使命とした自治体なのかをめぐって，次のように見解が分かれている。

【完全自治体論の諸類型】
　a．純粋広域自治体論
　府県の広域自治体としての性格を徹底することを求める見解である。現行の府県制度に素直な見方であり，広く共有されている考え方といえる。特定の主張としてとらえることにはやや無理もあるが，b以下の見解はこれへのアンチテーゼとして見解を展開しているため，これらに対置する意味で一つの見解として整理しておこう。

　たとえば，吉川浩民氏（総務省自治行政局＝当時）は，「広域的機能こそは都道府県の独自の機能というべきものであり，今後の都道府県の存在意義は，基本的にこの機能を十分に果たしうるか否かにかかっているといっても過言ではない」という（吉川 2004；251）。現行制度にのっとって，広域自治体としての性格を重視する議論といえる。

　b．複合的政府論
　府県を広域的課題への対応と市町村への支援という異質の役割をもつ複合的

な団体とする見解である。筆者は，府県は広域機能と市町村へのサポートを基本的な使命としているが，広域機能については特定の領域に関して自己完結的に事務事業を実施する「特定課題執行型」の府県像が適合的であるのに対して，市町村へのサポートについては幅広い領域に関して連携・調整を行う「総合調整型」の府県像が適合的であるとし，府県はこの二つの側面を併せ持った「複合的政府」と考えられるとした（礒崎 2000；47-48）。

現在の府県が有している多様な要素を二つの側面にまとめたものであるが，市町村へのサポートは市町村の状況や府県のタイプによって異なることから，サポート機能を正面にすえることについては注意を要しよう。後述の第4節では，私見をよりきめ細かく説明したい。

c. 市役所的団体論

府県が市町村の補完機能を担わざるを得ないことを強調して，府県もまた基礎自治体と類似した性格（いわば市役所的性格）をもつことを指摘する見解である。

たとえば辻山幸宣氏は，かつて府県の性格を市役所的性格，高次団体的性格，広域団体的性格，市町村連合的性格に分類したうえで，今後は広域団体的性格と高次団体的性格への特化が不可避としていた（辻山 1994；223）。しかし，第1次分権改革や平成の市町村合併を経て，都道府県には広域自治体性と基礎自治体性があるとしつつ，シャウプ勧告のような府県と市町村の「分離論」は絶対的なものではないとし，府県を府県合併や道州制といった限られた選択肢に追い込まないためにも，また小さな集落や町村を守るためにも，府県は「基礎自治体としての役割」を増やしていくべきだという（辻山 2001；18-19）。

なお，市川喜崇氏も，府県は広域自治体でありながら市町村的事務を実施しているという意味でわかりにくい存在であるが，それは二層制の地方自治制度の自然なかたちであると指摘しているが（市川 2004；49），上記に通じる考え方といえよう。

確かに，第3節で述べるとおり，現状の府県では補完機能の割合が大きいから，この議論は府県の現実に適合する面をもつ。また，広域自治体たる性格を

強調すると府県の規模拡大論に陥ってしまうという指摘にもうなずけるものがある。しかし，「基礎自治体性」を強調することは府県のあり方をさらにあいまいにするおそれがある。また，基礎自治体としての役割にも適正規模があるから，平均人口270万人の府県がよき「基礎自治体性」を発揮できるかは疑問である。したがって，この見解は将来にわたって安定した府県像を提示するものとは考えにくいように思われる。

  d．市町村連合論

「市町村優先の原則」を前提として，府県は市町村の連合体ないし連合事務局であるべきだとし，市町村に対する支援機能を強調する見解である。

たとえば，長洲一二氏（神奈川県知事＝当時）は，「府県の機能を純化した上で，しかし必要なところでは強化しなければならない。コミュニティの連合事務局としての市町村は市民に一番近い政府であり，これからもその役割は重要性を加えるであろう。同時にいくつかの市町村の自主的な連合が育ち，県はそのまた連合事務局としてやはり重い責任を果していかなければならない」とし，府県を「市町村の連合事務局」と位置づける（長洲 1980；5。同 1983；20-22も同旨）。また宮澤弘氏（広島県知事＝当時）も，「住民に身近かな地方的な仕事は市町村で全て処理することを前提とし…（中略）…市町村で処理できないものを府県が担う，という考え方で機能純化をはかるべき」とするとともに，府県は「市町村の連合体的な性格」をもつことを指摘している（宮澤 1981；7）。

この議論では，「連合事務局」とか「連合体的な性格」といっても理念的な提案であり，実際に市町村の代表者が府県の議決機関（議会）を構成するといった「連合」の仕組みを提案するものではないが，その発想は重要な視点を含んでいると思われる。

  e．デモクラシー拠点論（成熟した統治主体論）

府県が政治的に成熟した統治主体となってきたことを評価し，府県を国全体のデモクラシーを支える拠点としてさらに充実させるべきだという見解である。上記の四つの議論が機能・役割に着目した性格論であるのに対して，これ

は政治的意味に着目した性格論である。

　新藤宗幸氏は，戦後「官」の支配体系としての性格を払拭していなかった府県が，市民の成熟に支えられた政治リーダーによってしなやかな弾力性を付与されたとし，「1960年代後半に定着をみたとされる都道府県制度は，使い慣れ肌に親しんだ布のようなものだ」としたうえで，「都道府県の『空洞化』は，日本のガヴァナビリティの『空洞化』につながる」と指摘し，「今日政治的成長を果たした都道府県を単位として，一段の分権型社会を構想しなくてはならない」として，道州制論には否定的な見解を示している（新藤 1990；48-51，同 1993；112）。

　この見解は，府県の歴史的な蓄積を踏まえて「完全自治体論」をより能動的に主張しようとする議論であり，府県の政治的意義に着目した鋭い議論といえる。ただ，府県の政治的実体をここまで肯定的に評価してよいか，政治的成熟を問うならば新しい自治制度は常に未成熟だから制度改革の可能性を過小評価することにならないかなど，疑問もある。この論点は道州制の導入についても問題になる点である。

2) 連合的自治体論

　府県を基礎的自治体たる市町村をもって構成される「連合的自治体」とする見解である。佐藤俊一氏は，法律上の市町村＝基礎的自治体に対する「府県＝広域的自治体」という位置づけには問題があること，地方自治法上の規定には伝統的な府県＝「複合的」自治体論が伏在していたことを指摘したうえで，府県を「『基礎的』自治体たる市町村をもって構成される『連合的』自治体と性格づける」ことを提案する。ここで「連合的」自治体化とは，「広域連合のような自治体の組合として特別地方公共団体化を図ること」であり，「『基礎的』自治体の参加・不参加あるいは退出など自由な契約的関係のもとで構成されるもの」である。そこで，大都市の不参加などが想定されるが，「自然に画一的な二層的自治制度の封印を解き，その多様化を促す契機になる」と肯定的に評価するとともに，この方策は道州制導入などの混乱や改革エネルギーの浪費を

回避し「都道府県制度改革をソフトランディングさせる」ものであるという（佐藤 2003；439-48。また同 2004；27-30も同旨）。

　この提案は，「府県制度のジレンマ」を抜本的な性格論によって解決しようとする点で新しい可能性を提示しているが，戦後次第に定着してきた「普通地方公共団体としての府県」を簡単に廃棄してよいか，「連合的自治体」とすることによって構成する市町村の合意形成が不可欠となり，広域的課題の解決が困難になるのではないかなど，多くの課題が予想されることから，その現実性については十分に吟味する必要があると思われる。

3)　半国家的団体論

　府県は，自治体としての性格と国家機関としての性格を併有するとし，あるいは国と市町村の中間的な性格を有する団体であるとして，純粋な自治体にはなりえないという見解である。

　たとえば，前述の第4次地方制度調査会の「地方制」答申は，「府県の事務は，いわゆる国家的性格を有するものがその大半を占め，行政のすう勢は，いよいよその傾向を進めるものと考えられるにもかかわらず，戦後行われた府県の性格の変更とこれに伴う知事公選をはじめとする一連の府県の制度に関する改革は，国との協同関係を確保し全国的に一定の水準の行政を保障するうえに欠けるうらみなしとしない」とし，これが結果として国の地方出先機関の濫設を招いて行政の複雑化等をきたしたと指摘する（地方制度調査会 1957）。そこから前述のとおり，府県を廃止して「地方」を設置することを答申したわけだが，現行の府県に対する認識としては半国家的団体論に属するといえよう。

　また，高寄昇三氏は，第1次分権改革に向けた論議に際して「制度としての府県はなるほど自治団体であるが，機能としての府県は依然として権力機構としての性格を払拭していない」とし，「府県は中間団体であるが故に完全自治体とはなりえないのではなかろうか」と指摘し，「このような府県の官治的体質に対する警戒心が全くないまま，府県主導型の地方分権運動を展開しようとするのはあまりに楽観的である」と批判する（高寄 1995；306）。

府県がこれまで国の下請け機関的な役割を発揮してきたことは事実だが，前述のデモクラシー拠点論が指摘するように自治体としての性格が定着してきたことも事実であり，規範論としても現実論としても半国家的性格を強調するのは妥当でないと思われる。

4）　機能的団体論

府県が住民相互の共同体的な性格を有しない機能中心の団体であることを強調する見解である。たとえば，恒松制治氏（財政学，元島根県知事）は，「都道府県の場合には住民の連帯性の要素は存在しないといってよい。したがって都道府県の組織運営は行政効率のみによって左右されるといってよい」とし，「そうだとすれば，現行区域が効率的でないことが明白であれば，都道府県を廃止して新しい組織を作ることの方が合理的なのである」とする（恒松 1990；23）。そこから，恒松氏は道州制を提案するのであるが，現行の府県に対する認識としては「機能的団体論」と呼ぶことができよう。

なお，完全自治体論に立つ前出の田中二郎氏も，市町村は「地縁的協同体としての人的結合の関係，住民が相互依存の緊密な関係をもった一種の Gemeinschaft 的な団体である」のに対して，府県は長い歴史をもった地域団体ではあるが，「広域行政を行うべき目的的団体，即ち一種の Gesellschaft 的な団体である点に重点を置いて，これを合理的・能率的に処理し得る団体たらしめることを企図すべきであろう」という（田中 1955；128, 155）。

府県が住民の地縁的結合に裏打ちされた団体でないことや，府県が果たすべき機能を重視すべきことは妥当な指摘だが，デモクラシー拠点論が指摘するように府県にも府県なりの住民の連帯感や住民自治の形がありうるし，府県の各種の機能も住民自治に裏づけられてはじめて意味があると考えられるから，現在では単純な機能的団体論は支持できないと考えられる。

5）　その他の見解

以上のほか，「高次団体論」と呼ぶべき議論もある。辻山幸宣氏は，都道府

県の多様な性格を論じる中で，市役所的性格，広域団体的性格，市町村連合的性格のほかに「高次団体的性格」があると指摘している。すなわち，「府県は市町村と対等な地方自治体として，その上下関係の存在を否定されてきた」が，「果たして府県と市町村は自治体として対等・平等なのであろうか。府県は市町村に対して高次な団体であるという側面から目をそらしてはならない」とし，「垂直的政府間関係における高次性」として「市町村より中央政府に近い位置を占め，より全国的政策の担任が期待される」という性格を有するとともに，「行政資源における高次性」として「権限，財源，人材，技術など」の配分によって「高次の能力が予定されている」という（辻山 1994；220-21）。

この指摘にはうなずける点もあるが，こうした性格は，「中間団体」としての連絡調整機能や規模・能力の違いによる補完機能の表れと解すれば足りるように思われるし，そもそも広域自治体とはこうした性格を含みもつ概念とも考えられるから，「高次団体」という多様な解釈のありうる用語を用いる必要はないように思われる。

(4) 機能に関する論議

さらに，府県が果たすべき機能に関しても見解が分かれている。現行の法制度では，府県は広域機能，連絡調整機能，補完機能という三つの機能を担うこととされているが（地方自治法2条5項），これ以外の機能を含めて府県がどのような機能を重視すべきかについて，様々な考え方や指摘がある。この機能論は，府県はどういう性格の団体かという(3)の性格論から導かれる面があり，その議論の対立状況と密接に関係する（表 1-1 参照）。

1) 広域機能強化論

府県が有する機能のうち，広域機能を強化することを主張する見解である。府県が広域自治体であることや市町村の力量が高まっていることを踏まえて，今後は補完機能や連絡調整機能よりも広域機能を重視すべきだとする意見であり，広域自治体という位置づけに素直な理屈であるため，独立した一つの主張

というより多くの論者が前提として受け入れている見解といえる。前述の性格論において「純粋広域自治体論」や「複合的政府論」の立場に立つと，この見解に結びつきやすい。

たとえば，第27次地方制度調査会は「都道府県が自立した広域自治体として，世界的な視野も持ちつつ積極果敢にその役割を果たしていくためには，高度なインフラの整備，経済活動の活性化，雇用の確保，国土の保全，広域防災対策，環境の保全，情報通信の高度化などの広域的な課題に対応する能力を高めていくことが求められる」とするとともに，「これまで事務の規模又は性質から一般の市町村では処理することが適当でないものとして都道府県が担ってきた役割については，縮小していくと考えられる」とする（地方制度調査会 2003；21-22）。

また，前出の吉川浩民氏は，「②連絡調整機能と③補完的機能は，いずれも市町村に対する支援という性格を有するものである。したがって，これらの機能は，なくなることはないものの，分権時代において基本的な方向性としては縮小に向かっていくことが自然である」とし，「一方，①広域機能こそは都道府県の独自の機能というべきものであり，今後の都道府県の存在意義は，基本的にこの機能を十分に果たしうるか否かにかかっているといっても過言ではない」という（吉川 2004；251）。

さらに山﨑重孝氏（総務省自治行政局行政体制整備室長＝当時）は，「規模能力を備えた基礎自治体の存在を前提としたとき，都道府県の事務もまたその重点を変更する必要がある」とし，「そのような時点の都道府県は，都道府県でなければできない事務に重点を移行させていく必要がある。…（中略）…都道府県は，市町村を差配する役割から，自らが直接行政を執行する役割を重点的に担うよう変容していく必要がある」とし，「都道府県自らがそのレゾンデートルを明確にするために改革に挑む必要がある」とし，より明確に改革を唱えている（山﨑 2005；86-87）。

これらの見解は，府県が広域自治体であるという制度的位置づけに忠実な考え方といえよう。また，広域機能を追求していくと，より広域的な課題への対

応が必要になるため，この議論は(5)の規模・区域論における「府県合併論」や「道州制論」につながりやすい。

2) 支援機能強化論

府県が有する機能のうち，市町村に対する支援機能を強化することを主張する見解である。地方自治においては市町村自治が重要と考え，府県は広域自治体または中間団体として市町村を支援することに力を入れるべきだとするのである。法律上の「連絡調整機能」には，こうした支援機能が含まれると解することも可能であろう（第4節で再論する）。性格論において「複合的政府論」や「市町村連合論」をとると，この見解につながりやすい。

たとえば前出の宮澤弘氏は，府県の「市町村の連合体的な性格」を指摘し，府県の機能として地方自治法に定められた機能のほかに，「市町村の仕事がやりやすいような環境づくり」をあげ，そのために技術，情報，人材の提供が必要だとする（宮澤 1981；7）。また，筆者は，「市町村機能の拡大に伴って，今後とも府県は市町村に対して財政，情報，人材等の『支援』を行うことが求められている」とし，「今後の府県のあるべき方向を端的に示すとすれば，『市町村をサポートする広域の自治体』と考えるのが適切」とした（礒崎 2000；46-47）。ここでいう「市町村へのサポート」とは，府県の先導・補完機能と支援・媒介機能を合わせた広い意味であるが（礒崎 2000；45-48），これを広域機能と並ぶ府県の基本的使命と位置づけたのである。

3) 媒介機能重視論

府県が国と市町村の間の中間団体として，両者を媒介する機能を有していることを重視する見解である。とくに中央地方関係を「相互依存関係」にあるとみる立場において，府県のこの媒介機能を重視する傾向がある。

村松岐夫氏は，具体的な事務事業をめぐる実施過程を分析し，わが国の中央地方関係が指摘されてきたほど集権的でなく，地方は独自の事情から中央の政策意図を変容させることもあることを指摘するとともに，そこでは府県の媒介

機能が大きな役割を果たしているとする。すなわち、「中央と地方をともにまきこむ事務事業が展開する場では、中央の意図と地方の必要（ニーズ）の中間に、府県が媒介項として存在し、ある場合には中央の意図を反映して市町村を強く指導し、他の場合には、市町村の実情を配慮して中央の意図を押し返すというように、シーソーの支点の役割を果す」という（村松 1988；114-19）。

　中間団体というと、国と市町村の狭間で主体性を発揮できない受動的なイメージがあるが、この議論は、現実には府県が「中間団体」としての立場を生かして自らの判断を政策実施過程に反映させていることを指摘し、その媒介機能に注目した点で興味深いものである。しかし、この媒介機能は、国の意図を実施過程においてゆがめるとともに、市町村を細かく統制する意味をももつものであって、その評価には慎重でなければならないと思われる。またこの媒介機能は、国による集権的な行政システムを背景として成り立ってきたものであって、分権化と分離化が進むと弱体化するか、変質せざるを得ないことに留意する必要がある。私自身は、分権改革を踏まえてこうした機能を少しずつ縮小させるとともに、市町村への支援機能に変えるべきものと考える。

4）　補完機能重視論

　府県が有する機能のうち、市町村に対する補完機能を重視する見解である。前述のとおり、一般的には市町村の力量が高まると府県の補完機能は縮小すると考えられているが、そうした段階にあっても府県の補完機能が重要であるとし、これを再評価する点に、この議論の特徴がある。性格論において「市役所的団体論」をとると、この見解につながりやすい。

　たとえば前出の辻山幸宣氏は、府県と市町村の事務の「分離論」に疑問を呈したうえで、小さな集落や町村を守るため、また府県を際限ない広域再編に追い込まないために、府県は市町村の補完に力を入れるべきだとする。すなわち、市町村機能の強化によって府県と市町村は「競合」と「代替」の関係が増加するが、だからといって道州制や府県合併といった「限られた選択肢での議論に都道府県を追い込まないようにしたい」とする一方で、合併できなかった

自治体や小さな集落の状況を指摘し，「集落や町村の失われようとしている機能を代替することは，ほかの誰にもできない。都道府県もまた住民の福祉の向上を直接担う，それも市町村に代わって直接にサービスを担当すること以外に，市町村のそして小さな集落の自治を守っていくことは不可能なのである」とし，「大いなる変節と映るかもしれない」が，「都道府県はこれから基礎自治体としての仕事を増やして行くべきだ」と主張する（辻山 2001；18-19）。

また前出の市川喜崇氏は，府県機能の純化路線と市町村自己完結主義が一対をなしていることを指摘したうえで，「府県はわかりにくい存在である。一方で広域的な機能を担いながら，他方で市町村の補完機能を担っている。要するに，都道府県は，広域自治体でありながら，市町村的事務を実施しているのである。しかし，そのことは『悪い』ことなのだろうか」と指摘し，「多様な市町村が存在し，それを包括する第二層の広域的自治体として都道府県が存在する。都道府県は，一方で小規模市町村を補完しつつ，他方で市町村域を超えた広域的な課題に対応する。…（中略）…そうした自治のあり方に何か不都合があるのだろうか。筆者には，この姿は二層制の地方自治制度のきわめて自然なかたちであるように思われる」とする（市川 2004；49）。

これらの見解は，府県機能と市町村自治の現実を直視した議論であり，自治体の規模拡大に走る日本の地方自治の動向に歯止めをかけるという実践的な意図も評価できる。しかし，府県の補完機能を重視することが広域機能の強化やアイデンティティの確立を妨げることにならないか，疑問もある。この点は第4節で検討する。

5) 府県機能純化論

府県の機能を全体として純化・縮小させることを主張する見解である。市町村中心の地方自治への転換や市町村機能の強化に伴って，府県の機能を純化させるべきとの主張であり，80年代の「地方の時代」提唱の時期に主張されたし，平成の市町村合併が進んだ2000年代以降にもこの考えは強くなっている。「広域機能強化論」など他の見解をとったとしても，全体としての府県機能は

純化するという意味で，この見解と両立しうる。また(3)の性格論において「市町村連合論」や「連合的自治体論」をとると，この見解につながりやすい。

たとえば前出の長洲一二氏は，県から市町村への権限移譲とともに，県と市町村の役割分担の見直しを進め，二重行政の整理，公共施設の移管，県政への市町村参加システムなどの体系的な改革を行っていくことを述べたうえで，「県と市町村のあいだでこうした改革が実を挙げ，県政内部でも自己改革に努めるならば，県の機能は今までよりも純化されるであろう」とし，前述のように府県を「市町村の連合事務局」と位置づけて「県の機能の純化と強化」をめざすとした（長洲 1980；5，同 1983；20-22）。また成田頼明氏も，第1次分権改革をおえた時点で，「都道府県の果たす役割は，今後新たに発生する行政需要への対応を含めてまだ数多くあるものというべき」としつつ，「市町村に対する関係では，対等協力の原則の下で，不当な介入や二重行政を避け，できるだけ自らの機能を純化するように努めるべき」という（成田 2001；7）。

これらの見解は，分権時代における府県機能の基本的方向を示すものといえるが，個々の府県によってとりまく状況が異なること，またどういう内容に「純化」すべきか検討を要することなどに留意する必要がある。

6) その他の機能論

以上のほかに，府県機能に関しては，新しい課題に対応して先進的な行政を行う「先導的機能論」（全国知事会編 1973；109-16，成田 1995；66-67，同 1996；17-18）も主張されている。私自身もこうした機能を含めて「先導・補完機能」を強化すべきと考えているが（礒崎 2000；45），ここでは機能間の選択関係を重視して付随的な機能と考えたい。いずれにしても，府県機能に関しては多種多様な見解が示されているのである。

(5) 規模・区域に関する論議

最後に，府県の規模・区域に関しても様々な論議がある。論理的には規模拡大論，規模維持論，規模縮小論の三つに分けられるが，実際の議論としては，

拡大論として府県合併論を，維持論としては現状維持論（広域連合活用論）と道州制論Ⅱ（併存型）を，縮小論としては府県分割論を，それぞれ挙げることができる。そして，この区分は上述の機能論と密接に関係する。

1）府県合併論

府県の規模・区域が狭小になっていることを指摘し，府県の合併を主張する見解である。この中にも，府県を法律等に基づいて一斉に合併することを主張する見解と，あくまで府県の意思に基づいて自主的に合併することを主張する見解がありうる。(4)の機能論において「広域機能強化論」をとると，規模拡大が必要であるため，この見解につながりやすい。

たとえば前出の田中二郎氏は，1955年の時点で「現在の府県の区域は，各府県によって，それぞれ，事情を異にするが，一般的にいえば，いわゆる広域行政を行う主体として，狭小にすぎることは，何人も否定しがたいであろう」とし，「広域行政を行う団体としてふさわしい適正な区域を考え，現実の要請に即応するように，府県の統廃合を図ることが必要である。しかし，それは…（中略）…現実の社会経済の実態に即し，…（中略）…府県住民自らの自覚とこれに基づく自主的な意欲によって，その実現を図るべきで，国が上から画一的に企画・実施すべきものではない」とし（田中 1955；129-30），自主的合併論を主張した。

また，近年では，第27次地方制度調査会が，「規模・能力や区域が拡大した基礎自治体との役割分担の下に広域自治体としての役割，機能が十分に発揮されるためには，まず，都道府県の区域の拡大が必要である」とし，道州制導入の検討とともに府県合併を取り上げ，府県による自主的合併の手続を答申した（地方制度調査会 2003；22-23。2004年地方自治法改正によって自主的合併手続を制度化）。

広域機能の強化を考えると，現行制度の下で可能な府県合併は有力な選択肢であると考えられる。ただ，単純な合併は権限強化等のメリットが少ないこと，道州制と比べて府県民等に対する「訴求力」が低いこと，真に自主的な合

併には多くの課題を乗りこえるエネルギーと政治のリーダーシップが必要となることから，市町村合併と比べても実現は難しいと考えられる。

2) 現状維持論

府県の規模・区域について現状のままでよいとする見解である。府県合併や道州制等の規模拡大の主張に対して，広域的課題は指摘されるほど多くないこと，広域的課題があるとしても広域連携で対応できること，府県にも自治体としての適正規模があること等を指摘して，現状の規模・区域を変える必要はないと主張するものである。

たとえば前出の市川喜崇氏は，「都道府県を超えた広域的な行政課題や行政需要は，言われているほど多くないように思われる」とし，北東北三県による産業廃棄物税条例の制定など「複数府県の共同による問題解決の手法」が開発され始めていることを指摘し，「広域的な課題があるからといって，それが直ちに区域の広域化を要請するということにはならない」としたうえで，「自治体はきわめて多種多様な行政課題や行政需要に対応している。その中には，現行の区域で適切に対応できるものもあれば，より広域的な区域の方が対応しやすいものもあるだろうし，また逆に，より狭域に対応した方が望ましいものもあるだろう。最適な処理単位は，事務の種類によってまちまちである」から「ある特定の行政課題をとりあげて，それが現行の区域では不十分にしか対応できないことを指摘しても，そのことが直ちに区域の広域化を正当化する論拠とはなりえない」とし，道州制などの規模拡大論に疑問を呈している（市川 2004；46-47。ほかに同 2005a；5-6，同 2005b；124-29）。

また，樹神成氏は，最近の道州制論に対して「道州において果たしていかなる意味で住民自治が成立するかが問題」と指摘するとともに，人権保障の視点から「住民の生活と人権の要求にふさわしい自治の区域が，多段階で重層的に自立し連帯しあう仕組みが必要」とし，「人権保障論的地方自治論からの分権型社会論の展開がまたれる」という（樹神 2004；199-200）。この見解も現状維持論の一つといえる。

市川氏の指摘は一般論としては正当であろう。ただ，府県を超える広域的課題が，「言われているほど」「多くない」かどうかは検証が必要であるし，逆に現行の府県の規模・区域が適切であるという論拠も示されていないと思われる。いずれにしても今後府県が引き受けるべき行政課題を総合的に考えるとともに，政治的単位としての妥当性等も考慮して，適切な規模・区域を見定めるべき問題といえよう。

3) 府県連合活用論

府県について現状の規模・区域を維持しつつ，広域的課題に対して府県連合の設置によって対応することを主張する見解である。現状の府県の規模・区域を支持する点で，論理的には上述の「現状維持論」に含まれる見解であるが，府県連合という団体を設置する点で，府県制度改革論の一つととらえることができる。ここでいう府県連合には，地方自治法に基づく広域連合もあれば，新しい枠組みも考えられる[5]。この議論は，かつては道州制等に至る経過的な措置として提案されていたが（たとえば関西経済連合会 1991），最近では逆に道州制論に対する反対論・批判論として唱えられる傾向がある。

たとえば，地方自治法に基づく広域連合制度の導入に携わった成田頼明氏は，今後の府県は「市町村を包括する広域的地方公共団体に固有のそれぞれの地域の特殊性に応じた新たな行政分野に乗り出すべき」としたうえで，「各都道府県がそれぞれ単独に行うのではなく，…（中略）…隣接都道府県が共同，または協調して広域的に取り組むことが望ましい」とし，「そのための新たな行政主体として新設されたのが広域連合である」とするとともに，その結成に踏み切る前段として「任意的な協議会を設置」することを提案する（成田 1995；66-67）。

また，新藤宗幸氏は，府県政府は「環境問題，産業廃棄物問題，交通問題などをはじめとして，隣接政府と共同して取り組まなくては有効に解決できない問題を抱えてもいる」が，「だからといって，道州制論のいうように大きな総合的行政体をつくる必要はない。…（中略）…いまの時代に求められているの

は，制度そのものの多様化だ。だから，それぞれの課題領域ごとに，政策連合や特定目的の地方政府を，都道府県政府を基礎としてつくればよい」とし，「多様な地方政府ができ行政的な不便を感じる向きも出てくるだろうが，そうした不便さよりは，政治的コントロールこそを大切にしたい」という（新藤 1993；113。ほかに新藤 2002a；7-13，新藤 2002b；205-09）。

さらに，小森治夫氏は，辻山幸宣氏の「広域連合」論を参考にして，「府県は，歴史的に形成された独自の政治性，固有の文化性をもちながら，広域行政の担い手として，新たに『府連連合』を創る。府県連合は水平的な組織として，ヨコ型ネットワークを強化して，広域的・総合的な調整を行う。例えば，水資源開発や廃棄物規制など，府県を越えた広域的な協力を必要とする分野で，広域的・総合的な調整を行うわけである」とし，道州制構想に対しては住民自治（住民のコントロール）の観点から疑問を提起する（小森 2007a；135-37）。

こうした府県連合の提案は，現実的であり，説得力がある。一方で，制度設計のあり方にもよるが，府県間の合意形成が可能か，住民のコントロールが困難にならないか，一度設置されると柔軟な対応が難しいのではないかといった問題もある。確かに一定の領域・課題についてはこうした連合方式の積極的な活用が求められるが，あくまで現行制度を基本とする対応であり，他の府県制度改革論と同じレベルで議論できる選択肢ではないように思われる。

4）　道州制論Ⅱ（併存型）

府県のほかに道州等の広域団体を設置し，府県の規模・区域を超える広域的な課題に対応すべきとする見解である。府県の存続を認める点で前出の道州制論Ⅰ（移行型）と異なるが，この道州制論にも，新設する広域団体を自治体とするか国の機関たる性格をもつ団体とするかによって二つの類型に分けることができる。

たとえば，全国町村会は，かつて府県を存置し，国の行政機関としての道州を設置する提言をした（全国町村会 1954）。また，平松守彦氏（大分県知事＝当時）は「九州府・九州議会構想」を提案し，「九州にある国の出先機関である

財務局，通産局などを一本化して『九州府』というものを設置し，トップには次官クラスの長官を置き，九州における予算配分など大幅な権限を与えたらよい」とし，「まず霞ヶ関の権限を地方府に分配する。そのうえで次は，九州府の機能を各県に移譲するのか，またはそこから一挙に道州制に切り替えるのか，それは一つの選択肢である」とする（平松 1990；211-13）。これらは国の機関としての道州制論である。

　また最近の道州制論議の中でも，西尾勝氏は道州制の五つの類型を示したうえで，第27次地方制度調査会答申との違いに触れて，「私は，『道州』は上記④の『都道府県と併存するもう一つの広域自治体』とする場合と，上記⑤の『都道府県に代わる広域自治体』とする場合と，双方の余地を残しておくべきだと主張してきた。…（中略）…少なくとも当分の間は，ある地域は『道州制』，その他の地域は都道府県制という，両者の水平的な並存状態や，『道州制』と市区町村制の中間に都道府県制が残存しているという，両者の垂直的な並存状態を許容していかなければ，『道州制』の円滑な導入はむずかしいと判断しているからである」とし，暫定的な制度を含めて両者が並存する形を選択肢にすることを提案している（西尾 2005a；5。ほかに西尾 2004；6，西尾 2005b；67-68）。この場合は自治体としての道州を設置するという構想である。

　道州制については本格的な検討が必要であり，本章では第5節で若干の言及を行うが，併存型については府県と道州ともに中途半端な存在になることが懸念されるため，地方制度調査会の多数意見と同様に，少なくとも自治体として設置するのであれば移行型が望ましいと考える。

5）　府県分割論

　府県の規模・区域が広すぎることを指摘し，その分割・縮小を主張する見解である。実際には府県制度改革論議において明確に主張された例は見あたらないが，論理的には，府県の補完機能や府県における住民自治を重視する立場ではこうした主張が考えられるし，前述の一層制論に属する「300自治体論」などは実際には府県を分割し，そこに市町村を統合する構想と理解すれば，府県

分割論の一種といえよう。

この議論については，広域機能の弱体化につながるほか，市町村自治との重複も懸念されるため，現状では説得力をもたないと考えられる。

3．府県制度の現状と問題点——府県機能を中心に

以上，府県制度改革論議について個々の議論に立ち入って検討してきた。しかし，制度改革にあたってはまず現状を正確に把握する必要がある。これまでの改革論議は，府県制度の現状について正確な認識をもたないまま議論しているために，建設的な論議になっていないきらいがある[6]。とくに府県が現に果たしている機能について認識が共有されていないため，「あるべき論」だけが突出し，上滑りの議論になっているのではないか。そこで，府県制度改革のあり方を検討しまとめる前に，現在の府県がどのような機能を果たしているか，そこにどういう問題があるか，抽出しておきたい[7]。もっとも，本章では個別データを含めた十分な紹介・分析を行う余裕はないため，詳細な分析は別稿に譲りたい[8]。

(1) 府県機能の分析方法

府県機能は広域機能，連絡調整機能，補完機能の三つの機能に分けることができる。そのほかにも，前述のとおり先導的機能，媒介的機能，支援機能等の機能が指摘されているが，法律上定められているのは上記三機能であること（地方自治法2条5項），一つの事務事業が複数の機能を果たす場合が多く，区分を細かくするほど分類が難しいこと等から，現状を把握するには上記の三機能で分類するのが適切と考えられる。なお，市町村への支援機能は「連絡調整機能」に含まれるものとして分類した[9]。

ここでは，現在の府県がこの三つの機能をそれぞれどの程度担っているのか，その状況は過去どのように変化してきたのか，個々の府県によって差異があるのか等について，行政組織規則，総合計画，財政支出，職員定数の四つの

資料を用いて分析したデータから，全体的な特徴を探っていこう[10]。

(2) 府県機能の全体的状況

現在の府県は，三つの機能をそれぞれどの程度担っているだろうか。言い換えれば，府県の事務事業を三つの機能に分類すれば，どのような割合になるのだろうか。

まず，府県の事務事業を示す資料として，行政組織規則に規定された所掌事務一覧がある。神奈川県と島根県の所掌事務を三つの機能にあてはめて集計したのが表 1-2 である。これによると，神奈川県では，補完機能と広域機能に属する事務がそれぞれ25～30％程度であり，連絡調整機能は少数であった。島根県では，広域機能が約35％と最も多いが，補完機能も約34％と拮抗しており，連絡調整機能が少ないことを含めて，ほぼ神奈川県と共通している。「その他」を除いた件数でみると，ともに広域機能と補完機能が45％前後で拮抗している。広域自治体とされる府県であるが，組織編成上は補完機能が相当の割合を占めているのである。

表 1-2：組織規則（所掌事務）にみる府県機能の状況

単位：件

区 分	神奈川県 事務数	神奈川県 割合	島根県 事務数	島根県 割合
A 広　域	288	26.7%（43.6%）	298	35.4%（46.6%）
B 連絡調整	57	5.3%（ 8.6%）	57	6.8%（ 8.9%）
C 補　完	316	29.3%（47.8%）	285	33.8%（44.5%）
D その他	419	38.8%	202	24.0%
合　計	1,080	100 ％	842	100 ％

（注）（ ）内は「Dその他」を除いた合計件数に占める割合を示す。
（出典）神奈川県組織規則等，島根県組織規則等（いずれも2007年4月現在）から作成。

表 1-3：総合計画にみる府県機能の状況　　　　　単位：件

区　分	神奈川県		島根県	
	事業数	割　合	事業数	割　合
A 広　域	86	47.8%（49.4%）	127	43.5%（44.6%）
B 連絡調整	3	1.7%（ 1.7%）	11	3.8%（ 3.9%）
C 補　完	85	47.2%（48.9%）	147	50.3%（51.6%）
D その他	6	3.3%	7	2.4%
合　計	180	100 %	292	100 %

（注）（　）内は「D その他」を除いた合計件数に占める割合を示す。
（出典）神奈川県『神奈川力構想・実施計画』（2007年7月）中の「戦略プロジェクト」（構成事業），島根県『島根県総合計画』（2005年3月）から作成。

　また，各県の総合計画では，今後実施する重点的事業があげられている。これについても神奈川県と島根県の総合計画を取り上げて，機能別に分類したのが表 1-3 である。これによると，神奈川県では広域機能と補完機能に属するものが50%未満で拮抗しているのに対し，島根県では補完機能に属するものが約50%，広域的事務に属するものがやや少なく約43%であった。総合計画であるから，県として今後強化する必要があると考えている事業が重点的にあげられているはずであるが，そこでも補完機能が相当の割合を占めているのである。

　さらに，財政支出についても目的別・分野別に支出額が示されているため，各分野が果たしていると考えられる主な機能（たとえば児童福祉費であれば補完機能）によって，財政支出を機能別に分類することができる。このようにして全国の府県の決算状況を機能別に集計したのが表 1-4 である。これによると，福祉，産業振興など補完機能が約40%と最も多く，次いで老人福祉の費用負担など連絡調整機能が約20%と多く，最後に土木，公営企業など広域機能が約14%となっており，補完機能が大きな割合を占めている。このうち連絡調整機能には，前述のとおり教職員給与の県費負担など市町村の事業に対する「支援機能」と考えられるものを含めている。いずれにしても広域機能に属すると

表 1-4：財政支出（一般会計）にみる府県機能の状況
〔2005年度決算〕　　　　　　　　　　単位：千円

区　分	支　出　額	割　合
A 広　域	6,602,265,929	13.8%（18.8%）
B 連絡調整	9,499,396,982	19.8%（27.1%）
C 補　完	18,992,292,449	39.7%（54.1%）
D その他	12,779,345,222	26.7%
合　計	47,873,300,582	100 %

(注)　（　）内は「Dその他」を除いた合計額に占める割合を示す。
(出典) 総務省『地方財政白書（平成19年版）』から作成。目的別項目の機能区分は筆者が行った。

思われる支出はかなり少ないことになる。ただし，「その他」が約26％と大きいが，この多くが公債費であり，その中心は90年代に景気対策として実施された公共事業費だと推測されるから，この中には広域機能への支出が多いと考えることもできよう。

　最後に，職員定数においても行政部門別の定数が示されているため，各部門が果たしていると考えられる主な機能に着目して，職員定数を機能別に分類することができる。このようにして全国の府県の職員定数の状況を機能別に集計したのが表 1-5 である。これによると，福祉・保健・警察など補完機能が約48％，県費負担教職員など連絡調整機能が約43％とそれぞれ大きく，土木，水道企業など広域機能は約6％とごく少数にとどまっている。もっとも，ここには県費負担教職員（上記のとおり連絡調整機能に区分）と警察官（補完機能に区分）が含まれているため，学校教育と警察を除いていわゆる行政職員の定数でみると，補完機能が約63％，広域機能が約20％となり，ある程度バランスがとれるものの，なお広域機能を担う職員の割合は小さい。

　以上の四つの指標をまとめると，図 1-1 のとおり，組織規則と総合計画では広域機能と補完機能がともに50％近くを占めてほぼ拮抗しているが，連絡調整機能は独立の事務としては出てこないことがわかる。これに対して，財政支

表 1-5：職員定数にみる府県機能の状況〔2006年〕　　単位：人

区　分	職員定数 定　数	職員定数 割　合	職員定数（学校教育・警察除く）定　数	職員定数（学校教育・警察除く）割　合
A 広　域	89,098	5.6%　(5.8%)	81,684	19.9%　(23.8%)
B 連絡調整	679,360	42.6%　(44.5%)	3,826	0.9%　(1.1%)
C 補　完	759,800	47.6%　(49.7%)	257,712	62.7%　(75.1%)
D その他	68,047	4.3%	68,047	16.5%
合　計	1,596,305	100 %	411,269	100 %

（注）（　）内は「Dその他」を除いた合計数に占める割合を示す。なお、県費負担教職員は市町村支援として「連絡調整」に含め、警察職員は「補完」とした。
（出典）総務省『平成18年度地方公共団体定員管理調査結果』から作成。

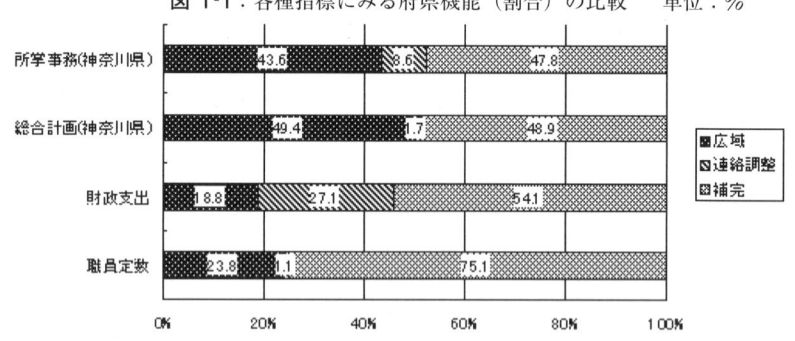

図 1-1：各種指標にみる府県機能（割合）の比較　　単位：％

	広域	連絡調整	補完
所掌事務（神奈川県）	43.6	8.6	47.8
総合計画（神奈川県）	49.4	1.7	48.9
財政支出	18.8	27.1	54.1
職員定数	23.8	1.1	75.1

（注）それぞれ「その他」の機能は除外した。職員定数においては学校教育・警察を除外した。
（出典）表 1-2 ～ 1-5 から作成。

出と職員定数では補完機能が55～75％と、高い割合を占める一方（財政支出から教員と警察官の人件費を除外し条件を合わせれば、両者はほぼ同様の割合を占めると推測される）、広域機能は20％前後と割合が低いことが特徴的である。

　四つの指標の結果がこの二つの傾向に分裂した理由・背景としては、① 環境、土木などの広域機能は政策立案が中心であり、補完機能ほど財源・人材（行政資源）を必要としないこと、② 少子高齢化が進み、介護・医療等の補完機能に要するコストが拡大していること、③ 経済成長期と異なり、土木、公

図 1-2：財政支出にみる都道府県と市町村の構成比較〔2005年度〕　単位：％

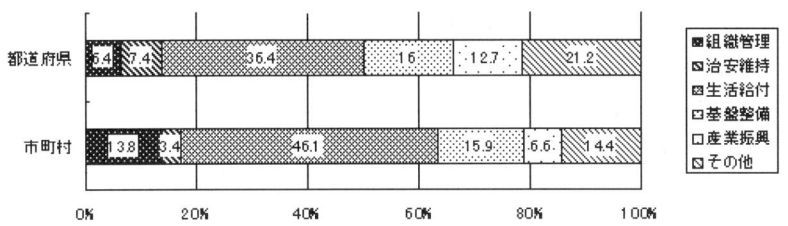

	組織管理	治安維持	生活給付	基盤整備	産業振興	その他
都道府県	6.4	7.4	36.4	16	12.7	21.2
市町村	13.8	3.4	46.1	15.9	6.6	14.4

（注）区分は次のとおり目的別の区分を大括りにして設定した。①議会費・総務費→組織管理、②警察費・消防費→治安維持、③民生費・衛生費・労働費・教育費→生活支援、④土木費・災害復旧費→基盤整備、⑤農林水産業費・商工費→産業振興、⑥公債費・その他→その他。
（出典）総務省『地方財政白書（平成19年版）』から作成。

営企業などのハード事業の規模が減少していること等が考えられる。

　また，財政支出の指標では，府県と市町村で共通の分野区分を採用しており，相互の比較が可能であるため，図 1-2 では，分野別区分をより大きな領域（六区分）にたばねて支出の構造を比較した（この分析については礒崎 2008；28-31参照）。これによると，産業振興は府県の方が大きく，治安維持も警察を抱える府県の方が大きいのに対し，生活給付は市町村の方が大きくなっている。しかし，全体的にみると，府県においても生活給付の割合が最大であり，次いで基盤整備が同程度を占めるなど，支出の領域別割合はほぼ共通しており，両者の財政構造は相当程度，類似しているとみることができる。

　以上より，広域自治体とされる府県ではあるが，広域機能よりも補完機能の割合が大きく，財政構造も基礎自治体たる市町村と類似しているため，前述の「市役所的性格」（辻山幸宣）が強いことがうかがわれる。

(3) 府県機能の変遷

　次に，こうした府県機能がどのような変遷をたどってきたか，みてみよう。ここでは時系列の比較が可能な財政支出と職員定数のデータから全体の傾向を探ってみたい[11]。

　まず，財政支出の機能別分類の変化をみたのが表 1-6 である。これによる

と，1960年度には連絡調整機能が最も大きく，次いで補完機能，広域機能の順になっているが，1970年度には補完機能が著しく増加し，逆に連絡調整機能は減少している。経済成長期には衛生，商工等の分野で府県の役割が拡大する一方，財政規模の拡大によって教職員給与の県費負担等の割合が減少したと考えられる。また，2000年度以降は連絡調整機能の割合が再び増加している。ただし，公債費の増加により「その他」の割合が一貫して増加していることに注意する必要がある。全体としては，経済成長期後期の70年代以降，広域機能は減少傾向，連絡調整機能は増加傾向，補完機能は横ばい傾向にあるといえる。

表 1-6：財政支出（一般会計）にみる府県機能の変化

単位：百万円（百万未満切捨て）

区　分	1960年度	1970年度	1980年度	1990年度	2000年度	2005年度
A 広　域	243,994	1,287,205	4,677,834	7,834,373	9,310,221	6,602,265
	20.2%(24.9%)	21.8%(24.4%)	19.0%(22.4%)	18.3%(23.6%)	17.4%(23.0%)	13.8%(18.8%)
B 連絡調整	376,407	1,171,576	4,556,496	6,599,352	9,514,504	9,499,396
	31.1%(38.5%)	19.8%(22.2%)	18.5%(21.8%)	15.4%(19.9%)	17.8%(23.5%)	19.8%(27.1%)
C 補　完	358,032	2,821,433	11,691,073	18,761,102	21,641,412	18,992,292
	29.6%(36.6%)	47.7%(53.4%)	47.6%(55.9%)	43.7%(56.5%)	40.5%(53.5%)	39.7%(54.1%)
D その他	230,502	634,816	3,643,523	9,693,627	12,933,194	12,779,345
	19.1%	10.7%	14.8%	22.6%	24.2%	26.7%
合　計	1,208,935	5,915,031	24,568,926	42,888,454	53,399,331	47,873,300
	100 %	100 %	100 %	(100 %)	(100 %)	(100 %)

（注）（　）内は「Dその他」を除いた合計額に占める割合を示す。
（出典）自治省『地方財政の状況』(1960年度)，総務省（自治省）『地方財政白書』（左記以外）から作成。

次に，職員定数の機能別分類の変化をみたのが表 1-7 である。この上段をみると，全体として補完機能に属する定数が最も大きく，次いで連絡調整機能が大きく，広域機能はきわめて少数であり，この傾向は1970年代から変わっていない。ここから学校教育と警察分野の定数を除くと，下段のとおり補完機能に属する部門の定数の割合がさらに高まり60％をこえ，次いで広域機能に属する部門の定数が約20％となる。しかし，その変化をみると，補完機能が1970～80年代にやや増加しているのに対して，広域機能は全体を通じてやや減少している。その理由としては，各府県が全体として人員削減の努力をしている中

で，補完機能は教育問題や産業活性化への対応などのため削減することが難しく，福祉分野等の市町村への権限移譲などを進めてもそれほど減少しなかったのに対し，広域機能は農政や土木など公共事業部門を中心に業務の見直しや民間委託等が進められ，相対的な割合が減少したのではないかと推測される。

表1-7：職員定数にみる府県機能の変化　　　　　　　　単位：人

区　分		1974年		1985年		1995年		2006年	
職員定数	A 広　域	108,452	7.0%	102,942	5.9%	105,049	6.1%	89,098	5.6%
	B 連絡調整	655,278	42.0%	774,664	44.4%	731,954	42.4%	679,360	42.6%
	C 補　完	714,384	45.8%	793,785	45.5%	816,978	47.3%	759,800	47.6%
	D その他	80,779	5.2%	73,242	4.2%	72,282	4.2%	68,047	4.3%
	合　計	1,558,893	100%	1,744,633	100%	1,726,263	100%	1,596,305	100%
職員定数（学校教育・警察を除く）	A 広　域	100,165	21.1%	95,002	20.1%	95,603	20.0%	81,684	19.9%
	B 連絡調整	2,088	0.4%	3,919	0.8%	4,575	1.0%	3,826	0.9%
	C 補　完	291,130	61.4%	299,845	63.5%	305,634	63.9%	257,712	62.7%
	D その他	80,779	17.0%	72,341	15.3%	70,551	14.8%	68,047	16.5%
	合　計	474,162	100%	472,008	100%	478,094	100%	411,269	100%

(注) 県費負担教員の定数は市町村支援ととらえ「連絡調整」に含め，警察職員は「補完」とした。
(出典) 総務省（自治省）「地方公共団体定数管理調査結果」（各年4月現在）から作成。

　さて，以上のように，過去の変遷をみると，広域機能の割合はもともと小さかったが，さらに近年，減少傾向にあることがわかるし，逆に補完機能はもともと割合が大きく，さらに1970～80年代に拡大したことや，2000年以降は連絡調整機能の割合が拡大したことがわかる。しかし，この間，市町村の規模能力は少しずつ強化されてきたし，政令市の増加と中核市・特例市の制度化などにより事務権限の移譲が行われている。そこで，本来ならば府県の補完機能や連絡調整機能は減少し，広域機能が増加するのが自然であるが，その逆の傾向が出ているのはなぜだろうか。確定的なことはいえないが，以下のような理由が考えられよう。

　第1に，高度経済成長期に府県が福祉，教育など住民に身近な課題への対応に乗り出したことである。革新自治体が福祉重視の政策を打ち出したこともあって，府県が生活支援の領域で独自の政策を行うようになり，それが国の制度や他の府県政にも広がって府県の補完機能が増大したと考えられる[12]。

第2に，少子高齢化，教育荒廃の進展や災害への対応など，生活関連の行政需要が拡大し，かつ困難化したため，府県の対応も重視されるようになったことである。もちろん，これらの課題には市町村が対応する建前となっているが，市町村だけでは十分な対応ができないため，府県もこれらの課題に直接・間接に対応せざるを得なくなっていることが考えられる。

　第3に，制度上，連絡調整（市町村支援）機能や補完機能の分野で府県の財政支出や義務的事務が増大していることである。とくに福祉・社会保障の分野で，介護保険や高齢者医療などの増大する財政需要をまかなうため，国・府県・市町村が一定の割合で費用を負担する法的制度が増加しているし，施設整備や人材養成などに関して府県の義務的事務が増えているため，これらの機能が増大していることが考えられる。しかも，行革による全体的な抑制方針の下でもこれらは削減や抑制が難しいため，相対的な支出割合が増加していると考えられる。

　第4に，逆に広域機能の分野では，社会基盤の整備や財政状況の悪化により，事業量の見直しや費用節減が進められていることである。経済成長がおわり，社会基盤が概ね整備されるとともに，公共事業の見直し・経費節減によって相対的に広域機能の割合が低下したと考えられる。

　以上の理由については実証できているわけではないが，これらの事情が相まって，市町村の規模・能力が拡大したにもかかわらず，吸収ないし負担しきれない需要や負担があり，府県がこれらを引き受けていると考えられる。

　なお，平成の市町村合併によっても，現時点ではまだ府県から市町村への権限移譲は進んでいないし，市町村側は主として財政負担の軽減を図るために合併を進めたことから，簡単には権限移譲を受けないため，これによって府県の補完的事務が減少しているわけではない[13]。この点は，現在進められている第2次分権改革によってどう変わるかが注目される（第4節(2)5)参照）。

(4)　府県類型別の府県機能の比較

　一口に府県といっても，様々な府県があり，その置かれている状況や特質に

応じた検討を行う必要がある。府県のあり方に影響すると考えられる条件としては，立地位置が大都市圏か地方圏かという点と，区域全体がどれだけ都市化しているか（都市的な地域をどれだけ含むか）という点が重要であろう。そこで，私は表1-8のとおり府県を4類型に分けて検討することが有用と考える[14]。

表1-8：都道府県の4類型

類型	定義	基準（下記のいずれも満たすこと）	都道府県名
① 大都市型	大都市（三大都市）を包括し，大都市圏の中核をなす都道府県	①三大都市圏の中心的都市を包括 ②人口集中地区が人口の70％以上かつ面積の10％以上 ③昼夜間人口比が100以上	東京都，大阪府，愛知県 人口28,649千人
② 大都市圏域型	大都市圏（三大都市圏）の一角にあって，その周辺部を構成する都道府県	①少なくとも区域の一部が大都市の都心50km圏内に位置 ②人口集中地区が人口の60％以上かつ面積の5％以上	埼玉県，千葉県，神奈川県，京都府，兵庫県 人口30,141千人
③ 地方都市型	大都市圏以外の地域にあって，地方の中核都市を抱えるなど都市的地域の割合が高い都道府県	①人口集中地区が人口の50％以上かつ面積の3％以上 ②昼夜間人口比が98以上	宮城県，静岡県，広島県，福岡県，沖縄県 人口15,441千人
④ 地方農村型	大都市圏以外の地域にあって，都市的地域の割合が低い都道府県	上記以外	上記以外の34道県 人口53,538千人

(注) 基準のあてはめは，人口集中地区：2000年現在，昼夜間人口比：2005年現在で行った（矢野恒太記念会編『データでみる県勢2007年版』2006年による）。人口は，総務省統計局「国勢調査報告」及び「人口推計年報」（2005年10月1日現在）による。

さてこの4類型ごとに府県機能の状況とその差異をみてみよう。

表1-9は，財政支出の目的別データを府県機能別に分類したものを4類型ごとに集計したものである（なお，東京都は都区制度が採られ特異であるため比較の際には除外した）。これによると，広域機能の割合は大都市型が最も低く（9.1％），順に高くなって，地方農村型が最も高い（18.4％）という結果になっている。逆に補完機能の割合は大都市型が最も高く（45.8％），他の三つは38％台でほぼ同率であるが，「その他」を除いた3区分の割合でみると，大都市型（59.8％），大都市圏域型（54.9％）の順であり，地方都市型（49.6％）と地方農村型（50.7％）はほぼ同じとなっている。

表 1-9：財政支出にみる府県機能の状況（府県類型別）[2005年度決算]

単位：千円

区　分	大都市型 (東京都除く)	大都市圏域型	地方都市型	地方農村型	合　計
A 広　域	429,201,859	768,519,339	746,035,375	4,394,530,463	6,338,287,036
	9.1%(11.9%)	9.4%(13.4%)	15.3%(19.9%)	18.4%(24.0%)	15.2%(20.2%)
B 連絡調整	1,021,636,890	1,826,516,046	1,140,149,733	4,622,794,806	8,611,097,475
	21.7%(28.3%)	22.4%(31.7%)	23.4%(30.5%)	19.3%(25.3%)	20.7%(27.4%)
C 補　完	2,155,237,824	3,158,182,149	1,857,227,108	9,268,909,172	16,439,556,253
	45.8%(59.8%)	38.8%(54.9%)	38.1%(49.6%)	38.7%(50.7%)	39.5%(52.4%)
D その他	1,100,786,652	2,387,342,532	1,131,297,151	5,644,717,786	10,264,144,121
	23.4%	29.3%	23.2%	23.6%	24.6%
合　計	4,706,863,225	8,140,560,066	4,874,709,367	23,930,952,227	41,653,084,885
	100 %	100 %	100 %	100 %	100 %

(注) 大都市型には東京都を除いた。（　）内は「Dその他」を除いた合計額に占める割合を示す。
(出典) 総務省『地方財政白書（平成19年版）』から作成。目的別項目の機能区分は筆者が行った。

　また表 1-10 は，職員定数の部門別データを府県機能別に分類したものを 4 類型ごとに集計したものである。ここでは全体に連絡調整機能と補完機能の割合が高いが，とくに大都市ほど連絡調整機能の割合が若干高く，地方ほど補完機能の割合が若干高い。これは県費負担教職員の数が影響していると考えられる。広域機能の割合はいずれも低いが，とくに大都市型ほど低く（3.8%），地方農村型ほど高い（6.6%）ことは注目される。

　また，学校教育と警察を除いた職員定数では，広域機能は大都市圏域型が最も低く（18.7%），他の 3 類型は21%台でほぼ並んでいるのに対し，補完機能は大都市型が最も低く（54.0%），他の 3 類型は60〜61%でほぼ並んでいる。「その他」を除いた場合には，広域機能は大都市型が最も高く（28.5%），次いで地方都市型と地方農村型が並び（25.6%），大都市圏域型が最も低くなっている（23.4%）のに対して，補完機能は大都市圏域型が最も高く（75.6%），地方都市型と地方農村型が73%台でほぼ並び，大都市型が最も低くなっている（70.5%）。上記の財政支出と比較しても，大都市型の位置づけが説明しにくいものとなっているが，その差異はさほど大きいものではないし，大都市型は大

表 1-10：職員定数にみる府県機能の状況（府県類型別）［2006年］　単位：人

区　分		大都市型 (東京都除く)		大都市圏域型		地方都市型		地方農村型		合　計	
職員定数	A 広　域	5,977	3.8%	12,422	4.2%	9,730	5.4%	51,764	6.6%	79,893	5.6%
	B 連絡調整	75,605	47.9%	138,517	46.3%	81,332	45.2%	335,590	42.7%	631,044	44.3%
	C 補　完	70,443	44.7%	136,746	45.7%	82,166	45.6%	362,080	46.0%	651,435	45.8%
	D その他	5,694	3.6%	11,634	3.9%	6,907	3.8%	36,940	4.7%	61,175	4.3%
	合　計	157,719	100%	299,319	100%	180,135	100%	786,374	100%	1,423,547	100%
職員定数 (学校教育・警察を除く)	A 広　域	5,314	21.8% (28.5%)	10,804	18.7% (23.4%)	8,517	21.2% (25.6%)	48,049	21.4% (25.6%)	72,684	21.2% (25.4%)
	B 連絡調整	178	0.7% (1.0%)	462	0.8% (1.0%)	291	0.7% (0.9%)	2,276	1.0% (1.2%)	3,207	0.7% (1.1%)
	C 補　完	13,150	54.0% (70.5%)	34,985	60.4% (75.6%)	24,491	60.9% (73.5%)	137,195	61.1% (73.2%)	209,821	60.9% (73.4%)
	D その他	5,694	23.4%	11,634	20.1%	6,907	17.2%	36,940	16.5%	61,175	17.2%
	合　計	24,336	100 %	57,885	100 %	40,206	100 %	224,460	100 %	346,887	100 %

（注）県費負担教職員の定数は市町村支援ととらえ「連絡調整」に含め，警察職員は「補完」とした。（　）内は「Dその他」を除いた合計額に占める割合を示す。
（出典）総務省『平成18年度地方公共団体定員管理調査結果』から作成（2006年4月現在）。

阪府と愛知県の二つだけであるため，個別事情が反映していることが考えられる。

　以上二つの指標によると，全体の傾向としては，大都市ほど広域機能の割合が低く，補完機能が高い一方，地方の方が広域機能の割合が高く，補完機能が低いことが確認できる。一般に広域的な課題は大都市圏ほど大きいと考えられるから，大都市ほど広域機能の割合が高いと予測されるし，市町村の規模・能力を考えると，地方ほど補完機能の割合が高いと予測されるが，実際にはほぼ逆の結果が出ているのである。とくに財政支出においてその傾向が強く出ている。これはなぜだろうか。これも確定的なことはいえないが，次のような理由が考えられよう。

　第1に，広域機能は土木，公営企業等の公共事業分野が中心となるが，大都市は都市基盤の整備が比較的進んでおり，公共事業の割合が減少しているのに対して，地方はまだ道路等の公共事業の割合が高いことである。

　第2に，広域機能は森林，河川等の県土の管理という側面があり，県土面積

によって拡大するため，県土面積が広い地方ほどその割合が高くなることである。

第3に，補完機能は福祉，教育等の対人サービスが中心であり，これらは法律によって義務づけられているし，利用者である住民の人口にほぼ比例して資源を投入する必要があるため（規模の利益が働きにくいため），大都市ほどその割合が高くなることである。

第4に，補完機能における福祉，教育等のサービスは，大都市では提供体制が整っているのに対して，地方では提供体制が整っておらず，移動の難しさもあって利用しにくく，その割合が高くならないことである。

第5に，大都市ほど市町村の規模・能力は整っており，権限移譲も進んでいるため，都市計画，土木等の事務の相当部分が市町村の事務となっているのに対して，福祉，教育等の費用は法律によって画一的に義務づけられていることが多いため，市町村の状況と関係なく府県が負担しなければならないことである。

(5) 小　括

以上を要約すると，府県機能のうち広域機能はそれほど大きな割合を占めていないのに対し，補完機能と連絡調整機能の割合は大きい。とくに財源と人材という行政資源は，主として補完機能と連絡調整機能に充てられている。戦後の経緯をみても，広域機能は次第に減少し，補完機能の割合が大きくなっている。また，大都市圏ほど補完機能の割合が大きく，地方圏になると広域機能も一定の割合を維持している。すなわち，府県は補完機能を中心とした「市役所的性格」が強く，その傾向は市町村の規模・能力とは関係なく認められるのである。

したがって，今後の府県制度のあり方を考えるうえで，「市町村が成長すれば府県の補完機能は縮小する」とか「府県機能全体を純化すれば広域機能の割合が拡大する」といった先入観や推測は成り立たないといわざるを得ない。さらに，府県の補完機能や連絡調整機能の多くは法律で義務づけられているた

め，市町村の事務事業を府県が背後から支えるという「融合型」の府県制度をとる限り，府県が本来の姿を果たすことは難しいといえよう。

では，この現状をやむを得ないものとして受け入れるか，だからこそ抜本的な制度改革が必要だと考えるべきだろうか。次節では府県制度のあるべき姿を考えよう。

4．府県制度改革の視点と方向性

第2節で紹介した改革議論の状況と第3節で概観した府県機能の現状を踏まえて，府県制度改革のあるべき方向性を検討したい。以下では，(1)で府県制度のあるべき姿を考えるうえで重要と思われる視点を抽出し，(2)でこれをもとに改革論議の論点・分岐点について私なりの見解を示し，(3)で府県制度のあるべき姿を要約することにしたい。

(1) 府県制度改革の三つの視点——何を重視すべきか

1) 府県のアイデンティティ

まず制度改革にあたって重要になるのは，府県のアイデンティティを明確にできる制度とすることである。

第2節で整理した改革論議の状況からもうかがわれるように，府県は様々な機能が期待され，その存在意義がどこにあるのか，わかりにくい存在である。地方自治における市町村中心主義の建前と多様な市町村の存在という現実を踏まえると，府県は国と市町村の間にあって，それぞれのあり方に規定される存在にならざるを得ない。府県は，国と市町村の「間を埋める」ことを使命とする存在であり，その地位は「市町村のあり方によって常に変容することがビルトインされているもの」と考えられるし（山﨑 2004b；49）[15]，この姿も「二層制の地方自治制度のきわめて自然なかたち」（市川 2004；49）と考えられないわけではない。

しかし，府県が一つの「地方政府」として，住民の負託を受け，権限・財源・

人材等の政策資源を投入して活動する以上，そこには何らかの使命があり，その存在意義が明確にされなければならない。中央集権の時代には，国の政策を地域に行き届かせることや，法令の基準を遵守して事務を処理することが府県の役割であり，ことさらに使命や存在意義を意識する必要はなかったかもしれない。しかし，地方分権の時代には，自ら地域の課題を感じ取り，その対策を講じ，重大な問題には決断をする必要があるから，自らの使命・存在意義が明確でなければならない。これらが明確でないと，地域に課題があってもそれを課題と感じ取ることができないし，課題に対しても場当たり的な対策しか講じられず，決断を求められても価値基準が明確でないため，「足して二で割る」式の決断になりがちである。現在の府県の「仕事ぶり」は多分にこうした状態にあると思われる[16]。こうした状態では，市町村の役割との違いも不明確となり，府県が必要だと考えて努力していることが市町村行政との重複や市町村自治へのいらざる介入になってしまう。

府県制度の改革は，府県の存在意義・アイデンティティを明確にするものでなければならない。

2) 企画立案機能（政策形成機能）の重視

次に重要となるのは，事務処理よりも企画立案の機能を重視することである。

行政機能は，大ざっぱにいえば企画立案と事務処理の機能に分けることができる。これまでの制度改革論・分権論は，主として事務処理の権限を取り上げ，法制度に基づいて許認可等の事務や公共施設管理等の事業を誰が実施するかを問題にしてきた。しかし，行政機能のあり方を考えると，その基礎となる「法制度」を誰が企画立案しているかが重要である。これまでは国が法制度を企画立案し，それを自治体が実施するという役割分担の意識があったが，それでは本当の分権化は実現できない。

たとえば，許認可の基準が国の法令で細かく画一的に決められているのに，許認可の権限だけが移譲されて，地域の実情に合った許認可をせよ，主体的な

判断が重要だといわれても，無理である。許認可の基準を設定する権限を自治体に与えて，地域の実情に合った基準にできなければ，本当の分権化につながらない。その意味では，第1次分権改革までの改革は「行政権」の分権であったが，これからは「立法権」の分権を重視していく必要があるし，これによって各自治体の「機能における総合性」（後述）を高めていく必要があるのである。このことは，わが国の中央・地方関係を「集権的分散システム」から「分権的分散システム」に変えるという課題でもある[17]。

このことはとくに府県の場合にあてはまる。府県の仕事の多くが法令に基づく義務的事務であるし，その内容は国が企画立案し，事務の基準や手続についてもこと細かく定められているため，府県の裁量の余地は限定されている。また，府県は市町村の事務処理に対しても，国の法令に基づいて「適正に」実施するよう指導監督する立場にあり，それによって存在意義を発揮してきた面が強い。この状況を転換し，一定の分野については府県が企画立案から事務処理まで一貫して責任をもつ制度に改革していくとともに，国の下請け機関としての役割を払拭していく必要がある。

3） 分権型社会の創造

さらに重要なのが，「分権型社会」をめざして，「国のかたち」を変えるという戦略を実現することである。

今後の地方自治制度に求められるのは，国・地方を通じる政治行政システムを自治・分権型に切り替えていくことによって「分権型社会」を実現するという目的意識である。個々の事務権限や自治体制度の改革にあたっても，当該改革自体のメリット・デメリットを細かく検討することも必要だが，それが政治行政システム全体にどのような影響を与えるか，逆に政治行政システム全体の改革を進めるために当該改革に何が期待されているかを考える必要がある。

府県制度についても，府県の機能や規模・区域の問題だけでなく，日本全体の政治行政システムをどう変えていくか，府県改革を通じてどういう社会をつくっていくかという点を論じる必要がある。とくに道州制の是非は，こうした

観点が中心になるべきであるし，府県制度の枠内での改革についても，こうした観点を含めて検討すべきである。

(2) 府県制度改革の論点——新しい府県のあり方

第2節で取り上げた改革論議において，各主張の分岐点となっている中心的な論点は何だろうか。また，その論点について，(1)の視点を踏まえてそれぞれどのように考えるべきだろうか。

1) 府県は「完全自治体」か

まず改革論議では，府県は国の下請け機関的な性格を脱して「完全自治体」になったのか，今後なりうるのかという点に対立があった。この点は，府県制度全体の理解にも通じる問題である。

一般に，戦前の府県は国の地方行政区画としての性格を有する「不完全自治体」であったが，戦後改革によって知事公選制が導入され，「完全自治体」になったと理解されている。たとえば田中二郎氏は，「旧憲法時代の府県は，しばしば，半官治的団体とか不完全自治体とかと呼ばれた。それは，国の官吏である府県知事が地方公共団体としての府県の理事機関となり，而も，議決機関に対する関係においても，優越的な地位が認められており，府県の行政全般について，府県知事に対する監督を通して，国の監督が強力に及ぶことになっていたからである。併し，このことは，新憲法の下においては，根本的に改められ，法律制度としては，府県は，国に対する関係においては，市町村と並んで，完全自治体として認められることとなった」という（田中 1955；83）。前述のとおり，こうした完全自治体論に対して，府県は半国家的団体であるとか，機能的団体であるという指摘があったわけである。

最近の議論においても重要な指摘がある。たとえば西尾勝氏は，戦後改革について，「従前は地方官庁たる都道府県知事の事務権限であったものの大半はそのまま新しい都道府県の執行機関に委任された機関委任事務と位置づけ直された」ことを指摘し，「都道府県庁とその出先機関で処理される事務権限は，

地方自治法の制定の前後でそれほど大きく変わらなかったのである。それにもかかわらず，都道府県は地方自治法の制定によって完全自治体化したといい得るのであろうか」と疑問を提示し，「今次の地方分権改革は，このような意味での『未完の戦後改革』をこの機会に完結に近づけようとしたものである。それ故に，改革の焦点は都道府県に当てられ，改革の主たる目標は都道府県を自治体の名に値する存在に改めることに向けられている」という（西尾 2000；8 - 11。西尾 1999；102-04も同旨）。

　この指摘は，第1次分権改革の焦点が府県改革にあることを指摘する点では適切だと思われるが，戦後の府県を「完全自治体」でなかったと言い切るとすれば，疑問がないわけではない[18]。「完全自治体」の定義にもよるが，機関委任事務は確かに「国の事務」であるが，実際には国の指揮監督は日常的なものではなかったこと，公選知事の下で自治体は機関委任事務の処理にあたってもしばしば住民の意向を優先させたこと等を考えると，機関委任事務の存在を府県の基本的性格を左右する要因と考えるのは無理があるように思われる。

　また，地方分権改革推進委員会は『中間的な取りまとめ』において，「地方が主役の国づくり」には「地方政府の確立」が不可欠であり，それは「自治行政権，自治立法権，自治財政権を有する完全自治体を目指す取組み」であるとしている（地方分権改革推進委員会 2007；8 - 9）。「地方政府」という新しい言葉とともに，「完全自治体」という概念が従来の意味よりも権能を強化した目標概念として使われている。こうした目標を設定することは戦略的には有用であるが[19]，ここでいう「完全自治体」とはどこまでの権限をもつ自治体をいうのか，そうした「完全」な自治体が単一主権国家において実現可能なのかなどの疑問が生じよう。

　私は，制度と実態を区別し，戦後の府県は制度的には「完全自治体」となったが，実態的には「不完全自治体」としての要素を色濃く残しており，戦後の府県の歩みはその要素を次第に克服し，希薄化させる過程であったと考える。したがってまた，第1次分権改革は府県を名実ともに「完全自治体」になることを求める改革ではあったが，今なお実態としては「完全自治体」にはなりえ

ていないし，だからこそ今後「完全自治体」への改革を進めなければならないと考えられる。

2)「府県のジレンマ」は解消したか

上記にも関連するが，天川晃氏の二重の「府県のジレンマ」論についても検討する必要があろう。天川氏は，戦前の府県制等の歴史的な分析を踏まえて，新しい府県は「その歴史に由来する基本的なジレンマを抱えて出発した」とする。一つの問題は，府県の完全自治体化と同時に府県に代わる国の行政区画が設置されなかったことから，「従来府県が処理していた国の行政事務をどのように処理するかの問題」が残ったし，これに対応すべき機関委任事務の方式も，府県の区域の合理性のほか，中央政府からの監督の弱化の問題があったため，各省庁直属の地方出先機関の設置が進み，府県と国の出先機関の事務競合の問題が残されたという。二つめの問題は，普通地方公共団体の性格が与えられた府県だが，「完全自治体」の本家は市町村であるため，「地方自治法で『市町村を包括する』とされた府県独自の特質は何であるのかという問題」が生まれ，「市町村とは異なる独自の『公共団体』としての存在理由を見いだす必要が出てきた」という（天川 1989a；30-31．ほかに天川 1989b；81-96も参照）。

この議論は，歴史的な文脈から府県制度の構造的な問題を示唆しようとする点で注目すべき議論である。しかし，ジレンマとは「相反する二つの事の板ばさみになって，どちらとも決めかねる状態」（広辞苑）をいうところ，この二つがどういう意味でジレンマなのか，いま一つ理解しにくいし，分権改革が進んだ現時点でも同様の状態にあるとみるべきか否かが問題である。

第1の，自治体となった府県が国の行政事務を処理せざるを得ず，そしてその不十分さゆえに国の地方出先機関と競合せざるを得ないという「ジレンマ」については，機関委任事務制度の廃止によって国の行政事務を処理する制度的基盤は崩れたし，分権化に伴って国の役割が縮小することによって解かれつつあると考えられる。確かに，国が地方的事務についても一定の役割を担わなければならないという前提があれば，府県が自主性・主体性を高めることによっ

て国が担うべき役割との「ジレンマ」が生じるが，国の役割は固定的なものでなく削減していくことも可能だから（それが分権改革の目的だから），府県と国の「対立」は残るとしても，府県自身の「ジレンマ」にはならないように思われる。もちろん法令の高い規律密度や国の出先機関は残っているから問題は解決していないが，府県は「国の行政事務」の呪縛を脱して，分権化に向かって歩き出しているし，歩いていくべきだと考えられる。

　第2の，府県の自治体化によって市町村との関係が不明確になるとともに，独自の特質を示せないというジレンマについては，分権改革によっても変化していない。ただ，自治体が二重に存在するからといってなぜジレンマとなるのか，確かに広域自治体と基礎自治体の差異は明確でないが，この二つの存在は論理的または現実的に両立しえないものなのか，疑問がある[20]。この「ジレンマ」は，府県の役割の明確化とそれによるアイデンティティの確立，より具体的には広域機能の強化によって克服できると思われる。

　このように，上記の意味での「府県のジレンマ」は分権改革によって解消されつつあるが，逆に分権改革によって生まれてきた，あるいは強まってきた「ジレンマ」もあるのではないだろうか。

　第1に，総合性と政策主体性のジレンマである。3)で後述するように府県も総合的な行政主体であるが，総合性を発揮するために国からの権限移譲などにより，さらに幅広い事務権限を得ようとすると，本来的には国や市町村の役割と考えられる雑多な事務事業を引き受けることになり，結果的に広域自治体としての政策主体性を損なうおそれがある。広域自治体としては広域的な地域経営を考えるべきであるが，全国的な要請に左右されたり，逆に住民生活に関わる課題を背負い込むことによって，一貫したスタンス，アイデンティティを維持できない可能性がある。この点で，府県の「総合性」には自己抑制の姿勢が必要だと思われる。

　第2に，広域機能と市町村への補完・支援機能のジレンマである。すなわち，分権改革によって，府県は国の下請け機関としての役割を脱し，自らの機能を明確にする必要に迫られている。その場合，広域自治体として広域機能の

強化をめざすと，市町村への補完機能や支援機能は手薄になる。とくに府県の規模・区域を広域化すると，市町村への補完機能や支援機能をきめ細かく実施することは難しくなる。この点は，府県内の市町村の規模・力量によっても異なるため，前述の類型論でいえば，大都市型の府県は広域機能にシフトし，地方農村型の府県は補完・支援機能を維持するといった選択肢が一応考えられるが，いずれにしても，これらの機能を放棄できない以上，どこかで調和を図る必要がある。

第3に，広域機能と「自治体性」とのジレンマである。府県が自らのアイデンティティを発揮すべく広域機能の強化をめざし，その規模・区域の拡大を図ると，今度は自治体として住民自治が形骸化するという問題を抱えることである。確かに府県合併にしても道州制への転換にしても，人口数百万人から数千万人の「自治体」が生まれることになるため，そうした自治体で「住民自治」が成り立つか，民主的コントロールが機能するかという問題が生じよう[21]。私自身は広域自治体には広域自治体なりの「自治のかたち」があるのではないかと考えているが，住民自治の形骸化の可能性は否定できない。

第4に，補完・支援機能と市町村自治とのジレンマである。府県が引き続き市町村への補完機能や支援機能を発揮しようとすると，分権改革によって自立性を高めた市町村の自治と抵触し，府県が地域住民のために必要と考えて実施したことが，結果的に市町村の自立と発展を阻害する可能性がある。今後は，府県も市町村に望まれない仕事をあえて行う余裕はないと思われるが，むしろ市町村に望まれる補完や支援の仕事ほど地域に不可欠のものとして定着し，市町村の自主的な判断や自立への努力を妨げる可能性がある。府県はこのジレンマをどう克服していくかが問題となる。

「ジレンマ論」を借用して自説を展開した感があるが，府県制度はいくつかのジレンマを抱えているのであり，これらのジレンマを意識しながら制度改革を行う必要があるのである。

3) 府県は「総合行政主体」であるべきか

前述のとおり府県の機能に関しては様々な論議がある。そこでは主として機能の内容・方向性が問題にされているが、府県機能純化論に表れているように、その前提として、府県は基本的にすべての分野を統括する総合的な政府であるべきか、特定の分野・事務のみを担当する機能限定型の政府であるべきかという問題がある（こうした府県の類型について、礒崎 2000；26-28参照）。

そもそも自治体の総合性とは何だろうか。地方自治法では、第1次分権改革に伴う改正の際に「地方公共団体は…（中略）…地域における行政を自主的かつ総合的に実施する役割を広く担うものとする」と定めた（1条の2）。ここにいう「総合的」とは、「関連する行政の間の調和と調整を確保するという総合性」と「特定の行政における企画・立案、選択、調整、管理・執行などを一貫して行うという総合性」の両面を意味すると解されており（松本2007；12）、この理解は妥当と考えられる。前者は「領域における総合性」[22]、後者は「機能における総合性」と呼ぶことができよう[23]。

そもそも地方自治の意義や地方分権の根拠として、地域の課題については自治体が総合的に対応できる体制が望ましいという点がある。住民にとって、何らかの問題に直面した場合に、自治体に相談すればほとんどのことは解決できるという体制は便利・安心であり、住民自治への期待も高くなる。また、問題解決のうえでも、幅広い領域から解決策を考えれば選択肢が広がるし、複数の解決策を組み合わせることによってその有効性も高まることが期待できる。たとえば一人暮らし高齢者の生活を支えるには、福祉サービスだけでなく、医療の提供、交通手段の確保、見守り等のコミュニティ機能など様々な対応が求められるし、相互の連携が不可欠である。さらに、自治体が企画立案から執行まで一貫して担当できれば、地域の実情に応じた対策を講じることができ、問題解決の有効性は高まる。このように総合的な体制をとることはそれなりの根拠があるのである。そして、「補完性の原理」の下では多かれ少なかれ自治体（とくに基礎自治体）は総合的な行政主体であることが求められる[24]。

もっとも、総合性の概念は、多分に量的な概念であって、少なくとも複層の

政府制度をとる以上，完全な総合性（すべての領域と機能をある行政主体が一元的に処理している状態）はありえないことに注意を要しよう[25]。したがって，市町村も府県もさらに国も総合的な行政主体であるということは，原理的には成り立ちうると考えられる。

　この総合性は，まず市町村について求められる。市町村は，市町村優先の原則の下で，基礎的な自治体として「地域における事務」を一般的に処理するとされている（地方自治法2条3項）。この点で，小規模な自治体について担当する事務を限定する「特例町村」ないし「機能限定型自治体」を制度化することが認められるか，また適切かという問題がある。これについては，基礎自治体の総合性ないし全権限性の点から有力な反対論もあるが[26]，自治体としての中核的な機能を備える自治体であって，かつ当該自治体と住民の選択を重視する仕組みであれば，導入可能であり，かつ適切と考えられる[27]。多くの論者が指摘するとおり，行政機能が拡大し複雑化する中で総合性ないし全権限性を強調することは，「際限のない」「規模拡大」に陥ることになるし（新藤 2002a；5），いわば「身の丈にあった自治」を選択することも「自治」の本質的な要素と考えられるのである。そして，その場合は，周辺市町村による水平補完の可能性を残しつつ，基本的には都道府県による垂直補完によることが現実的と考えられる。

　次に，総合性は府県についても求められる。基礎自治体としての市町村ほどではないが，府県についても地域における行政を「総合的に」実施することが求められるし，総合行政主体たる市町村への補完機能を果たすには，府県にも総合性が求められよう。現行の府県についていえば，すでに「領域における総合性」は実現されているが，企画立案等の機能を含めて「機能における総合性」を実現するよう改革を進める必要がある。

　この点で，前述の「府県機能純化論」が「純化」を徹底するものであれば，府県の総合性を放棄する議論にもなりうるし，「広域機能強化論」が広域的課題への対応に特化することを主張するものであれば，総合性と矛盾する可能性がある。しかし，府県の場合はもともと広域，連絡調整，補完という役割に限

定されているし，連絡調整や補完の機能は市町村の規模・力量によって変化するものである。そのことは地方自治法も前提にしていると考えられるから，広域機能のうち，さらに環境保全や河川管理等の個々の事務に限定する改革でなければ，これらの主張は総合行政主体としての府県という位置づけや地方自治制度の二層制に反するものではないと考えられる。

4) 府県の広域機能を強化すべきか

府県の機能に関しては，広域機能の強化を優先すべきか否かという問題がある。

第2節で述べたとおり，府県制度改革論の中では，府県は広域自治体であるから今後はとくに広域機能を強化すべきであるという見解が多い。しかし，府県間の事務の共同処理がきわめて低調であることを指摘して，「都道府県を超えた広域的な行政課題や行政需要は，言われているほど多くないように思われる」（市川 2004；46）という指摘や，「『広域団体』性にすがっている限り，より『広域』な政府を構想する『道州制』論に有効な反論はできまい」（辻山 2008；26）という指摘がある。

まず，府県の区域内の広域的課題であるが，これにも様々なものがある。私は，広域的対応が必要な理由に着目して，表 1-11 のとおり広域的事務を四つに区分すべきだと考えている。そして，たとえば d の「統一的広域事務」については府県が事務処理まで行う必要はないなど，それぞれ広域対応の必要性には濃淡の違いがあると考えている。しかし，それでも具体例にあげたとおり，ここには新しい課題を含めて重要かつ多様な事務事業が該当しているのである。

次に，府県の区域をこえる広域的事務にはどのようなものがあるのだろうか，そしてそれは増加しているのだろうか。この点についても正確な分析を行うことは難しく，別の機会を期したいが，いくつかのことを指摘できよう。

まず基本的な認識として，自動車交通の発達，公共交通機関の高速化，情報通信基盤の整備等により，住民の生活や企業等の事業活動の範囲が拡大してい

表 1-11：府県の広域的事務の分類

類型	説明	具体例（現行）	対応方法 方針決定	対応方法 事務執行
a 一体的広域事務	対象が一般に市町村の区域をこえて存在し，一体性をもつ場合（分割処理できない場合）	・土地利用計画の策定・推進 ・広域交通網の計画・整備 ・流域下水道事業の運営 ・森林の広域的管理 ・緊急医療体制の整備・運営	◎一本化が必要	◎一本化が必要
b 調整的広域事務	対象は一般に市町村の区域内に存在するが，市町村の区域をこえて資源配分または利害調整を要する場合	・水資源の開発，電源開発 ・産業廃棄物の適正処理 ・住宅供給計画の推進 ・漁業権の調整 ・建設発生土の対策	◎一本化が必要	○一本化が望ましい
c 受益的広域事務	対象は一般に市町村の区域内に存在するが，市町村の区域をこえる効果（受益）が生じる場合（広域的な費用負担が必要な場合）	・福祉保健人材の養成 ・企業誘致，新産業育成 ・高度専門病院の設置 ・大規模災害拠点の整備 ・観光地の整備・振興 ・県立大学の設置・運営	○一本化が望ましい	○一本化が望ましい
d 統一的広域事務	対象は一般に市町村の区域内に存在するが，市町村の区域をこえて基準設定や統一的対応を要する場合	・医療機関の免許・監視 ・社会福祉法人の免許・監視 ・青少年の健全育成 ・商品等不当表示の取締り ・食の安全の確保推進 ・化学物質対策の推進	○基準の統一が望ましい	△分担実施が可能

ることから，広域的に対応すべき課題は増えている。たとえば，かつて大気汚染の問題は，事業所からの汚染物質の排出が主な原因であったが，現在では自動車からの排ガスが主な原因であり，その対策も府県をこえて実施する必要がある。また，災害対策についても，大都市圏のように県境をこえる通勤通学が当たり前になると，帰宅困難者への支援や情報提供も一体的に行う必要がある。しかも，これらの課題は，表 1-11 の a の「一体的広域事務」に該当し，事務執行まで一本化する必要がある。

また，実際に府県が広域連携を行う事例も増加している。北東北三県は合併も視野に入れて広域連携を実施しているし，九州地方知事会では「九州はひとつ」の合言葉の下で道州制を視野に入れた広域連携を行っているし，首都圏サミット，中部知事会，関西広域機構でも広域政策への取組みを強めており，府

県間の広域連携は質・量ともに成長している（礒崎 2009；49-59参照）。

こうした広域的課題については，より大きな政府である国が対応するという方法がないわけではないが，それでは「分権型社会」は実現できないし，これらの課題は広域的といっても全国規模の問題ではないから，地域で対応することが望ましい。したがって，今後の府県はこうした広域的な課題に力を入れるべきだと考えられる。第2節の議論でいえば，こうした認識は広域機能強化論につながるといえよう。

5) 府県の補完機能を強化すべきか

府県の機能に関しては，補完機能を縮小すべきか，維持・強化すべきかという問題がある。前述のとおり，市町村の成長によって府県の補完機能は減少するという見方が多い一方で（地方制度調査会 2003；22，山崎 2005；87），前述の補完機能重視論のような見解もある（辻山 2001；18-19，市川 2004；49）。

そもそも小規模市町村の事務の補完については，① 府県による垂直的補完，② 周辺市町村との広域連合，機関の共同設置等の広域対応，③ 周辺市町村への事務委託の三つの方法がある。確かに ② や ③ の方法がうまく成立する市町村であればそれを進めればよいが，うまく成立するという保障はない。また住民による民主的統制という意味では，② や ③ は構成自治体を通じた間接的な統制となる点で問題がある。したがって，制度論としては ① の府県による垂直的補完を基本とする必要がある。逆にいえば，府県には引き続き補完機能が期待されるのである。

また，市町村合併が進むと府県の補完的事務は減少するという指摘があるが[28]，そう単純には進まないというべきである。西尾勝氏は，市町村合併の進展がなぜ道州制論議に連動していくのかについて「三つの道筋がある」とする。第1に合併の進展によって府県内の市町村数が激減する都道府県（鳥取県，香川県等）について，このように少数の市町村を管轄する都道府県が必要か，存在理由を問われる可能性があること，第2に合併の進展によって政令市，中核市，特例市の数が増えて事務権限を大幅に移譲する都道府県（大阪府，

神奈川県，静岡県等）について，これほど事務権限が空洞化した都道府県が必要か，存在理由が問われる可能性があること，第3に合併を期に条例によって都道府県事務を大幅に市区町村に移譲する都道府県が生じると，事務権限の空洞化が進み，そのまま存続させておく必要があるか問われること，以上三つの道筋である。そのうえで，市町村数が1,810を割った現時点では，第1の道筋から存在理由を問われる都道府県は生まれそうになく，また第3の道筋を徹底する都道府県は現れていないから，考えられるのは第2の道筋の帰すうにかかっているが，その点を留保すれば，「『平成の市町村合併』が都道府県の再編成を不可避にする可能性はきわめて低い」とする。むしろ「これを期に都道府県から市区町村への事務権限の移譲を徹底して行うことにするのかしないのか，にかかっている」とし，第2次分権改革の展開によるという見方を示している（西尾 2007；149-51）。的確な整理と評価だと思う[29]。

　このように市町村合併が進んだからといって，直ちに府県の役割，とくに補完機能が減少するとか，減少させるべきだということにはならない。しかし，地方自治のあるべき姿を考えると，府県がいつまでも補完機能を発揮することが望ましいか，第3節でみたように補完機能が大きなウエイトを占めるという府県像を維持してよいのかといえば，疑問である。その理由は四つある。

　第1に，府県の補完機能を維持することは，市町村行政の総合性を阻害し，その自立と成長を妨げるからである。本来，「地域における事務」は市町村が総合的に担当するのが理想である（市町村優先の原則）。しかも，法定の必要事務だけではなく，市町村が「地域の課題」を発見し，自ら政策・制度をつくり，それを実施するという一貫した対応によって，個性あるまちづくりが可能になるし，住民自治の価値も高めることができる。平成の市町村合併の目的もそこにあったはずである。とすれば，府県の補完機能はできるだけ縮小し，市町村がまちづくりの総合的主体として自立できる体制をめざすべきである。

　第2に，府県の補完機能を維持することは，市町村行政との重複・二重行政を生み，行政責任をあいまいにするおそれがあるからである。規制行政のように，法律上，府県か市町村のいずれかが実施する仕組みになっていれば直接重

複することはないが，サービス行政などではいずれでも実施できる仕組みになっていることが少なくない。たとえば，病院，文化施設，スポーツ施設などの施設整備がそうであるし，産業政策，農業政策，女性政策，景観行政なども重複して実施されている。後述のとおり，府県は府県民から要望が強ければそれに応えようとするため，広域的事務よりも補完的事務の拡充を重視する傾向がある。その結果，行政の重複が生じ無駄が生まれるし，責任があいまいになる。「市町村自己完結主義」（市川 2004 ; 43）はそれなりに意味があるのである。

　第3に，府県が本来市町村が実施すべき事務を担うことによって，地域の実情や住民の意向に合わない事務執行や質の低いサービスになるおそれがあるからである。広域自治体たる府県では，地域の実情をきめ細かく把握することは難しいし，自らが責任を問われないよう無難な法解釈や形式的な事務執行になる傾向がある。たとえば，開発計画の許可申請に対して，周辺の環境や景観を脅かすことを理由として地域住民が反対しているケースを考えよう。市町村であれば，周辺環境や住民生活の実情を承知しているため，弾力的な法解釈や総合的な判断を行いやすいし，住民の意見を反映させようと努力することが期待できる。これに対して府県は，地域の実情を十分承知していないし，法令に合致しているか否かだけを理由にすれば責任を問われないため，形式的な法解釈になりがちであり，それに対する住民側のコントロールも働きにくい。すなわち，単に法令やマニュアルで決められた「事務処理」なら府県でも可能だが，質の高い「政策執行」やそれを通じた「問題解決」を考えると，ふさわしい主体を選ばなければならない。その意味で安易に「大は小を兼ねる」とはいえないのであって，地域自治の視点からは府県による補完はやむを得ない場合の例外的対応と考える必要がある。

　第4に，府県が大量の補完的事務を抱えることによって，広域自治体としての役割の明確化やアイデンティティの形成が妨げられるからである。もちろん地域の状況が多様である以上，規模・能力等において様々な市町村があって当然であり，それを強制合併などによって画一化・標準化できない（すべきでな

い）以上，市町村が担いきれない仕事を府県が担うことは当然である。しかし，府県が補完的事務に忙殺され，あるいはその財政的負担のために広域機能が発揮できないとすれば，本末転倒である。

しかも，府県自身も補完的事務を重視し選択する傾向をもっている。なぜなら住民に身近な事務である補完的事務の方が対象や効果が見えやすく，県民や市町村にも歓迎されるし，「存在感」を示すことができるからである。とくに選挙を抱える知事は，府県民にアピールできるサービス行政を手厚くしがちである。その結果，現在の府県は，数多くの補完的事務を抱えた「市役所的団体」になっている。この状況を変えることは容易ではないが，だからこそ府県に広域自治体としてのアイデンティティを獲得させるには，制度改革を行い，府県をできるだけ補完的事務から解放して，広域的課題に取り組まざるを得ない状況をつくる必要がある。すなわち，種々雑多な「事務」の中で「浮遊」する府県に一本の筋を通し，政府としてきちんとした仕事をさせること[30]が，府県を「地方政府」にするための「処方せん」であり基本戦略だと思われる。

6) 府県の支援機能を強化すべきか

府県の機能のうち，市町村に対する支援機能をどう考えるかも，府県のあり方を見定めるうえで重要な課題である。

一つの考え方は，市町村に対する支援機能を強化すべきだという意見である。たとえば，前述のとおり「支援機能強化論」では，「市町村の仕事がやりやすいような環境づくり」のために技術，情報，人材の提供が必要だとしている（宮澤 1981；7）。私自身も，府県は広域的課題に取り組む広域の自治体であるとともに，市町村をサポートする自治体であるという複合的な性格をもつとした（礒崎 2000；46-48）。

確かに，市町村の規模・能力には大きな格差があるから，市町村を支援することは重要である。また，補完機能は市町村の本来的な事務を府県が実施してしまうため，前述のように市町村の成長を妨げたり，地域の実情に合わない行政になるといった問題があるのに対して，支援機能はあくまで市町村が事務を

実施することが前提であり，それを背後からサポートするものだから，市町村の自主性・主体性を脅かさなければ，市町村自治を制限したりゆがめるものではない。したがって，府県の機能として支援機能を位置づけるべきであり，法律上は「連絡調整事務」（地方自治法2条5項）に含まれると解することができる（第3節(1)参照）。府県がこうした機能を期待されているのは，「融合型」の府県－市町村関係においては自然なことと考えられる[31]。

しかし，今後も支援機能を強化することになると，長期的には市町村自治の成長を妨げるおそれも否定できない。支援の内容にもよるが，財政面や人材面の支援を考えると，本来，市町村自身が確保すべき「政策資源」を府県に依存することになり，府県の方針や事情に左右され，市町村の自主性・主体性を損なうおそれがある。また，府県のあり方から考えても，支援機能のために府県本来の役割を果たせなくなるのは問題がある。過渡的にはそうした支援も必要だが，これが固定的・恒常的な関係になることは避けるべきである。

たとえば，県費負担教職員の人件費は，国の補助を受けて府県が負担することとされているが，小中学校における教育は市町村の事務であるため，その人的資源を府県の負担としていることは，府県の支援機能と考えられる（教職員の人事権を一つの事務と考えれば補完機能とも考えられるが，住民への教育サービスを基本的な事務と考えれば，それを支える支援機能と考えられる）。しかし，教育行政における市町村の自主性・主体性から考えても，府県のあるべき機能から考えても，こうした財政負担の制度は望ましい姿ではないと考えられる。また，府県が独自に市町村の振興等を目的とした補助金等の制度を設けていることが少なくない。当然ながら市町村には歓迎されているが，一定の基準を設けて補助金を交付する以上，府県の意向や方針によって左右されるから，市町村自治にとっては問題がある。このように，支援機能については，情報や技術提供など府県でなければ得られない「資源」を除いて，長期的には縮小していくべきである。

府県論としていえば，支援機能をもって広域機能と並ぶ府県の本来的な機能と解するのはやや過大評価であり，あくまで市町村自治が確立していない時期

または地域に限定した機能と考えるべきである。この点で，私自身の「複合的政府論」にも，このような注意書きが必要だと思われる。

7) 多様な府県制度は可能か

府県制度全体のあり方を考える場合に，現行のように都・道を除いて全国一律とする制度でよいか，それとも地域による差異を反映して多様なあり方を許容する制度にすべきかという問題がある。

第3節(4)でみたように，現行の画一的制度の下でも，府県の実態は大都市型から地方農村型まで様々な状況がある。そこで，広域機能に純化する府県があれば，引き続き補完機能を充実させる府県があってもよいという考え方はありえよう。さらに，いくつかの府県制度（広域自治体制度）を用意して地域によって選択する制度も考えられないわけではない。府県制度における「一国多制度」の発想である。

また，広域連合等の特定目的の「広域政府」を導入して，複線型の広域自治体制度とすることも考えられる。たとえば新藤宗幸氏は，自治体は「一般目的の総合的地方政府」でなければならないという制度論理が際限のない規模拡大等の問題につながってきたと指摘し，現行の「広域連合」に課税権を付与するなどの制度改革を行うとともに，広域政策連合や特定部局の共同設置を含めた「特定目的の自治体」制度の創設・活用を提案する。これによって，「自治・分権型の自治体制度は，市民の政治的信託に基づく一般目的の総合的自治体を根幹におきつつも，それらを重層的に積み上げるだけではなく，一方において近隣自治を制度化し，他方において特定目的の自治体を縦横に張り巡らした複線型の制度として構想されるべき」とし，「伝統的道州制論の台頭には，一国多制度構想を対置しておきたい」とする（新藤 2002a；2-13。ほかに新藤 2002b；205-09も同旨）。

まず前者の多様な府県制度という構想については，基礎自治体たる市町村が政令市から町村まで多様な制度の下にある中で，府県まで多様な制度を許容してよいか，慎重な検討を要すると思われる。たとえば，ある府県が広域機能に

純化する制度を採用した場合，その区域内の市町村は府県の補完機能を期待できないため，自前でフルセットの行政事務を実施するか，市町村合併や広域連合による対応を考えなければならない。逆に，ある府県が補完機能を強化する制度を採用した場合，市町村行政と重複しないかが問題になるし，希薄化する広域機能を誰が補うのかが問題になる。すなわち，中間団体である府県の制度を多様化すると，それは市町村や国のあり方に連動していくのである。そもそも府県には，多様な市町村を包括し調整して，地方自治を安定的に運営させる役割が期待されていると考えられる。府県制度の多様化にはその役割を損なうおそれがある。

　次に後者の，「一般目的の総合的政府」のほかに「特定目的の自治体」を張りめぐらせるという構想は，魅力的な議論ではある。しかし，前述のとおり府県が総合的な政府であることは，それなりの理念と効果をもつ制度選択である。もちろん府県の選択によって「特定目的の自治体」をつくる制度を用意しておくことは重要だが，「特定目的の広域自治体」を縦横に張りめぐらせるとなると，府県本体の総合性が損なわれることになる。

　また，地域における事務は相互に関連しているから，「特定目的」に限定した自治体を設けてもこれが機能するかが問題となる。たとえば河川・海岸の管理を担当する広域自治体を設けると仮定すると，河川・海岸のあり方は森林の管理とつながっているし，隣接する道路計画の影響を受けるし，廃棄物の不法投棄を考えると廃棄物行政とも関係するから，これらと切り離された管理権限では問題解決は難しい。現在の国の地方支分部局による河川行政や道路行政にもそうした問題があるが（だから府県への権限移譲が求められるが），まして国という後ろ盾のない単体の広域自治体が十分に機能するか疑問がある。したがって，現行の府県制度に「特定目的の自治体」制度を組み込むことには無理があると考えられる。

　以上から，私は，府県制度の根幹（メイン・システム）については一つの制度とし，その基盤のうえで権限配分の特例などいくつかの具体的な制度（サブ・システム）を用意し，府県自身が市町村等と協議して選択できる仕組みに

することが妥当だと考える。なお，道州制への転換を図る場合には，多様な制度の並存，すなわち「一国多制度」の採用も考えられるが，これは別の問題である。

(3) 府県制度改革の方向性——何をどう変えるか

以上の基本的論点の検討を踏まえて，今後の府県制度がどうあるべきか，まとめておこう。ポイントは四つある。

1) 広域機能の強化

まず今後の府県は広域機能を強化すべきである。現状の府県は補完機能と支援機能の割合が大きく，このことが広域的課題への対応を中途半端なものにしている。市町村自治の発展を促進するためにも，府県は広域自治体でなければできない仕事に力を入れるべきである。

そのためには，第1に，府県の補完的事務を市町村に移譲する必要がある。その意味では，第2次分権改革に向けて地方分権改革推進委員会が主として府県事務を市町村（とくに市）に大幅に移譲することを答申したのは，府県のあり方から考えても評価できる（地方分権改革推進委員会 2008；第3章）。もちろん，市町村の状況によっては権限を引き受けられない市町村もあるし，前述の「特例町村」が制度化されると単純な移譲論は成り立たないが，全体としては権限移譲を進めるべきだと考えられる。

第2に，府県に義務づけられた支援的事務（とくに財政負担）を廃止・縮小する必要がある。県費負担教職員の人件費負担，介護保険の公費支出，国民健康保険の支出金など，府県に義務づけられた財政負担は，府県財政の重荷となり，広域機能の発揮を妨げている。もちろんこれらは市町村財政にとっては不可欠なものとなっているが，広域自治体であり，事業の進め方をコントロールできる事業主体でもない府県がこうした負担を一律に義務づけられる合理的な理由はないと考えられる。社会保険制度におけるリスク分散という機能は重要だが，それなら十分な検討のうえで事業全体を府県の事業とすべきであろう。

府県の役割を明確にするためにも，市町村事業に対する一律の「お付き合い負担」は廃止・縮小すべきである。

　第3に，国が処理している広域的事務については府県に移譲する必要がある。とくに国の地方支分部局（国土交通省地方整備局，農林水産省地方農政局等）の所管事務については，府県に移譲し，府県が広域機能を総合的に発揮できる体制をつくる必要がある。

　2）　府県組織の縮小・スリム化

　次に，府県の組織は全体として縮小・スリム化していくことが考えられる。現在の府県の規模は，主として補完機能や支援機能によって維持されている。そこで広域機能に純化していくとすれば，府県組織の職員組織，財政規模等は縮小していくであろうし，これを避けて府県組織の生き残りに腐心していては十分な改革ができない。府県組織の「規模」は縮小・スリム化していくことを受け入れ，むしろこれを好機として府県組織の「質」を向上・変革させていくべきである。

　もちろん府県組織のあるべき規模は，地域の実情や区域内の市町村の状況によって異なるであろう。引き続き補完機能や支援機能を維持すべき府県もあるから，一律に縮小・スリム化をめざすわけではない。この点は，市町村への権限移譲と国からの権限移譲を進めながら，各府県が自ら見定めていくべきであろう。

　3）　政策主体性の発揮

　さらに，府県制度改革において重要なのが，施策事業の企画・立案から執行まで一貫した機能を有する仕組み（すなわち機能における総合性を発揮できる仕組み）をつくることによって，政策主体性を発揮することである。現在の府県に最も欠けているのは，事務を処理する権限・機能ではなく，制度・政策をつくる権限・機能であり，それを担う体制・能力である。これを獲得するには，制度の改革と府県自身の自己改革が不可欠である。

第1に，府県の事務に関する法令（とくに個別法）の「規律密度」を引き下げ，府県の裁量，自由度を拡大する必要がある。第1次分権改革によって機関委任事務制度が廃止されたにもかかわらず，今なお個別法の規定はほとんど改正されず，府県の事務は法律，政省令等によって細かく規定され，府県が自主的な解釈や運用ができない状況となっている。こうした状態を断ち切るには，法令の規定を簡素化し，府県が地域の実情に照らして自ら解釈・運用を考える仕組みをつくることが不可欠である。

第2に，府県の自主立法権（条例制定権）を拡充し，自ら政策や制度をつくる体制に転換する必要がある。条例は「法律の範囲内」で制定できるが（憲法94条，地方自治法14条1項），この「範囲内」か否かについては，「地方自治の本旨」を踏まえて弾力的に解釈する必要がある。また，上記のとおり，個別法の規律密度を引き下げることは，自治体の立法権の役割を拡大する意味をもつし，法律において事務の基準や手続の設定を条例に授権することも考えられる。さらに，第2次分権改革において検討されている「条例の上書き権」も，府県の立法権を拡充する意味があるから，府県改革の観点からも重要な課題といえる。

4） 多様な市町村への対応

最後に，府県と市町村の関係について多様な仕組みと選択肢を用意しておく必要がある。繰り返し述べてきたとおり，広域機能を強化するといっても，補完機能や支援機能を一律に縮小すべきではない。市町村を過大な規模拡大に追い込まないためにも，府県はあくまで市町村自治を重視する立場をとり，必要な場合には補完機能と支援機能を引き受ける必要がある。その意味で「複合的政府」（礒崎 2000；47-48）という路線は間違いではない。

とくに小規模町村の多い府県においては，引き続き補完機能や支援機能を果たしていくべきである。補完機能等を果たすといっても，府県が直接事務を担当するだけでなく，市町村と府県の間で広域連合をつくって対応する方法も考えられるし，周辺市町村に対して事務委託を行う方法も考えられる。そうした

方法も視野に入れて，補完機能や支援機能を担うための体制を整える必要がある。

一方，大規模な市と小規模町村が並存する府県においては，条例による事務処理特例の制度を活用して市に対する権限移譲を進めるとともに，小規模町村の補完・支援のための体制を整備する必要がある。そのため，特定の地域を対象とする出先機関を設置したり，周辺の市町村への事務委託や現在進められている「定住自立圏」形成への支援を行うことが考えられる。

府県改革を進めるには，法制度の改革以上に府県自身の取組みが重要なのである。

5．道州制構想の検討

本章冒頭で述べたとおり，近年，道州制論議が高まっている。各種の提言書で書かれている内容は勇ましいが，論じている当事者や自治体関係者がどれだけリアリティのある課題として受けとめているか疑問もある。また，本来，道州制構想は，国と自治体を通ずる政府機構全体の問題であり，「国のかたち」を探る課題であるから，地方自治制度のあり方や広域自治体論の視点だけで検討すべきものではない。したがって，ここで道州制について本格的な検討を行う必然性はないし，その準備もないが，ここまでの検討を踏まえて，広域自治体論の一つとして「道州制」をみたときにどのような評価が可能か，またどういう点に留意しなければならないか，いくつかの点を指摘しておきたい。

なお，道州制構想にも様々なものがあるが，ここでは第28次地方制度調査会答申（地方制度調査会 2006）における道州制構想を念頭に置いて指摘する。

(1) 道州制構想の魅力

第1に，本章で検討してきた広域自治体のあり方からみると，道州制構想はそれなりの説得力，訴求力をもっている[32]。府県はいま中途半端な状態にあるし，様々なジレンマを抱えて「浮遊」している。本章でも，そのような府県

にどのようにアイデンティティを見いだせるか検討してきたが，補完機能の残存など，けっしてすっきりとした制度を描けたわけではない。そこで，府県制度を廃止して道州制という新しい制度に転換すれば，新しい広域自治体像が見えてくる可能性がある。とくに広域機能の強化からいえば，府県の区域をこえる広域的課題に対応できる点で，より広域の存在である「道州制」が望ましい。もちろん府県の合併も選択肢ではあるが，全国的に広域政府をつくるとすれば，道州制構想の方がより説得力をもつ。広域機能の強化と広域自治体のアイデンティティという点では，道州制は魅力的な選択肢である。

第2に，地方分権の推進という点でも，道州制はわが国の政治行政の構造を分権化の方向に進める可能性をもっている[33]。現行の府県制度の下でも，国の事務を移譲するとともに，法令の規律密度を引き下げ自治立法権の役割を拡大すれば，分権型社会に近づくことができる。しかし，現行の府県の規模や体制では，国が果たしてきた内政上の役割を分割して府県に大きく移譲するといった改革は難しい。とくに重要なのは，産業政策，交通政策，エネルギー政策などに関する権限移譲とこれによる地域の経済的自立だと思われるが，現行の府県の規模・区域では，こうした権限移譲と経済的自立には限界がある。

しかし，道州であれば，産業活動の範囲をある程度カバーできるし，区域内に経済的な拠点をもちうるため，経済的な自立と道州相互の競争関係が成り立つ可能性がある。もちろん道州間の経済的な格差は生じるが，一定の財政調整制度を設けたうえで，それでも生じる格差は受け入れるという姿勢があれば，道州制は分権型国家実現への一つのシナリオになりえよう。より大きく言えば，経済・社会のグローバル化が進む中で，中央政府が「国土の均衡ある発展」を掲げて地域の経済発展を牽引する「護送船団方式」は有効性を失ったのであって，これに代わる方式が求められている。新しい方式が経済政策として成功するか否かは未知数だが，道州制には新しい方式への転換を促し，これを支える政治行政上の基盤になる可能性がある。

また，道州であれば，自治立法権を生かして自前の政策・制度をつくり運用することも容易になる。国が内政の問題についていちいち法律を制定して道州

に処理させる必要はない。道州は，企画立案から執行まで「機能における総合性」を発揮して，道州内の課題を自ら解決できる体制をつくることができる。現行の法体系では，法律は広く自治体の事務や組織について規定できるのに対し，条例は府県なら府県の，市町村なら市町村の事務や組織についてしか規定できない仕組みとなっている（地方自治法14条1項）。すなわち，立法権でみると，法律と条例には上下関係があり，府県条例と市町村条例は独立・並存の関係になっている。

道州制になった場合，道州の立法権を強化して，国の法律に準じる効果をもたせるとともに，市町村の事務や組織についても，国の法律ではなく道州の立法によって定めることが考えられる。もちろんこれには市町村自治の立場からの反対論も予想されるが，分権型国家をめざすとすれば，地域の自治と行政のあり方を道州の立法に委ねるという発想があってよい。立法権のあり方は，「連邦制的道州制」などの主張にもつながる論点であろう。

楽観的かもしれないが，道州制構想が「経済の自立」と「立法権の自立」につながるものであれば，分権型国家の基盤になりうると考える。

(2) 道州制構想への懸念

一方，道州制については懸念される点も少なくない。

第1に，市町村との関係では，道州制には検討すべき課題が多い。道州制に転換した場合には，市町村に対する補完機能や支援機能をどう確保するかという問題がある。道州の規模では，個々の市町村との距離が大きくなりきめ細かな補完や支援が難しくなる可能性があるし，きめ細かな対応のためには道州の出先機関が必要になると考えられるが，そうした出先機関の規模や形態によっては，道州本庁と出先機関の二重構造が生まれ，意思決定の硬直化や行政事務の非効率を生むおそれがある。道州の規模は，市町村への補完機能や支援機能を発揮するには「適正規模」を超えているのである。

こうした懸念に対して，さらなる市町村合併によって広域自治体の補完に依存しない基礎自治体をつくるという構想もありえよう。しかし，何度か触れて

きたように，市町村自治を重視する考え方からすれば，この選択肢はとるべきではない。市町村においては住民の自治体への帰属意識と一体感が重要であって，広域自治体側の改革のために市町村のあり方，とくにその規模・区域を変えることは避けるべきである。また，市町村の広域連合等の広域連携によって個々の市町村を補完するという構想もありえよう。これがうまくいけばよいが，あくまで市町村間の協議と任意の意思によって設置するものだから，制度設計にあたって最初からこれを前提とすることはできない。二層制の地方自治制度においては，やはり広域自治体が責任をもって市町村を補完し支援する必要がある。

　第2に，住民自治の具体化・活性化や住民の帰属意識・一体感という点でも，道州制には懸念がある。しばしば指摘されるとおり，道州の規模になって住民自治の理念と制度が機能するのか，道州政府との物理的・心理的距離が生まれ，あるいは住民の政治参加の有効性が低くなって，住民自治が形骸化するのではないかという問題である[34]。また，巨大化した道州政府を住民がコントロールできるかという民主的統制の問題もある。

　これに対しては，現在の数百万の人口を抱える府県はすでに相当な規模であり，住民との距離があるから，住民自治という意味では大差がないという反論がありえよう。また，広域自治体における自治は，住民個人の参加というより，住民の代表である市町村やNPO・各種公益団体・企業などの参加によって維持・活性化するとも考えられるため，道州においてもその規模に合った「自治」は可能と考えることもできる。いずれにしても，道州を自治体とする以上，この問題は避けて通ることができない。

　また，住民の自治体への帰属意識と住民相互の一体感という意味でも，道州制への転換は危険性をもっている。現行の府県について住民の帰属意識や一体感がどれほどのものかは客観化が難しく，十分な研究も検討も行われていない。しかし，しばしば指摘されるとおり，高校野球における府県代表校に対する応援意識のほか，大都市等における出身府県ごとの県人会の存在，各府県の名産や習慣の違いを取り上げるテレビ番組や県民気質に関する書籍の刊行な

ど，日本人の「府県意識」の強さを裏づける材料は少なくない。まして，現行の府県が「日本の政治的デモクラシーの唯一残された拠点」（新藤 1993；112）であり，「使い慣れ肌に親しんだ布のようなもの」（新藤 1990；49-51）だとすれば，これをこわすこと自体が愚行ということになろう。

　一方で，住民の帰属意識や一体感は，首都圏（東京圏），東北，関西など広域のブロック圏について語られることもあるし，横浜市，神戸市など都市への帰属意識や一体感が強いケースもある。そもそもこうした意識は長い年月を経て醸成されるものだから，道州制が定着してくれば，道州への帰属意識も育ってくるという見方もあろう。より共同体としての結合が強いと考えられる市町村についても，社会状況の変化等を踏まえて全国的な合併を行ったのだから，広域自治体についても必要があれば規模拡大をためらうべきではないという主張も考えられないではない。しかし，道州への転換が後戻りできない改革である以上，自治を支える基盤として住民の帰属意識や一体感を軽視することはできないと考える。

　道州制の導入については，少なくとも以上のような点について客観的な検討を行うとともに，政治の場で十分な論議を行い，国民の合意の下で進めるべき改革であると考える。

1) 以下の記述は，礒崎2000；18-21を基礎としつつ，新しい時期区分と視点を加えて記述したものである。なお，新藤2002b；12-56，佐藤（俊）2006，田村2004も参照。
2) 府県制度改革論議については，すでに礒崎1998；35-40及び礒崎2000；21-29において紹介・整理を試みたが，本章ではより広く対象を設定し，かつ新しい議論を追加するとともに，相互の論理的な関係に着目して整理した。私がこのように改革論議の把握整理にこだわるのは，これまでの府県制度改革論の多くが，現状認識や価値観の差異を明確にしないまま全く異なる見解を展開しているため，生産的な議論になっていないと感じるためである。
3) 松本英昭氏は，こうした一層制論者は「都道府県を分割して，それに市町村の権限を融合し，一つの基礎的自治体にしていくという考え方」であり，「いまの県を解体しろという発想から出発している」と指摘する。大森ほか1993；18-20（松本発言）。

4) 西尾勝氏は，この構想について，市町村を300前後に統合することは無理がありかつ基礎自治体のあり方として好ましくないこと，都道府県の事務権限の一部は国に吸い上げられることを指摘し，「日本を分権型社会に改める構想などではさらさらなく，むしろ日本をこれまで以上の集権型社会に改める構想であると断じざるを得ない」と厳しく批判する（西尾 2007；142-43）。
5) 都道府県連合の議論と制度については，辻山1994；165-251参照。
6) 府県制度論がかまびすしく論じられているが，多くは制度の趣旨や論理的な筋に基づく論説か，論者の主張や思いを吐露する論述であり，そもそも府県がどういう事務事業をしているかなど，正確に把握しようという実証的な研究は限られている。また，府県に関する実証的な研究としては，統計的なデータに基づく全般的・定量的な分析と，個別の分野・事例に基づく具体的・定性的な分析が考えられるが，とくに不足しているのは前者の分析である。前者の例として全国知事会1967，神奈川県自治総合研究センター1990，野田2007があり，後者の例として村松1988，全国知事会1973，同1979，同1983，同1990などのほか，いくつかの自治体による調査研究の成果が挙げられる。
7) 府県制度の現状と課題という意味では，府県が果たしている機能（行政的側面）だけでなく，府県の自治体としての実態（政治的側面）や地域社会としての連帯感・帰属意識（社会的側面）についても分析する必要があるが，後二者については実証的な分析が進んでいない（分析の方法も難しい）し，実際には府県制度を廃止して広域再編を行う場合に改めて問題になるため，本章でも第5節の道州制論の評価の中で言及するにとどめる。
8) この点は，礒崎2008；27-34で概観したが，本格的には礒崎初仁「都道府県機能の全般的分析－府県は広域自治体か」（仮題）として月刊『自治総研』に寄稿予定。
9) 字義どおりの「連絡調整」では「三大機能」の一つとして規定する意味が薄いため，多様な事務を含むものであり，市町村への支援事務も含まれると解される。長野1995；48は，連絡調整事務は市町村に対する「指導的な地位」にあることを示したものとするが，この解釈を分権改革を踏まえて対等な当事者に対する「支援」と変更して使用するものといえる。なお，松本2007；36では，連絡調整事務について「国等や都道府県等と市町村との間の連絡調整，市町村相互間の連絡・連携・調整等の事務」を指すとし，指導の内容を含めていない。
10) このデータ分析の詳細は，裏づけとなる事務事業一覧表等を含めて，前掲注8)・礒崎「都道府県機能の全般的分析」を参照。
11) 本章と同様に総括的なデータを用いて時系列による分析をしたものとして，高木1979，保母1990がある。
12) 同様の指摘をするものとして，高木1979；8参照。
13) 野田2007は，平成の市町村合併以前の合併を取り上げて，府県機能にどのような影響があったか，財政指標等をもとに計量的な分析を行い，大きな影響はないことを導いている。全体としては貴重な計量的研究ではあるが，市町村が合併し

たとしても実際に事務移譲がなければ府県機能に影響はないし，府県は財政収入が変わらなければそれを何らかの用途に支出するから，制度的に考えれば市町村合併が府県機能の全体に影響しないことは当然だと思われる。
14) この4類型については，礒崎2004；34-36で示唆し，礒崎2008；32-34で実際に財政支出等の違いを示すなど一部活用したが，今後より詳細な分析が必要と考えている。
15) こうした考え方に対して，今村2001；10-12は，「地方自治の二層制を採用していることを重視する観点からすると，そのように都道府県を『中二階』視する見方は疑問である」とし，指定都市－中核市－特例市－一般市という都市区分による事務権限の移譲がすべて府県事務からの移譲であることに着目し，「二層制のもとでの広域自治体と基礎自治体（都市自治体）の新しい関係が示唆されている」とし，「都道府県の完全自治体化のもつ戦略的意義」に留意するならば，「基礎自治体優先主義」に反しない形で「一種の都道府県中心の考え方」がありうることを指摘する。その内容は具体的ではないが，条例による事務処理の特例制度を含めて「都道府県事務からの移譲を出発点とする論理」に着目していることから，都道府県は，もともと包括的・潜在的に有している事務権限を実態に応じて市町村に移譲し，両者で協議・調整を図りつつ全体として円滑な地域運営を図っていくというイメージを示唆しているのであろうか。
16) この点は，ケーススタディ等による実証分析が必要だと思われるが，今後の課題である。
17) 西尾勝氏もこのことを強調している。たとえば，日本が地方自治の国だと誇ることはできないとし，それは「自治体が担う行政サービス提供業務の範囲，仕組み，基準の設定と法制化に始まり，その執行に関する執務マニュアルの策定に至るまで，中央政府＝国で決定されている度合いが高いからである。…（中略）…何よりも重要なことは，行政サービス提供業務をこれまで以上に国から自治体へ移譲することではなしに，それ以上に，すでに自治体の事務事業とされている行政サービス提供業務に対する実質的な決定権を自治体に移譲することなのである。いいかえれば，集権的分散システムを分権的分散システムの方向に向けて移行させていくことなのである」とする（西尾 2007；8-9）。また，地方分権改革の関心の焦点になってきた「『法令の規律密度』の緩和と『義務付け』の廃止・縮小は，政策・制度の企画立案権の国から自治体への移譲，いいかえれば立法権の移譲にほかならない」という（同 2007；260）。
18) 大森2008；398は，この完全自治体について「自治体の長の選出方法の差に着目し，戦前，そして都道府県のように戦後に，官選（任免）知事から直接公選知事に移った自治体のことをそう呼んだが，ここでは，公選制は当然だから，自治立法権に焦点を当てた自治体イメージを強調したものといってよい」とする。
19) 西尾1990；372-74（初出 1981）によれば，「自治」に共通するのは「自律（autonomy）と自己統治（self-government）の結合」であるという。ここで「自律」とは「個人が他人の統制にしばられずにみずからの規範，準則，目的といっ

た規準を定立し，みずからの意思がみずからの行為を律する余地がある」状態をいい，「自己統治」とは「民主制が採用され，集団生活の規準の定立が構成員の参加と同意のもとにおこなわれて，集団の公共意思が個人意思の合成と観念されている」状態をいう。府県は国の法令には縛られるものの，条例，計画等の規準をつくり，自らの行為を律する余地があるし，民主制も採用されているから，自治体といえる。

20) 同じ完全自治体たる性格をもつ府県と市町村が二重構造をなしているのは，理論的におかしいという指摘は以前からあった。それに対して，たとえば田中1957, 12は，「府県と市町村とが同じ区域を基礎として同じ機能を行う同じ性格の団体だとすれば，両者の併存は，理論的におかしいし，実際的に妥当でないことは明らかであるが，区域も異なり機能も違っているとすれば，同じく完全自治体であることは，理論的に決しておかしくないし，実際的に妥当でないとはいえない」と反論する。私は，区域が同じでなくても，それが包括関係にある以上，もし機能と性格が同じであれば問題があると考えるが，機能が異なるのだから，少なくとも理論的には問題ないと考える。ただし，実際にはこの機能の区分ないし棲み分けが明確でないことから，府県の「アイデンティティ問題」が生じていると考えられる。

21) 新藤2002b；207は，「総合的自治体は，あくまで地理的境界を有しており，…(中略)…その境界を越えようとするならば，大規模な広域自治体の合併論がでてくる。しかし，そうなると市民の政治的コントロールの弱体化が問題視される。要するに，総合的行政体であることを前提とした自治体合併は，つねに二律背反的問題を抱え込むのである」という。

22) この「領域における総合性」にも，行政分野間の総合性と，同一分野における関連事務間の総合性があると思われる。たとえば，前者は福祉，保健，教育などの分野や，福祉のうち高齢者福祉と障害者福祉などの分野を同一の自治体で担当している状態であり，後者は同じ高齢者福祉について介護サービスの提供，介護人材の養成・認定，介護施設の整備等の事務を同一の自治体で担当している状態である。現行の行政体制では，同一分野においても国・県・市町村がそれぞれ事務を分担する仕組みとなっており，後者の意味の総合性も十分には確保されていないことに注意を要する。

23) 総合性の概念についてはいくつかの定義・説明がある。稲葉2003；35は，地方自治法上の総合性には，いわゆる縦割り行政を排する行政の＜一体性＞，企画・立案から執行までの行政の＜一貫性＞のほか，住民福祉の増進に関わる事務事業の＜包括性＞＝＜網羅性＞，以上を具現化しうる自治権能の＜包括性＞という四つの意味があるとする。この整理は精緻ではあるが，＜一体性＞と＜網羅性＞は重複する概念であり，自治機能の＜包括性＞は全体をまとめる概念であることから，概念の簡潔性を考えて，ここでは前二者の意味を併有するものと考えたい。また，金井2007；7は，2000年分権改革を取り上げて「自治制度及び自治制度官庁には，強い傾向性としての総合性指向が存在する」とし，「ここで総合性とは，

国と自治体を相互に連関させて自治制度を構築するという融合性と，自治体レベルで各種の行政分野を可能な限り広く包括しようとする統合性とを，合わせたものである」とし，「この総合性バイアスが，ある意味で，自治制度を貫徹しているのである」と興味深い指摘をしている。これらに対して，大森2003；17は，「総合的に実施する」とは「『国や都道府県の縦割り行政と比較して』という程度の意味であり，総合行政とは公選・独任の首長の下で施策の総合化を図りながら法律に違反しない限り市町村は何でもできるという意味である」とし，格別の意味を見いだしていない。

24) 新藤2002a；3-5は，批判的な立場からであるが，「官治の陰を残す自治，そして集権と分権との共存に特色づけられる自治体の制度論理には，自治体は『一般目的の総合的地方政府たらねばならない』との共通了解が支配的であった」とし，「あくまでも自治体の制度は，一般性と総合性を兼ね備えていることを法制度上の基本原則としてきた」とする。

25) その意味で完全な「自己完結」もありえない。市川喜崇氏は，いわゆる西尾私案や第27次地方制度調査会答申は，「市町村自己完結主義とでも名づけられるべき理念を市町村合併の最大の根拠にしている」ことを指摘し，「小規模町村の減少や解消を目的とする合併策の根拠として市町村自己完結主義を持ち出すのはいささか無理がある」と批判する（市川 2004；43-44）。私は，小規模町村であっても可能な限り自己完結をめざす必要があるが，それを合併推進に結びつけるのは「無理がある」と考える。

26) 松本英昭氏は，「憲法の地方自治の保障の規定（とくに第94条）からみて」も「我が国の基礎自治体は，住民に最も身近な政治・行政の主体として，一般的・概括的な権能を有し，通常期待される機能を自己決定と自己責任の原則で踏まえて担うことができる経営基盤を有する自治体」であるとし，小規模町村の「事務配分の特例」制度については「そうした小規模町村はもはや基礎自治体といえるのだろうか」と否定的に評価し，小規模町村としての存在を残しつつ基礎自治体としては周辺市町村に包括されるという「市町村の包括」制度を提案する（松本2008；36-39）。できるだけ総合的自治体（全権限性）が望ましいという原則は理解できるが，「一般的・概括的な権能」や「通常期待される機能」の内容を「線引き」することは可能なのか，そうした権能・機能を満たさなければ基礎自治体でないとして排除することが「地方自治の本旨」に適合するのか，疑問が残る。

27) 地方制度調査会2003；10は，「そのような状況にある市町村については，組織機構を簡素化した上で，法令による義務づけのない自治事務は一般的に処理するが，通常の基礎自治体に法令上義務づけられた事務については窓口サービス等その一部のみを処理し，都道府県にそれ以外の事務の処理を義務づける特例的団体の制度の導入についても引き続き検討する必要がある」とした。また，西尾2007；135-39は，平成の市町村合併後もさらに合併を勧奨しても小規模町村が相当数残存することは避けられないとし，「これらの小規模町村については，国から義務付ける事務権限の範囲を窓口業務等に限定し議員を無報酬にするなど総じて身軽

な自治体に改める，特例団体制（「特例町村制」）の創設を検討すべきである」とし，「義務付けないこととなった市区町村の事務権限については，都道府県が垂直補完するか周辺市区町村が水平補完するか，いずれかの仕組みにすべきである」という。この立場に立って，さらに西尾2008；17-19は，前出注26）の松本氏の反対論を取り上げ，その理由の根底には，「自治体，なかんずく市町村は『地域総合行政の主体』であるべきだとする旧自治省以来の伝統的な思想に修正を迫る制度構想…（中略）…ではないかとする，深い危惧の念が潜在している」としたうえで，「特例町村の所掌事務からはずそうと提案しているのは，あくまでも国の法令に基づいて事務の処理を義務付けられている事務権限の一部にすぎ」ず，「概括例示方式によって国から幅広く概括的に授権されている『地域の事務』を処理する権能を制限する意図は全くない」とし，強く反論している。地方制度調査会及び西尾氏は，任意的事務を担えること（概括例示方式が適用されること）が完全自治体として重要と考えているが，少なくともわが国の法制度では「地域における事務」の多くは義務的事務とされているから，義務的事務のうちどれだけを処理するかが重要であり，ここでいう「窓口業務等」の内容・範囲によっては総合性ひいては基礎自治体たる性格に問題が生じると思われる。私は，特例町村が基礎自治体としての中核的な機能（その内容は検討を要するが）を担うものであれば，総合性原則に反するものではないと考える。

28) 保母武彦氏は，府県財政の歳出データに基づいて，府県の財政ウエイトが低下していることから，府県機能の空洞化・役割の縮小化傾向が進んでいるとする（1990；56-65）。しかし，このデータはごく大まかな歳出区分であり，個別事務に係る支出の変化も検証していないため，一つの傾向を指摘するものであり，府県機能の変化を実証するものにはなっていないと思われる。

29) 市川喜崇氏は，補完機能を考える際に重要なのは市町村数ではなく市町村の最低規模であるとし，小規模市町村がほぼ完全に解消されれば都道府県は補完機能から大幅に手を引くことが可能となり，広域機能に特化することができるが，現行では小規模市町村が解消される見通しはないから，「都道府県は，いままでと大差なく補完機能を担い続ける必要がある」とする（市川 2005；5）。少数の小規模市町村が残ったとしても，その区域における補完的事務の「量」は少ないから，単純に「市町村の最低規模」が決め手になるわけでもないが，小規模な市町村が存続する以上，府県の補完機能への期待はなくならないという指摘は妥当であろう。

30) 大森彌氏は，第1次分権改革に先立って，「取りあえず都道府県をきちっと自治体らしく変えていくのが改革の一歩だ」と指摘している。大森・川島・成田・松本1993；16（大森発言）参照。

31) この点に関連して，補完的事務の多さを「融合型」の府県－市町村関係の表れとし，これを縮小することが府県行政と市町村行政の「分離論」であるとする見方があるが（辻山 2001；18），補完的事務は事務処理を市町村に任せず府県が直接行うことだから，府県－市町村関係は「分離」しているのであり，これを市町

村事務としつつ支援機能を維持・強化することが両者の関係を「融合」させるものではないかと思われる。
32) 金井2007；108-20は，現行体制の中から区域問題が発生すると同時に，現行体制それ自体が区域問題の解決を先送りするよう作用するため，区域問題は常に浮遊するという。この指摘は鋭く興味深いが，制度改革論議も社会経済の状況に左右されながら進められるものであり，常に同程度に「浮遊」しているわけではないし，ときに改革のエネルギーに押されて制度改革に至ることもあると考えられる。もちろん，新しい制度も矛盾・限界を内包しているから，いずれは改革論議の対象になることも避けられない。
33) 道州制が地方分権につながるかという点では，多くの論者が警戒的である。たとえば西尾勝氏は，道州制構想の中で国からの大幅な権限移譲を求めると，国の事務としての性格をもつ事務を引き受けることになり，道州が戦前の府県のような「国の第一級地方総合出先機関」になってしまうとし，地方分権につながらない道州制にならないよう警戒する（西尾 2004；5-6）。私は，ある制度改革が目的どおり進まないおそれは常にあるが，現行の府県制度では限界があることも事実だから，分権化につながるような「設計図」を付けて道州制を推進すればよいのではないかと考える。ただし，道州制には後述する懸念もあるため，別の点からの検討も必要である。
34) たとえば新藤宗幸氏は，「一定地域住民としてのアイデンティティを高め政治的に成熟した統治単位の存在を前提としないプログラムは，現実への対応能力を持たない」とし，「道州制論は，全国を幾つかのブロックに分け，そこに『ミニ霞ヶ関』を設ける議論に矮小化してしまい，分権型社会とは程遠いものとなる」と指摘する（新藤 1990；50-51）。

参 考 文 献

愛知県・分権時代における県の在り方検討委員会（2004）『報告書』。
天川晃（1986）「変革の構想－道州制論の文脈」大森彌・佐藤誠三郎編『日本の地方政府』東京大学出版会。
天川晃（1989a）「戦後府県制度の位相」季刊自治体学研究（神奈川県自治総合研究センター刊）40号。
天川晃（1989b）「昭和期における府県制度改革」日本地方自治学会編『日本地方自治の回顧と展望』敬文堂。
礒崎初仁（1998）「分権改革と新しい『府県のかたち』」（財）行政管理研究センター『地方分権に伴う国・地方の行政システムに関する調査研究（Ⅱ）』同。
礒崎初仁（2000）「分権改革の焦点は都道府県にあり―新しい『都道府県のかたち』の創造」西尾勝編著『都道府県を変える！―国・都道府県・市町村の新しい関係（分権型社会を創る2）』ぎょうせい。
礒崎初仁（2004）「都道府県の機能と広域行政」月刊自治研537号。
礒崎初仁（2008）「都道府県機能の変遷と全体像―府県は広域自治体か」月刊自治

研585号。
礒崎初仁（2009）「都道府県の広域連携―『政策連合』の可能性」都市問題研究61巻1号, 2009年1月。
市川喜崇（2004）「都道府県と道州制－都道府県の諸機能と規模」月刊自治研537号。
市川喜崇（2005a）「道州制の論拠と課題」月刊自治フォーラム546号。
市川喜崇（2005b）「道州制・都道府県論の系譜」日本地方自治学会編『道州制と地方自治』敬文堂。
市川喜崇（2006）「道州制の論点」地方自治705号。
樹神成（2004）「広域自治体論」白藤博行・山田公平・加茂利男編著『地方自治制度改革論―自治体再編と自治権保障』自治体研究社。
稲葉馨（2003）「地方自治制度の再編と憲法問題」今村都南雄ほか『基礎的自治体システムの構築と地方制度改革』（財）地方自治総合研究所。
稲葉馨（2005）「道州制の考え方―地方自治法学の立場から」日本地方自治学会編『道州制と地方自治』敬文堂。
今村都南雄（2001）「問われる都道府県の役割」都市問題92巻3号。
江口克彦（2007）『地域主権型道州制―日本の新しい「国のかたち」』PHP研究所。
大阪府地方自治研究会『大都市圏にふさわしい地方自治制度（自治論集17）』同。
大橋洋一（2005）「地方分権と道州制」ジュリスト1289号。
小沢一郎（1993）『日本改造計画』講談社。
大森彌・川島正英・成田頼明・松本英昭（1993）「座談会・地方分権のあり方」ジュリスト1031号（1993.10.1）。
大森彌（2008）『変化に挑戦する自治体―希望の自治体行政学』第一法規。
岡田知弘（2008）『道州制で日本の未来はひらけるか』自治体研究社。
岡山県・21世紀の地方自治研究会（1991）『連邦制の研究報告書』。
岡山県・21世紀の地方自治を考える懇談会（2003）『21世紀の地方自治を考える懇談会報告書』。
金井利之（2007）『自治制度（行政学叢書3）』東京大学出版会。
神奈川県自治総合研究センター「指定都市と県」研究チーム（1990）『指定都市と県―都市型社会における都市と府県の役割分担と協働のあり方』同センター。
神奈川県・分権時代における自治体のあり方に関する研究会（2003）「分権時代における自治体のあり方について（最終報告）」。
神奈川県広域自治制度研究会（2006）『報告書』。
加茂利男（2004）「地方自治制度改革の政治パラダイム」白藤博行・山田公平・加茂利男編著『地方自治制度改革論―自治体再編と自治権保障』自治体研究社。
加茂利男（2006）「地方自治制度改革のゆくえ―基礎的自治体と広域自治体の規模と機能」日本地方自治学会編『自治体二層制と地方自治（地方自治叢書19）』敬文堂。
加茂利男（2007）「平成の地方自治改革―これまでとこれから」加茂利男編『日本

型地方自治改革と道州制』自治体研究社.
姜光洙 (2005)「日本の政府間関係論と区域問題」自治研究81巻10号.
関西経済連合会 (1955)「地方行政機構の改革に関する意見」.
関西経済連合会 (1969)「地方制度の根本的改革に関する意見」.
関西経済連合会 (1991)「都道府県連合制度に関する提言」.
神原勝 (1981)「県機能純化への展開」季刊自治体学研究 (神奈川県自治総合研究センター刊) 8号.
小森治夫 (2007a)『府県制と道州制』高菅出版.
小森治夫 (2007b)「府県制と道州制」(社) 大阪自治体問題研究所編『道州制と府県 (研究年報10)』自治体研究社.
坂田期雄 (1977)『地方制度の構造と実践 (新時代の地方自治Ⅰ)』ぎょうせい.
佐藤克廣 (2003)「道州制の制度設計―地方制度調査会での議論を中心に」季刊行政管理研究104号.
佐藤克廣 (2004a)「道州制論議を考える―呉越道州・道州異夢を排するために」北海道自治研究423号.
佐藤克廣 (2004b)「北海道道州制特区構想の行方―道州制北海道モデルは実現するか」月刊自治研537号.
佐藤克廣 (2005)『道州制の論点と北海道 (地方自治土曜講座ブックレット No.102)』公人の友社.
佐藤俊一 (2003)「都道府県の連合的自治体論」法学新報110巻3・4号 (2003年8月号).
佐藤俊一 (2004)「連合自治体としての都道府県改革」月刊自治研537号.
佐藤俊一 (2006)『日本広域行政の研究―理論・歴史・実態』成文堂.
塩野宏 (1990)『国と地方公共団体』有斐閣.
渋谷秀樹 (2000)「都道府県と市町村の関係―二層制の憲法原理的考察」公法研究62号.
嶋崎健一郎 (2005)「地方分権時代の都道府県の役割」田村悦一ほか編著『分権推進と自治の展望』日本評論社.
白藤博行 (2004)「地方自治制度をめぐる『改革』の論理と憲法の原理」白藤博行・山田公平・加茂利男編著『地方自治制度改革論―自治体再編と自治権保障』自治体研究社.
新藤宗幸 (1990)「日本のガヴァナビリティと都道府県」季刊自治体学研究 (神奈川県自治総合研究センター刊) 45号.
新藤宗幸 (1993)「自治制度の改革構想」自治体学会編『自治体で生きる―魅力と可能性』良書普及会.
新藤宗幸 (2002a)「自治体の制度構想」松下圭一・西尾勝・新藤宗幸編『自治体の構想2 制度 (岩波講座)』岩波書店.
新藤宗幸 (2002b)『地方分権 (第2版)』岩波書店.
全国経済同友会地方行財政改革推進会議 (2002)「自ら考え, 行動する地域づくり

を目指して―地域主権確立への行財政改革の提言」。
全国市議会議長会（1954）「道州制要綱」。
全国市長会（1957）「府県制度改革案」。
全国知事会（1954）「地方制度改革意見」。
全国知事会（1957）「地方制度改革に関する意見」。
全国知事会編（1967）『府県政白書―その現状と明日への課題』第一法規。
全国知事会編（1973）『新しい行政課題と府県（自治制度研究会報告書）』。
全国知事会編（1979）『変動期における都道府県政』。
全国知事会編（1983）『戦後において府県の果たしてきた役割と今後の課題―農政編（自治制度研究会報告書）』。
全国知事会編（1990）『地域政策と府県―戦後において府県の果たしてきた役割と今後の課題』。
全国知事会編（2006）『地方自治の保障のグランドデザインⅡ（自治制度研究会報告書）』。
全国知事会（2007）『道州制に関する基本的考え方』。
全国町村会（1954）「地方制度改革に対する意見」。
曽我謙悟（2000）「都道府県・市町村関係の現状と今後の展望」都市問題91巻4号。
高木鉦作（1974）「知事公選制と中央統制」溪内謙ほか編『現代行政と官僚制（下）』東京大学出版会。
高木鉦作（1979）「都道府県の事務」全国知事会編『変動期における都道府県政―自治制度研究会報告書』。
高寄昇三（1995）『地方分権と大都市』勁草書房。
田口富久治（1975）「自治体としての府県―現行二階層制の意義と問題」都市問題66巻7号。
田島平伸（2001）「府県制度改革と府県の機能」都市問題92巻3号。
田島平伸（2003）「都道府県はどうなるか―北東北三県の再編の動きを事例として」自治体学会編『自治体のかたち（年報自治体学16号）』第一法規。
田中二郎（1955）『地方制度改革の諸問題』有信堂。
田中二郎（1957）「府県制度改革案の批判」田中二郎・俵静夫・鵜飼信成編『府県制度改革批判―地方制度調査会の答申をめぐって』有斐閣。
田中二郎（1959）「地方公共団体の再編成―広域団体論の再吟味」地方自治研究会編『自治論集Ⅹ　広域団体論』同会。
田中二郎・俵静夫・原龍之助編（1970）『道州制論』評論社。
田村秀（2004）『道州制・連邦制』ぎょうせい。
地方制度調査会（第4次）（1957）「地方制度の改革に関する答申」。
地方制度調査会（第27次）（2003）「今後の地方自治制度のあり方に関する答申」。
地方制度調査会（第28次）（2006）「道州制のあり方に関する答申」。
地方分権改革推進委員会（2008）「第1次勧告―生活者の視点に立つ『地方政府』の確立」。

辻山幸宣（1994）『地方分権と自治体連合』敬文堂。
辻山幸宣（2000）「分権時代の都道府県・市町村関係」季刊自治体学研究（神奈川県自治総合研究センター刊）80号。
辻山幸宣（2001）「問われる都道府県の役割―都道府県とは何か」季刊自治体学研究（神奈川県自治総合研究センター刊）83号。
辻山幸宣（2008）「都道府県改革の視点―都道府県の役割を確立する」月刊自治研585号。
恒松制治（1972）『変革の地方自治―当面する自治体の課題』学陽書房。
恒松制治（1990）「地方行政主体の多様化と主体性」法律のひろば43巻2号。
恒松制治編著（1993）『連邦制のすすめ―地方分権から地方主権へ』学陽書房。
道州制ビジョン懇談会（2008）「道州制ビジョン懇談会中間報告」。
外川伸一（2001）『分権型社会における都道府県改革の視座』公人の友社。
都市問題（2007）「特集1・道州制を考える」都市問題98巻8号。
長洲一二（1980）「80年代の課題は"地方の時代"」季刊自治体学研究（神奈川県自治総合研究センター刊）4号。
長洲一二（1983）『続・燈燈無盡―地域に根ざし，世界に開く』ぎょうせい。
長野士郎（1995）『第12次改訂新版 逐条地方自治法』学陽書房。
成田頼明（1995）「今後の都道府県制の動向」大阪府地方自治研究会編『新たな時代における都道府県と市町村の役割』。
成田頼明（1996）「講演録・分権の時代における都道府県と市町村の役割」大阪府地方自治研究会編『新たな時代における都道府県と市町村の役割〈Ⅱ〉』。
成田頼明（2001）「地方分権一括法施行と都道府県・市町村の関係」自治体学研究（神奈川県自治総合研究センター刊）83号。
西尾勝（1999）『未完の分権改革』岩波書店。
西尾勝編著（2000）『都道府県を変える！―国・都道府県・市町村の新しい関係』ぎょうせい。
西尾勝（2004）「『道州制』について，私はこう考える」『都道府県制に未来はあるか（都市問題公開講座ブックレット2）』東京市政調査会。
西尾勝（2005a）「地方制度改革とこれからの都道府県―『道州制』についての私見」自治体学研究（神奈川県自治総合研究センター刊）90号。
西尾勝（2005b）「いまなぜ道州制か―道州制とこれからの大都市制度のあり方」都市問題研究57巻6号。
西尾勝（2007）『地方分権改革（行政学叢書5）』東京大学出版会。
西尾勝（2008）「四分五裂する地方分権改革の渦中にあって考える」日本行政学会編『分権改革の新展開（年報行政研究43）』。
野田遊（2007）『都道府県改革論―政府規模の実証分析』晃洋書房。
昇秀樹（2006）『地方自治の軌跡と展望―「顔の見える道州制」の提言』第一法規。
平松守彦（1990）『地方からの発想』岩波書店。
細川護熙・岩國哲人（1991）『鄙の論理』光文社。

北海道（2003）「分権型社会のモデル構想―北海道から道州制を展望して」。
保母武彦（1990）「農山村地域と広域行政―府県の役割を中心に」日本地方自治学会編『広域行政と府県（地方自治叢書3）』敬文堂。
松本英昭（2006）「道州制について（一～四）―地方制度調査会の答申に関連して」自治研究82巻5号‐8号。
松本英昭監修・地方自治制度研究会編（2006）『道州制ハンドブック』ぎょうせい。
松本英昭（2007）『新版逐条地方自治法（第4次改訂版）』学陽書房。
松本英昭（2008）「地方公共団体に係る制度の改革に関する若干の考察」『地方自治』722号。
宮澤弘（1981）「県と市町村の新しいあり方をめざして―地方行財政改革の経験を踏まえて」季刊自治体学研究（神奈川県自治総合研究センター刊）8号。
村松岐夫（1988）『地方自治』東京大学出版会。
矢野恒太記念会編（2006）『データでみる県勢2007年版』同。
山﨑重孝（2003）「基礎的地方公共団体のあり方」自治研究79巻10号。
山﨑重孝（2004）「新しい『基礎自治体』像について（上）」自治研究80巻12号。
山﨑重孝（2005）「新しい『基礎自治体』像について（下）」自治研究81巻1号。
吉川浩民（2004）「新都道府県論」横道清孝編著『地方制度改革（自治体改革1）』ぎょうせい。
読売新聞社（1997）「21世紀への構想」。
渡名喜庸安（2007）「道州制（導入）論の新たな展開」（社）大阪自治体問題研究所編『道州制と府県（研究年報10）』自治体研究社。

第 2 章
「道州制答申」の審議経過
―― 参加経験の記録として ――

今村都南雄

はじめに

　2002年8月,総理大臣の諮問機関である地方制度調査会の委員に任じられ,第27次の同調査会に引き続き,第28次調査会の審議にも関わる経験をもった。この第28次地方制度調査会は,2006年2月28日に「道州制に関する答申」を取りまとめ,同日,総理のもとに提出することをもって幕を閉じた。同期地制調の答申としては,前年暮れの「地方の自主性・自律性の拡大及び地方議会のあり方に関する答申」(2005年12月9日)もあるが,ここでは今後とも引き合いに出されることが多くなると思われる前者の「道州制答申」を中心として,その審議経過をふり返り,どんなことがどのように審議されたか,答申の取りまとめにあたってどんな問題が集約されずにおわったかなど,自分なりの整理を施すことにしたい。

　地方制度調査会の審議記録及び配付資料はインターネットを通じて公開されており,現に,地方自治制度の改正に関心を寄せる人々によって広く活用されている。いわゆる客観的な審議経緯についてはそちらにゆだねるほかはない。本章の記述は,その審議に参加した一委員としての,その都度の状況認識に媒介された,その意味での主観的な経過報告にとどまるものである。しかしまた,そうであるがゆえにこそ自己の参加経験を記録にとどめ,この国の地方自

治システムの変革に関心を寄せる人々の批判にさらすことが必要になると考えた次第である。

1．前期地制調からの継続性について

　第28次地方制度調査会は2004年3月1日に立ち上がった。「今後の地方自治制度のあり方」を主題とした第27次地制調最終答申（2003年11月13日）からわずか3カ月半である。大きく構えた前期の最終答申の主題から見ると，次期地制調をなぜそんなに急いで立ち上げなければならなかったのか，いささか不思議に思うかもしれない。

　だが，すでに周知のことであるが，第27次地制調の答申の中で一つの宿題が出されていた。「基礎自治体のあり方」「大都市のあり方」及び「広域自治体のあり方」を3本柱とするその答申において，3本目の柱との関連で取り上げられた道州制の問題については，「国民的な意識の動向を見ながら，引き続き次期地方制度調査会において議論をすすめることとする」とされていたのである。

　したがって，第28次地制調において道州制問題が中心的な検討課題となるのは発足前からわかっていたのだが，そのうえでなお，同調査会の発足にあたって，どのような形での総理の諮問になるのか，関心をそそられる面もあった。

　前期地制調の最終答申直前に行われた2003年秋の総選挙において，自由民主党及び民主党がそろってマニフェストで道州制の導入・実現に向けた検討をうたいあげ，なかでも政権党の自民党が「道州制基本法」の制定や「北海道道州制特区」の創設を唱えたこともあったから，もしかすると，市町村合併の推進と同様に，いわゆる政治主導によって事態が急進展する可能性もあるかもしれないと，そのように思うところがあった。しかしその反面で，現実の選挙戦では道州制がいっこうに話題とならなかったばかりか，折からの市町村合併の推進を受けて，国会議員－都道府県議会議員－市区町村議員の系列構造に予想を超える変化の兆しが現れたためか，それについての見通しをもたないまま，一

挙に道州制への転換を主張することを躊躇させるような気配の拡がりもまたうかがえた。いったい，いずれの側面が影響をもたらすのか，そのことが一つの関心事だったのである。

　小泉総理からの地制調に対する諮問は，前期の地制調と同じく，「最近の社会経済情勢の変化に対応した地方行財政制度の構造改革について」であり，諮問文の冒頭部分には具体的な検討項目として，「道州制のあり方」及び「大都市制度のあり方」が例示されていた。後者の大都市制度のあり方がなぜ付け加えられることになったのか，その真意は不明である。ただし，前期地制調答申の中で最も見劣りのする部分が，2本目の柱の「大都市のあり方」についてであり，その点に鑑みると，やはり誰が見ても大都市制度に関する前期地制調の取り扱い方はバランスを失していると感じたに相違なく，そのように感じていた私自身も，引き続き大都市制度を審議項目とすることによって，前期答申の欠陥をいくぶんでも補正することになればと思ったのであった。

　総理の諮問を受けて地制調は，3カ月ほどを費やして，自らの審議項目とその論点について決定した。①道州制のあり方，②大都市制度のあり方の2項目に加えて，③地方の自主性・自律性の拡大のあり方，④議会のあり方，⑤地方税財政制度のあり方，⑥その他，の6項目がそれである。

　総理諮問にあった①と②以外の4項目の中で，その表現ぶりがくるくると変わったのが③である。この問題は，各省が所管する法令等の規律密度をいかにして下げることができるか，あるいは，地方自治に関する基本法としての地方自治法の大胆な見直しを含む課題設定のもとで自治体の自律性拡大戦略を考えるのか，それとも，いわば規制緩和路線の延長線上で，あまりに画一的にすぎる現行制度の部分的見直しを考えるかで，そのとらえ方が変わってくる。結局，「法令・制度における自由度の拡大」と「地方自治制度の弾力化」に分けて論点が整理されることになったが，後者の中には「議会に関する規定についてどのように考えるか」といった論点も含まれていた。

　④は都道府県議会・市議会・町村議会の三つの全国組織からの要望を受けて審議項目となったものであるが，3月の今期地制調の立ち上げに際して，総

理から口頭でこの項目が触れられたといういきさつもある。地方分権改革において地方議会がどこまで実質的な権能の拡大を図りうるかということは，ある意味で象徴的なことであり，③の審議項目とも関連するので，その扱い方いかんによっては，今期地制調の目玉になりうるかもしれないと，秘かな期待を寄せたところである。

　⑤と⑥の項目が審議項目の中にあげられたのはこれまでと同じである。三位一体改革の動向いかんによっては地制調意見を取りまとめる状況も考えられたし，毎年度の予算編成過程においていわゆる地方税財政に関する「当面答申」を取りまとめなければならないという必要性もあった。⑥「その他」の項目では，前期も NPO 等と行政との協働関係が例示されていたが，その点は第 28 期もまた同様である。ただし後者に特徴的なこととして，もう一点，「小規模な市町村のあり方についてどのように考えるか」という論点があげられている。それは道州制問題との関連でもすこぶる重要な論点であり，また，前期地制調で論議を呼んだ「西尾私案」における行政事務配分上の特例的団体の制度についも，それが継続審議扱いになっていたことを忘れてしまってはならないであろう。

　さて，①と②についてはどうか。②の大都市制度に関しては先に若干言及したところであるが，それが①の項目と並記されたこともあって，おそらく地制調委員の多くは，道州制問題における一つの論点としての三大都市圏の取り扱いがその中心であるという受けとめ方になってしまったのではないかと思われる。しかし，それだけではなかった。仮に三大都市圏を中心に考える場合であっても，前期地制調答申では，大都市に共通する問題として，「特に，三大都市圏の既成市街地，近隣整備地帯における都市計画権限をはじめとした都道府県と市町村の都市計画制度に係る役割分担のあり方や農地転用のあり方については，その早急な見直しが必要である。また，義務教育，産業振興の分野を中心に一層の権限移譲が進められるべきである」との指摘がなされていた。大都市制度の問題は，それ自体でやはり重要問題の一つであったというべきである。

①の道州制問題に関する継続的検討が，前期地制調以来の宿題であったことについてはすでに触れた。前期地制調からの継続性について考えるとき，最も気になるのが，この道州制問題の取り上げ方である。その要点は，前期最終答申においては，広域自治体のあり方に関して，都道府県合併と道州制とが代替的な方策として掲げられていたのであるが，そのことが第28次地制調において適切に踏まえられていたのかどうか，そのことにある。まずは，そのことから問題にしよう。

2. 都道府県合併か，道州制の導入か

第28次地制調における道州制審議において，前期地制調答申の取り扱い方が正面切って取り上げられたことはなかった。道州制問題に関する同じ地制調での審議であるから，前期答申がそのまま次期にも受け継がれることが前提となっているとも考えられるが，必ずしもそうであるとは限らない。

地制調メンバーの変更，入れ替えもあった。地方制度調査会設置法により，「調査会は，委員30人以内で組織する」ことになっているが（3条1項），第28次調査会では臨時委員3人がこれに加わった。「特別の事項を調査審議するため必要があるときは，臨時委員20人以内を置くことができる」との規定（同条2項）に従ったものである。典型的なケースとしては，専門小委員会にさらに専門部会を設置するケースなどが想定されていると思われるが，第28次調査会の場合はそこまで考えたものではなかったようである。前期の調査会副会長であった西尾勝委員，同じく前期委員の貝原俊民委員，それに新しく政治学の加藤淳子東京大学教授が臨時委員となり，専門委員と特別委員との区別なく専門小委員会の審議に加わることになった。

国会議員（6人）及び地方六団体関係（6人）を除く18人で構成される専門小委員会のキーパースンは，正・副会長と小委員会委員長の3人である。諸井虔会長，松本英昭専門小委員会委員長は継続であるが，西尾前副会長に代わって，小早川光郎委員が副会長となった。残る15人のうち5人が新任で，薄井信

明国民生活金融公庫総裁（元大蔵省事務次官），小幡純子上智大学教授，篠崎由紀子都市生活研究所所長，長谷部恭男東京大学教授，室谷千英神奈川県立保健福祉大学副学長（現名誉顧問）の面々である。

　したがって，臨時委員を加えた21人のうち6人が新任となり，実質的な入れ替えの範囲は3分の1までに達していない。約3分の2の15人は前期からの継続であるから，前期調査会答申について一応の認識はもっていたはずである。また，毎回の専門小委員会の机上には，前期調査会答申を綴じ込んだファイルが置かれているから，それを確認しようと思えばいつでもできるようになっていた。

　しかし，それにもかかわらず，時折，首をかしげざるを得ない発言がなされることがあったのも事実である。前期調査会答申で明確にされたポイントは，第1に連邦制は採らないこと，第2に都道府県に代えて道州を設置する場合，それを自治体とすることの二点である。この二点に関してはおそらく全委員が承知していたと思われる。問題は，第2の新しい広域自治体のあり方，なかでもそれを実現する方策に関して，前期調査会答申では，都道府県合併と道州制とがいわば代替的な方策として掲げられていることをどのように踏まえたかという点である。

　机上のファイルを開けばたちどころに確認できたことであるが，前期調査会答申の該当部分をみると，第3の柱「広域自治体のあり方」の構成は，「1　変容を求められる都道府県のあり方」及び「2　今後における広域自治体としての都道府県の役割」を置き，そのつぎに「3　広域自治体のあり方（都道府県合併と道州制）」を置いた形となっている。このように，広域自治体のあり方については，都道府県合併と道州制とが文字通り並置されている。ただし，双方の取り扱い方は同一ではない。都道府県合併については，市町村合併と同様な手続きを整備することだけが記されているにすぎず，記述の大半が道州制に割かれていることは確かである。また，第27次地制調の答申をうけて，都道府県合併に関する地方自治法改正がすでに行われたことも周知のとおりである。

　しかしながら，都道府県合併手続に関する先の地方自治法改正によって，今

後における広域自治体の設立方式としての逐次的な都道府県合併による方法が立ち消えになるものではない。それは依然として道州制の一律的導入に替わる代替戦略なのであって，全面的な道州制に至るステップとして都道府県合併方式を採るのか，それとも一挙に道州制に切り替えるのか，そのいずれであるかが，この問題に関する基本的な選択肢だったのである。

　むろん，それ以外の選択肢もありうる。前期調査会答申の最終部分に記載された少数意見がそれであり，そこには，「なお，道州制の導入については，都道府県も住民に身近な行政を担っており，また，小規模な市町村を補完するような都道府県の機能が引き続き必要であり，従来の都道府県の役割が依然として大きいものであること，また一方で，道州制を議論する前に圏域的なテーマについては既存の制度である都道府県間の広域連合を活用する方途もあると考えられることなどを踏まえ，道州制の導入については慎重な検討を要するとする意見もある」と記されている。

　委員の一人としての私の意見は，最後の少数意見とほぼ同じである。ただし，道州制問題を検討する必要性に関しては，それを了解する立場をとってきた。この点について補足をしておこう。

　自らの不明を恥じなければならないが，市町村合併の進展に関して，私自身は正確な見通しを得ることができず，基礎的自治体の総数が2,000を下回る状況になることを想定していなかった。そのことよりも気になることがあった。鳴り物入りの市町村合併推進にもかかわらず，それに背を向け，あるいは合併路線を断念せざるを得なかったいわゆる小規模市町村の行く末に強い関心をそそられたのである。したがって，そこにおける「自治の姿」を考慮せずしてやみくもに道州制の導入をめざすことに危惧の念を感じてきた。また，都道府県については，第1次分権改革によりその法的性格が大きく異なったものとなり，当面は，自治体としての実体を備えた「完全自治体」へと自己変革を遂げることが喫緊の課題であるとの認識をもっていたため，まずは都道府県改革を通じて将来の広域自治体のあり方を考えるという方途を採ることになった。

　現行の都道府県制度であれ，道州制導入後のことであれ，第一層の基礎自治

体に加えて第二層の広域自治体を設置しなければならないゆえんは，広域自治体の基礎自治体に対する補完的機能が必須であって，その補完的機能を国の機関にゆだねるのではなく，自治体としての広域自治体にゆだねることにより，第一層と第二層の自治体が相まって充実した地方自治を実現できるとする認識があればこそのことである。道州制への切り替えを急ぐ人々は，広域自治体としての都道府県の広域的機能の拡充に重点を置き，とかく市町村に対する補完的機能を軽視する傾向があるが，上記のような私の認識によれば，基礎自治体に対する広域自治体の補完的機能にこそ二層制の地方自治制度を採る最大の理由があるのだから，その点をないがしろにして広域自治体のあり方を論ずることはできないことになる。したがって，道州制問題を検討する必要性に関してそれを了解する立場をとったのは，あくまでも将来の広域自治体のあり方を考えるという文脈のことであって，「道州制の導入さきにありき」ということではまったくない。

3．予想を超える審議のテンポと取り組み

　第28次地方制度調査会における審議日程は，かなりの強行スケジュールとなった。先にみたような審議項目について，ひと通りの検討を加えるとなれば，そうならざるを得なかったということであろう。審議日程のあらましをひとまとめにしておくと表 2-1 のようになる。（　）内が主要議題である。

表 2-1：第28次地制調の審議日程

2004（平成16）年	
3月1日	第1回総会　第28次地方制度調査会の発足
3月23日	第1回専門小委員会（今後の審議事項）
4月13日	第2回専門小委員会（地方六団体意見交換）
4月26日	第3回専門小委員会（今後の審議事項）
5月27日	第4回専門小委員会（主な審議事項・論点整理）
6月8日	第2回総会（主な審議事項・論点整理の承認）
7月22日	第5回専門小委員会（国と地方の役割分担）

8月4日　第6回専門小委員会（同上，道州制）
9月9日　第7回専門小委員会（道州制）
10月1日　第8回専門小委員会（道州制）
10月14日　第9回専門小委員会（自主性・自律性）
10月25日　第10回専門小委員会（道州制，地方税財政）
11月2日　第11回専門小委員会（道州制，地方税財政）
11月5日　地方意見交換会（盛岡市）
11月8日　第3回総会（「地方税財政のあり方に関する意見」決定，「道州制に関する論点メモ」の承認）
12月3日　第12回専門小委員会（道州制）
12月17日　第13回専門小委員会（自主性・自律性）

2005（平成17）年
1月17日　第14回専門小委員会（道州制）
2月8日　地方意見交換会（熊本市）
2月18日　第15回専門小委員会（大都市制度，参考人ヒアリング）
3月2日　第16回専門小委員会（道州制）
3月16日　第17回専門小委員会（自主性・自律性）
3月23日　第18回専門小委員会（道州制）
4月15日　第19回専門小委員会（議会，議会三団体意見交換）
4月25日　第20回専門小委員会（議会）
5月13日　第21回専門小委員会（自主性・自律性，地方六団体意見交換）
5月27日　第22回専門小委員会（道州制）
6月10日　第23回専門小委員会（自主性・自律性，大都市制度）
6月27日　第24回専門小委員会（道州制）
7月22日　第25回専門小委員会（道州制，大都市制度）
8月4日　地方意見交換会（甲府市）
8月22日　地方意見交換会（奈良市）
9月5日　第26回専門小委員会（議会）
9月12日　第27回専門小委員会（自主性・自律性）
9月20日　第28回専門小委員会（関係省庁ヒアリング）
10月4日　第29回専門小委員会（道州制を除く総括的論点整理）
10月12日　第30回専門小委員会（答申素案）
10月21日　第31回専門小委員会（道州制）
11月4日　第32回専門小委員会（道州制）
11月25日　第33回専門小委員会（道州制）
12月2日　第34回専門小委員会（道州制を除く答申案）
12月9日　第4回総会（「地方の自主性・自律性及び地方議会に関する答申」決定）

12月20日　第35回専門小委員会（道州制）
　2006（平成18）年
　　1月13日　第36回専門小委員会（道州制）
　　1月24日　第37回専門小委員会（答申素案）
　　2月16日　第38回専門小委員会（答申案）
　　2月28日　第5回総会（「道州制に関する答申」決定）

　見られるとおり，2年間における開催回数は，総会が5回，専門小委員会が38回，地方意見交換会が4回の合計47回である（地方意見交換会も専門小委員会の形態をとるが，正規の専門小委員会の回数には含まれない）。38回を数える専門小委員会のうち道州制を主題とするものが20回で，これに大都市制度を議題としながらも道州制との関連で参考人（愛知県知事，川崎市長，東京都局長）を招いて行われた第15回専門小委員会を含めると21回となる。調査会の審議事項決定に至る最初の数回を除けば，専門小委員会のほぼ3分の2が道州制の審議に充てられたことになる。

　その道州制の審議において一つの区切りをなしたのが，第3回総会開催（2004年11月8日）に向けて，「道州制に関する論点メモ—専門小委員会における調査審議経過—」が取りまとめられ，「地方税財政のあり方に関する意見」とともに総会の承認を得て小泉首相に提出されたことである。それ以後の道州制に関する審議は概ねその「論点メモ」で整理された「道州制の制度設計における主要な検討課題」の中の8項目にわたる「主要な論点」に基づいて取り運ばれることとなった。すなわち，①「憲法における道州の位置づけについて」，②「国と地方公共団体の役割分担について」，③「道州と基礎自治体の事務配分について」，④「道州の区域について」，⑤「道州の設置方法について」，⑥「議決機関と執行機関のあり方について」，⑦「地方公共団体に対する国の法令による規制と行政上の関与，国の政策形成過程への地方公共団体の参画等について」，⑧「大都市等に関する特例制度について」の8項目がそれである。

　一つひとつの論点を見ればわかるように，いずれも簡単には片づけることができないようなものばかりである。先に市町村合併の進展に関して私が正しい

見通しを得ることができなかったことを述べたが，道州制に関する論議に関しても，予想を超えるテンポでの運びとなった。重ねての不明を恥じなければならない。審議のテンポが予想を超えるものであっただけではない。取り組み方であっけにとられることもあった。④の「道州の区域について」の取り組みがその一例である。

上記の「論点メモ」が集約されてまもなく，私は依頼を受けて，「慎重派の一人」として道州制に関する新聞への寄稿を行っているが（『日本経済新聞』2004年12月24日「経済教室」欄），そこにおいて，8項目にわたる主要論点についてつぎのように述べている。

> これらについて一つひとつ取り上げ検討を加えていくことになるが，どれも大きな論点であるから，すべてについてどこまで突っこんだ検討をなしうるのか，心配である。区域割りがどうなるかに人々の関心は集中するかもしれないが，とても簡単にいきそうもない区域があるし，それを先行させたら議論が紛糾するだろうから，せいぜい何を基準として区域を定めるかといったところにとどまるであろう。／しかし，首都や三大都市圏についてどのように考えるか，あるいは，地域間の財政調整などの財政的仕組みについて考えるとなると，具体的な区域設定をまったく度外視してすますわけにはいかなくなるであろう。とりわけ，巨大都市東京の大都市区域およびその周辺区域の制度設計は大変厄介なことになりそうである。

東京の取り扱いに関しては予想どおりになったといって差しつかえないが，引用部分の前半で述べた区域割り案に関する見通しはまったくの当てはずれとなってしまった。「論点メモ」の集約後，半年ほど経った第22回専門小委員会（2005年5月27日）において，国の地方支分部局の管轄区域に準拠した「道州の区域例」が唐突に提示され，しかも，それをめぐって議論が紛糾するということもなかったからである。

既述したように，基礎自治体との関係において新しい広域自治体のあり方を

考え，そのための一環として道州制をとらえる視点に立つならば，国の地方支分部局の管轄区域を主たる基準とする考え方にはにわかに同調しかねるところがあった。地方支分部局との関係を重視することの重要性を繰り返した事務次官の説明に対して，つぎのように疑問を投げかけたのはそのためであった。

　「次官がおっしゃるように，国の支分部局との関係で何のための道州制か。そうすると，たとえば国税局や何かのブロックを念頭に置いてということですが，そこが飛躍があると思うんです。私はたとえば，北東北3県が，もし仮に気運が熟したらば，それは認めていいでしょうという考え方なんです。これは道州じゃなくて，合併という戦略を代替案として重視する立場に立つからです。なぜ次官のように，国の出先，支分部局の単位をそんなに重視して，それとの関連で国の権限が移らなければ認める必要がない，やる意味がないと考えるのか，そこは私は理解できないんです。むしろ，……基礎自治体の権限がどこまで充実するか，これを基本とする発想できますと，つくられる道州がどうであるかというよりも，基礎自治体がそれによってどう変わるか，どう変わるかということを，むしろ重視していけば，国の支分部局の単位というものは，そんなに気にしなくて，そこにすべての道州制導入の正当化理由をそこに求める必要はないではないかという，そういう感じがするんです。」

これに対して事務次官は，単に「A県とB県がくっついた」ということであっては道州制にならない。それであれば現行の都道府県制度で処理すればよい。それを超えて道州制というためには，「せめて3県か4県はくっついて五，六百万ぐらいの人口になるぐらいの合併になったら，道州の資格があるということにしなければいけない。それをさらにいくと，支分部局単位ぐらいがいいんじゃないかということで……」と応じた。
　そのとき提示された最大規模の大括りな区域例は中国・四国ブロックを一括した8団体案（区域例1）で，それと反対に最も細分化した区域例は，関東と

九州を南北に分かち，さらに東京都を独立の道州とした13団体案（区域例6）であった。上のような事務次官の応答に対して，私は後者の13団体案を例に，「そうしますと，別に13でとどまらずに，……第4次の地制調ではありませんが，20のものがあってもいいわけですよね。ですから，それはあまりにここで13という，今日示されたようなものに限定した形で議論を制約していくというのは，好みに合わないんですけれども」と食い下がることになった。しかし，自分のことながら，単なる「好みの問題」にしてしまったなら，もはやそれ以上の展開を望むことなどできはしない。言い訳がましくなるが，当てはずれの審議の運びについていけず，的確な対応をすることができなかったということである。

4．集約されずにおわった憲法論議

「論点メモ」において整理された8項目にわたる「主要な検討課題」の一つひとつについて取り上げるだけの余裕はない。しかし，その中で答申文のどこにも検討の結果が記載されていない主要課題がある。第1項目の「憲法における道州の位置づけについて」がそれである。

道州制の審議にあたって交わされた憲法論議とは何か。「論点メモ」における論点整理では，その第1項目についてつぎのように記されている。

・道州は，憲法（特に地方公共団体の長の公選を定める第93条）にいう「地方公共団体」として位置づけられるものか。
・憲法上の地方公共団体として位置づけられる場合には，公選の長と公選の議員からなる議会を有することになるが，これと議院内閣制をとる国の制度との整合をどう考えるか。
　また，憲法上の地方公共団体として位置づけられない場合には，憲法による直接の保障の及ばない広域自治体として設置されることとなるが，このことについて地方自治の観点からどう考えるか。

なぜ，このような検討課題が第1項目となったのか，いぶかる方もおられよう。これには私自身もいささかの関わりをもっている。今期地制調の審議項目を決定する過程において，新任委員の一人から「憲法論は避けるというような議論になっているやに聞いているが」といった発言があったのを受けて，松本小委員長が，「必ずしもそうなっていない気がするが，委員の皆さんはどうか」と，前期から継続している委員の受けとめ方を尋ねたことがある。第3回専門小委員会（2004年4月26日）のことである。議事録によると，その際に私はつぎのように発言した。

　「憲法論を避けるどころか，憲法論にならざるをえないと私は理解しておりまして，そもそも道又は州というのが，現行制度を前提にした場合の憲法上の地方公共団体足り得るかどうかも私はまだ定かでない。少なくとも，現行自治法等あるいは地方分権推進委員会ができたころを考えましても，憲法上の地方公共団体というふうに，道又は州を断定することすらできないと思いますので，これは憲法論に，当然，波及せざるをえませんし，真正面から取り組む問題であるというふうに認識しています。」

その後，第2回総会で今期調査会の主な審議事項・論点について承認を受け，それを決定した後，第6回専門小委員会（同年8月4日）において，憲法を専攻する長谷部委員より，「『道州制』について」と題するレジュメに基づく概括的な説明が行われることになった。新たに道州を設置する場合，その道州は，直ちには「憲法上の地方公共団体」と言いえないのではないかという趣旨の説明である。この長谷部委員による説明を，事務局の総務省サイドがどのように受けとめたか，興味あるところである。それというのも，事柄は「立法者の裁量」にどこまでのことがゆだねられるのか，そのことが問われるすぐれて政治的な問題だからである。

このように，いわゆる「憲法上の地方公共団体」について論ずるとなれば，東京都特別区の法的性格に関して争われた最高裁判決（1963年3月27日大法廷判

決）に及ばざるを得ないのは当然のことである。当日，長谷部委員が引いたのもそれである。その最高裁判決では，「単に法律で地方公共団体として取り扱われているということだけでは足らず，事実上住民が経済的文化的に密接な共同生活を営み，共同体意識を持っているという社会的基盤が存在し，沿革的にみても，また現実の行政の上においても，相当程度の自主立法権，自主行政権，自主財政権等地方自治の基本的権能を附与された地域団体であることを必要とするものというべきである。そして，こうした実体を備えた団体である以上，その実体を無視して憲法で保障した地方自治の権能を法律をもって奪うことは，許されない」とされている。

　それ以前に，私自身もこの最高裁判決を引いて，たとえば，2004年1月下旬に開催された「神奈川県地方分権フォーラム」での基調講演（「広域的自治体の姿について―第27次地方制度調査会答申を踏まえて―」）などにおいて，現行憲法下で道州制の導入に踏み切った場合，道や州は普通地方公共団体と同じレベルでの憲法上の保障を受けない団体ということになってしまいかねないことに注意を喚起し，道州制を主張する場合でも，実は，そうしたことすら，はっきりしていないのだと指摘してきた。したがって，私にとって長谷部委員の説明はしごく納得がいったのであるが，事務局の総務省サイドにとってみると，どうやらそうではなかったらしい。長谷部委員の説明に対して，私は二点の確認を行っている。これも議事録によるとつぎのようである。

　　「二点ほど長谷部委員にお教えをいただきたいのですが，一点は，今までの連邦制に関連してですけれども，大陸法系の公法学説について触れられているところでございますけれども，立法権を現行憲法は直接自治体に授権することは想定していないと。それはそうでしょうが，この立法権を授権するということが連邦制でない場合の憲法体制，そこにおいて可能であるのかどうかということについてお教えをいただきたいということです。

　　もう一点は，昭和38年，東京オリンピックの前の年の最高裁判決に関す

ることでございますけれども，ご指摘のとおり，そこで示された必要条件に照らしますと，道または州というのは，直ちに（は）憲法上の地方公共団体になり得ないと，素直に考えると私はそういうふうに読みますけれども，その憲法上の保障を受けない団体と仮にそういう理解に立ちますと，先ほどのご説明に従って，地方公共団体の設置それ自体は立法的な裁量に属するとしまして，道又は州を設置した場合，それは憲法上の保障を受けない団体ということに相成ってしまうわけですけれども，その憲法上の保障を受けない団体という場合，どういうことが論理的には考えられるのかという，この二点についてお教えいただきたい。」

　第3回総会での審議を経て小泉総理のもとに提出された「道州制に関する論点メモ」において，前記のような論点の取りまとめが行われたのは，このような経緯によるものである。先に「これには私自身もいささかの関わりをもっている」と記したのも，このような事情による。それはともかくとして，現行の都道府県に代えて新しく設置しようとする道州が「憲法上の地方公共団体」となりうるかどうかについて，もっと詰めた議論が必要であった。都道府県合併をステップとして踏むべきだとする私の見解はこの論点と密接な関係があり，道州制の導入それ自体が立法裁量にゆだねられるとしても，都道府県制度からの切り替えにあたって都道府県側のイニシアティブを重視する手続きがとられ，その過程において基礎自治体の合意形成に十分な配慮がなされるならば，1963年最高裁判決を念頭においても克服しうるのではないかと考えていた。しかし，そうはならず，ついに集約されないままにおわってしまった。
　ところで，その後の地制調専門小委員会において，「憲法上の地方公共団体」をめぐる論議が思わぬ飛び火をすることになった。先に引用した「論点メモ」の「主要な検討課題」第1項目の記載を改めてご覧いただきたい。そこに「憲法上の地方公共団体として位置づけられる場合には，公選の長と公選の議員からなる議会を有することになるが，これと議院内閣制をとる国の制度との整合をどう考えるか」という意味不明の一文が挿入されている。これが一因であ

る。
　道州の基本的な制度設計が議題となった第18回専門小委員会（2005年3月23日）のことであった。当日，道州の執行機関につき，「道州の区域・人口が大規模なものとなることから，公選かつ独任の長ではなく，議会において長を選任する制度を基本とすべきか。（いわゆる大統領制は，権限や権威が長に集中することから，巨大な地方公共団体の場合には問題を生じるとの懸念がある。）」とした資料が提出され，事務局の説明が行われた。二元代表制を採る現行地方自治制度の規定に真っ向から挑戦する大胆な問題提起である。黙っているわけにはいかない。そのときの私の発言はつぎのようである。

　「やはりご説明を聞いて非常に考えさせられるのは……新しい広域自治体，道または州について，公選かつ独任の長ではなくて，議会において長を選任する制度を基本とすべきかという表現になっています。そのご説明のときに出ていましたように，まさに憲法の規定に触れるわけでありまして，ここまで勇猛果敢なスタンスをとるのであれば，つまり，憲法改正を要するところまで見切るようなスタンスをとるのであれば，これは道または州，新しい広域自治体だけに限らずに，基礎自治体も含めて，こういう仕組みというものを，いわば選択制として提示するぐらいのことがあってもおかしくはないと思うんです。そういうことであれば，一つの考慮には値しようと思うのですが，道，州についてのみ，この大統領制の一つの問題点ということから，このような仕組みを提案する意図というのが，私はちょっと驚いているのですが，私自身，大統領制，今日のいわゆるプレジデンシャルシステムが完全であるなどという認識を持っておりませんで，非常に多くの問題を抱えていると思います。しかし，それは規模の大小を問わないところから来るところも多々あるわけでして，大きくなった場合には，権限や権威が地方に集中するからということで，このようなことを憲法の規定に抵触するような，こういう新しい執行機関，長の選任の仕方を提案することの狙いですね。これがどうであるかという点，まず，この

点が引っかかります。」

　これに対して，事務局及びその意を受けた小委員長の説明では，憲法93条の規定は二層制のどちらも直接公選でなければならないとしているわけではなく，基礎自治体について長を住民の直接公選からはずすことはできないけれども，新しい広域自治体の道州であれば，議会で長を選任することを基本とすることも考えられる，というものである。そこで私は，上に引用した発言の趣旨を繰り返すことになった。

　「その場合であっても，なぜ新しい道，州についてのみ，それが出てくるのか。むしろ，この問題は基礎自治体も含む，私どもの表現で言えば，自治体におけるガバメントの設計の仕方，これを選択可能なものにしていくという方向を，基礎自治体も含めて打ち出すという文脈であれば納得がいきますけれども，ただ，規模が大きくなる，そうするとプレジデンシャルシステムの問題点が出てくる。だからこうだという。これは私はついていけない理解の仕方であると，こういうことです。」

　問題が憲法解釈に関わることは明白である。先の論点との関連で，仮に道州を「憲法上の地方公共団体」と解するならば，現行憲法の規定に従って執行機関の構成を考えるのが筋のはずである。それなのに，道州の執行機関に関しては，「公選かつ独任の長ではなく，議会において長を選任する制度を基本とすべきか」というのであるから，事務局が道州について「憲法上の地方公共団体」とみなしていないことは明らかであった。私の重ねての発言に対して，担当課長は，「道州については，憲法上の自治体でないという位置づけもありうるのではないかと。ここではそうであったとすれば，直ちに現行憲法でも，こういう形はとれるでありましょうという意味でございます」と説明している。

　ともかく，このように，「憲法上の地方公共団体」に関する論議は地方自治の二層制に関する論議に飛び火し，たとえ道州が「憲法上の地方公共団体」で

はないという位置づけになったとしても，そのことに関わりなく，「憲法上の地方公共団体」に関する規定に拘束されずに道州の政府形態について自由に構想し，設計することが可能であるという強弁を生み出すことになってしまった。この論理に従うならば，現行の都道府県制に関しても，長の直接公選の仕組みを廃止し，それを議会による長の選任の仕組みに変えていっこうに差しつかえないことになる。いったい，そんなことが本当に可能であると考えているのであろうか。

当日の専門小委員会では事務局案に対する疑義の声が相次ぎ，「公選かつ独任の長ではなく，議会において長を選任する制度を基本と」する案は否定され，結論は，答申文にあるとおり，「道州の執行機関として長を置く。長は，道州の住民が直接選挙する」という文言になった。しかし，それでもなお，道州が「憲法上の地方公共団体」として位置づけられるかどうかの決着はつけられないままになってしまったのである。

5．問われた「この国のかたち」

これまで「道州制答申」の審議経過をふり返りながら，答申全体の内容そのものには立ち入らずにきた。道州の区域例が提示されたこと，また道州の執行機関に関して，その長が住民の直接公選になったことに触れたのみである。これらについても，答申内容に不満を覚える点がいくつかある。

たとえば，答申で提示された三つの区域例は，「現在，各府省の事務を分掌させるため全国を区分して設置されている地方支分部局に着目し，基本的にその管轄区域に準拠したものである」が，すでに述べたように，各府省の地方支分部局の管轄区域を主たる基準とする考え方自体に再検討の余地があった。専門小委員会の審議過程では，同じ基準を採用しつつも，東京都の区域のみをもって一の道州とするものも含めて全部で14に上る区域例について検証作業が試みられ，各道州の人口，面積，税収の格差に注目した「道州間の均衡」，一人あたり税収，財・サービス，国内観光，入出国旅客，国際コンテナ物流，食

料（金額ベース），廃棄物処理の7指標による「各道州の自立性」，そして，国公立・私立大学の数，ブロック紙新聞社の数，TVのキー局・準キー局の数，サッカーJ1のクラブ数に注目した「各道州の社会資本等の整備状況」からなる三つの点検表によって，相互の大ざっぱなイメージ比較も行われた。したがって，まったくの恣意によるものではない。

先に言及した第22回専門小委員会において，私は，東北6県の区域ブロックを例に，それを南北に分かつ案があっても不思議ではないと発言し，その2カ月後の第25回専門小委員会で，東北ブロックと九州ブロックを南北に分かった地域例が追加されることになったのだが，私がいおうとしたのは，それまで提示された区域例にもう一つの区域例を付け加えるというようなことではなかった。その趣旨は，そのまま国の地方支分部局からの事務・権限の移管を機軸とした道州の区域割りにのみ終始したならば，基礎自治体との関係を機軸とし府県合併を必要不可欠のステップとする代替的方策が封殺されてしまうと考えたからであった。

後者の着想に立てば，広域自治体の団体数が20もしくはそれ以上になっても少しもおかしくはない。答申の少し前に新聞報道された区域例の第1案は，関東甲信越ブロック（茨城・栃木・群馬・埼玉・千葉・東京・神奈川・新潟・山梨・長野）を一括りとしたもので，その人口は4,601万人，区域を構成する市区町村数はなんと462（2006年3月末）に上った。基礎自治体との関係を重視するならば，そのような状況はとても当たり前のこととは思われない。答申の区域例の中で道州数が最多の13道州案においてすら，北海道の180市町村を上回る北関東の268市町村，関西の207市町村となっている。要するに，国のブロック別の地方支分部局との関係ばかりをにらんで区域割りをむやみに急いでやろうとしたために，基礎的自治体との関係は二の次になってしまっているのである。

しかし，それでも「道州制の導入が適当と考えられる」とした答申の取りまとめにおいて，私は異議を唱えなかった。それにはいくつかの理由がある。

当分の間は，第1次分権改革によりその法的性格が大きく異なった都道府県が，自治体としての実体を備えた「完全自治体」へと自己変革を遂げることに

努力を傾注すべきではあるが，しかしその一方において，「平成の大合併」と称せられる市町村合併の進展状況を直視するならば，現行の都道府県制がまさしく変容を求められる事態に立ちいたっていることも否定することができない。なかでも県内の市町村数が20を下回るような県が珍しくないところまできていることが大きい。富山県が15，福井県と香川県が17，大分県が18，石川県と鳥取県が19となっている。それ以外の小規模県も含めて考えると，都道府県に代わる新しい広域自治体のあり方を具体的に検討しなければならない時期がすでに到来したとみなすこともできよう。

すでに「道州制に関する論点メモ」において確認された制度設計の「基本的な考え方」は，行政効率化の観点よりも地方分権改革の観点を重視するものであり，そこにおいて，「道州制を構成する道州は，『国の総合的な地方支分部局』や『国と地方公共団体の性格を併有する中間的団体』ではなく，明確に『地方公共団体（自治体）』と位置づけるべきである」ことが改めて明言された。行政効率化の観点を重視し，自治体としての位置づけがあいまいな道州制構想が相次ぐ中で，このことの意義はけっして過小評価されるべきではないであろう。既述したような「憲法上の地方公共団体」に関する不十分な理解に疑問をもちながらも，道州を自治体として明確に位置づけ，道州及び市町村の二層制からなる地方自治制度の可能性について検討を進めること自体に異議を唱える必要はないのではないか。このように考えた次第である。

そのうえで第28次地制調による「道州制答申」の意義を考える場合，その最大のポイントは，広域自治体改革が現行の都道府県制度の手直しにとどまらないことを明言したことにあるといってよい。答申の中で繰り返されている表現を使うならば，それは「国と地方の双方の政府のあり方を再構築するもの」であり，その意味での「この国のかたち」の見直しに関わるのである。

この「新しい政府像への転換」は「論点メモ」でも記されていたが，答申になってさらに強調されることになった。「広域自治体改革を通じて国と地方の双方の政府のあり方を再構築し，国の役割を本来果たすべきものに重点化して，内政に関しては広く地方公共団体が担うことを基本とする新しい政府像を

確立することである。このことは，国家として対応すべき課題への高い問題解決能力を有する政府を実現する方途でもある。」このように記されている。

 しかし，これが限界である。「国と地方の双方の政府のあり方を再構築するもの」としながらも，地方制度調査会がなしうることは「国と地方の役割分担」を見定め，事務配分の再編を提言することにとどまる。それを具体化したのが，答申に参考として付された「道州制の下で道州が担う事務のイメージ」であった。換言すれば，それ以上に，国の政府のあり方について云々することはできないということである。

 だが，率直にいって，参考イメージ図で表された「原則として道州が担うこととなる事務」を見て満足する者はさほど多くないのではないだろうか。それだけでは「この国のかたち」の見直しに値しないと感じた人々のほうが圧倒的に多いであろう。私自身もその一人である。道州制の導入による「この国のかたち」の見直しは，答申の最後の部分に記されているように，「国の政治行政制度のあり方や国と地方の行政組織のあり方，また国と地方を通じた行政改革の推進との関連など広範にわたるものである。」中核にある検討課題の一つは，おそらく，「主任の大臣による分担管理」の仕組みにある。それが私の判断である。

 どのような検討課題が重要と考えるかは，改革に向けてその人が描く構図によって異なる。自治体に対する立法権の移譲を中核に置くならば，単一国家制のもとでいかに連邦制原理を組み入れることができるかということを焦点化するかもしれない。あるいは，国の立法過程への地方自治体の参画に戦略的意義を見いだす見方もあろう。いずれにせよ，道州制の導入が「国と地方の双方の政府のあり方を再構築するもの」であるならば，それにふさわしい射程で問題をとらえるのでなければならない。私の場合は，「主任の大臣による分担管理」の仕組みの見直しにどの程度のインパクトを及ぼしうるのかということが問題関心の焦点であった。見立ては一様ではないにせよ，「道州制答申」の取りまとめにあたって真っ向から異議を唱える声はついに上がることがなかったのである。

【追　　記】　第28次地方制度調査会の「道州制答申」がまとめられてから半年後に，同調査会専門小委員会委員長の松本英昭氏が監修し，地方自治制度研究会が編集した『道州制ハンドブック』（ぎょうせい，2006年8月）が刊行された。上記答申に関係する主要な構想・提言・報告・意見・データその他の資料等を整理・収録したものであり，便利である。併せて参照されたい。

第 3 章
首都圏都市型自治体議会の会派における政策形成

田口一博

はじめに

　本格的な人口減少時代を迎える中，首都圏自治体の間でも「勝ち組」「負け組」が両極分化しつつある。かつては首都圏以外の，過疎・条件不利地域の問題と思われていたことから，単に人口の総数の減少という問題にはとどまらず，若年層の流出による都市機能の不全などが起き始めている。それはちょうど高齢者が今まで何でもなくできていた動作がいつしかできなくなるように，自治体という単位でではなく，よりミクロな単位から忍び寄り，やがて自治体全体が寝たきり状態になることもありえよう。
　したがって今の自治体に必要なことは，現在の病状をしっかり把握し，体力のあるうちに外科手術を行うのか，原因を内科で治すのか，それとも病気とけんかすることなく，漢方で共存するのか，そんな「選択」を行うことなのである。
　分配すべきパイが次第に縮小する中での選択は，当然，どれからやめるか，どこまで質を落とすかということも含まれる，痛みを伴うものである。しかし，大声で助けを求める者に目を奪われていては，今，治療しなければ救えない声も出せなくなった重傷者に気がつかずにいてしまうであろう。決定とは，大災害時に行われるトリアージのように，目の前の患者に実際に処置を施す者にではなく，その前で一段高いところから見ることのできる者によって行われ

なければならないからである。

　本章では日本の地方自治体における政策決定を概観，制度的には二元代表制でありながら議会における決定が機能してこなかった理由を考察し，そこから首都圏都市型自治体議会において政策決定の主体となるべき会派の可能性について検討する。議会の仕組みや働きは，一見，詳細な点まで地方自治法に規定されているようであるが，実際の運用状況は実に多様である。全国の議会を横並びにして平均値を採ると，個別の議会の生き生きとした姿はぼやけてしまうこともある。したがってここでは，地方自治法や「標準」会議規則等の条文等からでは読み取ることのできない各議会の先例や議員に対するインタビュー結果[1]を中心に首都圏の都市型自治体における議会の会派の活動を中心に考察する。

1．会派の概観

　会派に法的な定義はない。自治体議会における会派が法令用語として登場したのは，2000年に議員提案で改正された地方自治法の政務調査費に関する規定（現100条14項）が最初であるが，ここにも会派についての定義は存在しない。よく似た言葉に「党派」があるが，これは同一の政党に属する議員の集合ということになるから，政党の定義に話が移るだけとなる。党派と会派は重複することもあれば，まったく別のこともある。

　都道府県議会は現在，そのすべてが会派制を採っている。そして都道府県議会の会派の大部分は国会と同様，同一政党に属する議員によって構成されている。都道府県議会では，議員が立候補する際，標榜する政党がほぼそのまま会派となっているのである。大規模会派は党派とほぼ等しいが，小規模会派ではいくつかの党派や無所属議員の連合体であることもある。都道府県議会の会派は，一般に党派よりも幅が広い議員の集団である。多くの政令指定市議会もそれに近い。

　ところが市町村議会ではそうではない。政令指定市を除く市町村議会議員の

選挙はその全部の区域を単一の選挙区とする大選挙区によって行われる。「平成の大合併」などによる特例選挙区もあるが，しかし，ほぼそのすべての選挙は数多くの候補者からたった一人を選択する単記式の候補者に対する投票である。そのような選挙が行われる場合，政党はどのように機能できるであろうか。自治体議会議員の選挙では政党単位に得票を集計したり，得票を移譲できるような制度は存在しないため，ある候補者に得票が集中したとしても意味がない。そこで，政党として所属議員数を増やす最も有利な戦術は，獲得しえる票を厳密に積み上げ，想定する投票ラインに届くところで各候補を均衡させる方法を採ることである。立候補者についての統計上[2)]，多数を占める公明党，日本共産党は，同一選挙区に複数の議会議員候補者を立候補させる場合，選挙区が複数あるように見立てる。すなわち，独自の「地区割り」を行って，居住している地区ごとに投票すべき候補者を指定し投票するよう働きかけている。政党が地区割り制により候補者を擁立する場合，各候補者間の基本的政策には差異がない。また，地区割りは支持者には徹底されるが，表面上，候補者が「何何地区担当」を明確に名乗って立候補するわけではない。

　他方，多くの町村議会で会派制はあまり採られていない。議員定数が十数名程度であれば，それぞれの議員の選出は制度的には大選挙区であっても，事実上は地区からの選出であることが多い。すると議員は選出地区の有権者にとってはすべての問題を扱う小選挙区選出議員と同様，キャッチ・オール性が強く，あえて会派として議員の集団をいくつか作る必要に乏しいからである。ただし，近年の議員定数の極端な削減は，地区からの得票と当選ラインとの均衡を崩しており，今後は議員定数が小規模な議会ほど，地区性が弱く，全地域から得票する，ある意味では政策性が強い議員が増えてくる可能性もある。

　議員定数が増えると議員間の地区割り・均質性がやぶれ，多様なバックグラウンドをもった者が当選してくるようになる。そうなると似た性格の議員が共通の利害のために集まるようになる。かつて，衆議院議員選挙が中選挙区で行われていた頃には，衆議院議員—県議会議員—市町村議会議員がお互いの選挙協力により縦の系列となっていたが，小選挙区制となってからはこの形態の会

派は少なくなった（宮崎・田口 2000；26-27）。

　自治体議会議員選挙のときに会派で戦うこと[3]はなく，また，最初から統一した政策をもつ者が連携して立候補するわけでもない。日本では地域政党がほとんど存在せず，また，全国政党も自治体に対応する地域政策を展開していない。また，イデオロギー政党が有力だったころには，身近な問題を議論する自治体議会に政党を持ち込むべきではない，という考え方も普通に行われていた。

　議員の多様性が先で，会派は後なのである。ただし定数に比例して多様な議員が選出されるようになるかはそれほど単純な問題ではない。そこには「何票で当選できるか」の最低当選ラインが絡んでくる。市町村合併をした場合が顕著で，議員定数を何人にするかで当選ラインが決まると，それ以上の票数を出せる者しか立候補できなくなる。これは従来のコミュニティ選出の「名望家」は支持母体を地域的に拡大する中，特定集団と結びつく必要が出てくることで，結果としてその議員の濃厚な地域代表性は薄められるのである。もちろん，自治体内に広く，薄く関心がある問題を掲げる議員が当選できる可能性が高くなることは明白であるし，当選ラインが高くなった方が新人が進出してくるという，一見逆説的な経験則も成り立つのである。

　議員定数が30名程度となる特例市程度以上の規模となると，議員の多様化が進み，たいていの場合会派が作られるようになる。政令指定都市では区ごとの選挙となるため，都道府県議会とほとんど変わるところなく，党派が会派となっていくが，大選挙区である中核市や東京都特別区の議会はその中間的な性格をもち，多い議員定数，高い当選ライン，多様な有権者との相乗効果で最も多様な議員が存在しているのである。その結果，党派とは別な形で会派が存在し，会派による活動も，また活発なのである。

　首都圏都市型自治体議会の会派を検討する本章では，以下，とくに断りのない限り首都圏の都市型自治体に典型的な中核市・特別区議会を中心的な事例として取り上げ，会派と政策決定の関係を明らかにすることを目的とする。

2．会派の形成

　首都圏都市型自治体議会議員の間に，政策的同一性は存在するのであろうか。共通の政策を掲げた場合，その候補者同士が支持者を奪い合うこととなる。論理的に考えても（あるいは情緒的，にも）他の候補との差異を訴えて当選してくる議員の間に，政策的な同一性があるとは前提できないのである。駒林（2006；145）のいう「議会の組織運営についての各議員の意思は，所属会派において集約され表明されることを原則としているのである。」は，松澤（1987；288）「およそ議会は歴史的，本来的には各議員が独立して個別的にその意思を会議で提示し，討議すべき場であろう。……他方，基本的な政治的意思を同一とする議員は，各種の問題について概ねその結論又は意見を同じくすることが多いから，これらの議員が一個のグループを結成し，議会内で同一行動をとるようになることは，きわめて自然の成り行きである。しかも，議員のグループ化によって，右のごとき煩雑を除去して効率的な議事の進行を期することができるようになるのである。」は国会における事実認識に基づいているもので，自治体議会の観察に基づくものではない。

　それでは，選挙の際に他の候補との差異を訴えておきながら，当選の暁には選挙で争った他の議員と会派を結成するのはなぜか。当然のことながら，議会では少なくとも過半数を制しなければ実質的な決定権は有せない。選挙後，最初に開かれる議会では議長の選挙があるが，議会運営の要である議長のポストを獲得するよう，会派が結成され，多数派が形成されるよう，様々な働きかけが行われるのである。政策が先にある，そもそも「会派は政策集団である」ということ自体が国会に類推して政党に依拠した選挙が行われているとの誤解から生じていることで，会派は政策的に同一の議員が集まるのではない。基本的に，人事に対して一致できる範囲の議員が結集して結成されるのであり，政策的な一致とは，会派が結成されてから事後，所属議員の間で最大公約数的に認容できる範囲が再帰的に会派の政策となるのに過ぎないのである。典型例に

「呉越クラブ」と名乗るような会派すらある。議会の運営に参画するためにはそれぞれの議会が決める人数以上の会派でなければならないから，その人数を結集するために，文字通り政策的にはまったく合わないが，単に会派として人数を合わせるために結集した，という会派である。議会運営において会派が前提となることで，逆に会派は最初から非政策集団であるという性格が濃くなるわけである。それでもなぜ，会派は政策集団であるべきと考えられるのであろうか。

　議会の意思がまとまらなくて困るのは議員ではなく，執行機関側である。厚生省官僚から宮城県知事となった浅野史郎の第21回自治総研セミナー（2006年9月7日）における発言に「今の会派というのは議長選びのためだけに集まっているとしか思えないようなものだけれど，政策集団なんですから，……」（今村・飛田編 2007；117）と述懐している。だが，議会にとって会派が政策集団であるべき理由も必然性もどこにもない。むしろ官僚や知事にとって，会派はまとまりを持った政策集団でなければ困るということではないだろうか。つまり会派の存在は議員一人ひとりが独立していたのであれば会議体としての体をなさない規模の国会を類推する形で思われているが，二元代表制である自治体においては，会派の形成は決して自明のことではなく，むしろ執行機関側から議会の統治可能性を高めるものが会派形成への要請なのである。

3．会派の機能

(1) 人事・資源配分機能

　会派は公的な領域，あるいは非公的な領域を通じて多様な機能を担っている。自治体議会の会派の機能のうち，法制度によるものは政務調査の主体となることしかないが，事実上の会派の機能と目的の第1は，まず議会内の役職の割り振り単位である。

　議長，副議長をはじめ，常任・特別委員長などの議会内役職，議会から選出

される監査委員や一部事務組合の議会議員などの議会外役職は，基本的に会派を単位に割り振られる。多数派工作をしてポストを獲得するのが会派間の競争であるが，同時に割り振られた役職に誰が就任するかは，会派内での闘争でもある。だが，会派が最初にあるのではない。むしろ話は逆で，ポストを獲得したい議員が会派をまとめ，そこから話が始まるのである。同じ会派といっても，政党に立脚するが故に，構成が変動しない「党派型の会派」に対し，ポストに関する利益が一致した議員で構成される非党派型の会派は，獲得・配分できるポストによって容易に構成が変動するものである。したがって会派は，あまり巨大になっても今度は割り当てられるポストに限界があるため，最も効率がよい規模という考え方もできる。もし，議長と副議長を同一の会派で独占しようとすれば，絶対的な多数を握っても困難な場合もあるだろう。しかし所属議員数の合計が過半数を十分に越えている会派であれば，それを便宜的に二分するだけで正副議長を独占できる可能性があるわけである。

　常任・特別委員会の正副委員長ポストの配分方法は議会によってかなり異なる。所属議員数に比例して配分することが行われるが，少数会派への割り当てがほとんどなくなると，多数会派の行う議会運営に少数会派の協力が得られなくなり，円滑に進まなくなる可能性もある。そこであえて少数会派が過大に割り振られるよう，多数会派から順番に割り振っていく方法を採る議会もある。

　地方自治法やそれぞれの委員会条例では正副議長も委員会の正副委員長も選挙で選ばれることにはなっている。しかしそれらの役職ポストの選挙が投票で行われることは事前の調整がどうしてもつかなかった場合の例外で，通常はそれぞれの会派への割り当てを決めた後，会派内で誰をそのポストに付けるのかを決めて選挙前に割り当てを確定し，それが改めて各会派に了解される。会議における選挙では指名推選という，当選者の氏名を会議で示し，それに異議がないことを諮る方法となるのが普通であるし，議員の心理としては，全員に一致して推された指名推選（地方自治法118条3項）による決定の方がより権威の高いものと受け取られている。わかりにくいことだが，無投票当選は名誉なことなのである。

自治体議会の会派にとって議会内外のポスト[4]以外に議員に分配できる資源はほとんどない。政党交付金に相当するものはなく，強いていえば政務調査費が会派に交付されている場合があるが，法的にはそれは議員個人に分配される性格のものではない。会派は政治資金規正法上の政治資金管理団体や，公職選挙法上の政治団体になることも可能ではあるが，政党や政党の派閥のように，独自の政治資金を獲得してそれを分配するというようなことはない。会派には通常議員以外の構成員はいないし，スポンサーもないのである。むしろ公的なサポートが行われていない現状では，会派は政務調査費や議員個人から徴収する会費で運営されているのである。

国会議員には公設の秘書が置かれているが，自治体の議会議員には公設秘書の制度はない。また，議会事務局の職務は議会の庶務から事務へと改正されたものの，そもそも職員もほとんどの場合，議員定数の半分以下程度しかいないので，事務局から会派に対し恒常的な人的支援が行われることはあまりなく，ようやく県議会で行われるようになった程度である。会派がアルバイト職員を雇用している例は散見される。職務内容は議員に対し膨大に送付される資料の整理や，頻繁に議員の面会に現れる来客の接待などである。議員に送付される資料は明らかに公務で作成されているにもかかわらず，それを調査することが公務ではなく，ポケットマネーで行われていることはかなりおかしなことであろう。会派が政務調査のために，行政職員の退職者を雇用している例がある。しかしそこまでの経費をまかなうことができるのは，財政的に恵まれた東京都議会の非常に稀な例外に過ぎない。

(2) 政務機能

政務に関する会派の活動は，議会の会議における発言となるものと，長に対する予算要望書の作成や広報・広聴活動のような議会外の活動とに分かれる。まず会派制を採ることによる典型的な議会活動である「代表質問」を例に説明する。

代表質問とは，会派を代表して首長に行う質問（自治体の事務一般に関し，議

員側のイニシアティブによる発言）または質疑（提案されている議案や首長等の発言に対する発言）である。代表質問の細かな形態としては，

① 首長が就任した際等に，その基本的な政策を議題外の質問として行う例
② 各会期ごとに首長に対し政策的な事項を会派ごとに質す議題外の質問として行うものと，個別事項についての議員個人の一般質問とに分けて行う例
③ 当初予算議案の提出に際し，首長が行う提出議案の説明（いわゆる施政方針）に対して，議案に対する質疑の形で行う例
④ 重要案件についての報告（議案ではなく，任意のもの）を求め，それに対して質疑を行う例

が区別できる。代表質問は当然，会派の意思により行うべきものである。しかし，そもそも会派は統一政策が先にあって結成されているわけではないし，政党に依拠する会派であっても，すべての政策課題において会派の意思が自明であるわけではない。そこで代表質問が作り上げられている過程そのものが会派の意思決定過程となるのである。

代表質問を行う場合，質問すべき問題を会派の構成議員が持ち寄って検討するか，あるいは担当する議員が案を作成するかで，まずその問題を取り上げるかどうかが議論される。会派の意思決定は多数決で行われることはまずなく，全員が一致できる線が模索され，そこで妥協が図られる方法が普通である。裏返せば構成議員の間で意見の一致を見ない問題については取り上げられることはないのである。必ずしも政策上の意見が一致するとは限らないのが自治体議会の会派である。したがってここでの議論は大変に白熱する。残念ながら自治体議会の会派の会議が公開されることはないから，議会で最も活発な議論が行われている場を検証することが困難なのであるが，会派の場合でも議会内民主主義[5]はかなり徹底されており，議員としての在任期数や会派における議員団長などの役職の権限によりものごとが決定されることは，まず，ない。会派ではボトムアップ，トップダウンといったような，所属議員間に階層があることを前提する官僚制型の意思決定が行われることがなく，全員が同じレベルで議

論するのが特徴である。会派における政策とは，このような議論の結果の「落としどころ」として形成されるものなのである。

　もう一つ，会派の政務活動に研究活動がある。かつては他の自治体の視察がほぼ唯一の研究活動であることもあった。先進的な事例，あるいは問題事例などをもつ現地に赴いて関係者から説明を受け，現場や現物を見るのが視察である。

　視察は，まだ文字となっていない新しいことがらを取り入れ，また，明文では書けない本音や詳細な運用を知るために大変有用な制度である。どのような紹介記事も，現地の雰囲気やそこで動く人をきちんと知らせることは難しいが，現地に行ってしまえば，それらは肌で感じることができ，また隠すことができないものである。会派が行う視察は，議会事務局がお膳立てを行う常任委員会単位の視察とさほど異なる点があるわけではない。視察はどちらの場合も概ね，視察先の議会事務局を訪問し，そこで議会事務局の調査担当職員や，行政側の担当職員等の説明を受けた後，施設や事業の行われている現地に向かうという順序で行われる。注意すべきは，常任委員会等で行う視察の対象が行政が行っている施策中心であることで，民間の企業や団体の事業が視察の対象にはなりづらいことである。当然，自治体内で強い対立があるようなことがらは対象として選択されえない。

　一方，会派単位の視察は旅費の予算措置によるもの，会派に割り当てられた政務調査費を使って行われるものなどにより，制度化以前からずっと行われてきた。視察には当該自治体の施設や災害現場などもあるが，会派の研修機能として注目すべきものには，他の自治体へのものがある。この視察は先進的な事例や問題事例などを持つ自治体に出向き調査を行うもので，全国市議会議長会では各市から情報を収集し，視察ガイドともいうべき『くらし・ふれあい・まちづくり―全国都市の特色ある施策集―』を統一地方選挙があった年ごとに発行しているほどである。行政職員の他の自治体の視察はバブル後にきわめて抑制されているが，会派による視察活動は非常に広範に行われている。そのため，自治体の空間的な距離を超えた政策の継受への視察の影響は殊の外大きい

のである。議員の視察は送り出し・受け入れとも議会事務局が窓口となり，執行機関や関係者に説明を依頼する形で行うのであるが，会派の場合，同一政党の議員相互のネットワークを使って行政の組織や体制の側の視察だけでなく，利用者の側や施策の反対者に対する視察が行われることもある。このような施策が行われると，執行機関のチャンネルだけでは収集しえない政策情報が入手できることとなる。

　他の自治体の視察が政務調査の中心だったことは，議員にはその自治体における研修制度がないことに理由がある。非常に妙なことなのであるが，議員は自らの自治体の問題について，行政職員から説明を受ける機会に乏しい。行政部局は他の自治体の議員が視察に来れば応じるが，当該自治体の議員の個人的な視察は受け入れないのである。研修の根拠規定である地方公務員法39条は一般職職員にのみ適用されるが，特別職職員の研修がどこかで禁じられているというのではなく，その根拠規定がないだけである。国の特別職職員では，国会職員法27条の2（教育訓練の計画及び実施）などの例がある。議会自らが議員研修に関する条例を制定し，関係機関にも協力させていくべきであろう。

　これが議員以外からだったらどうであろう。住民が居住している自治体の行政施策について，説明を受けたり，施設を視察したいといったときに断ることは考えられないし，万一そのようなことがあったら大問題となるであろう。それどころが，多くの自治体ではその行政施策に対し理解を得るため，要望により職員を派遣して説明するような制度を積極的に進めている。逆にその自治体に居住しない者から施策等の説明を求められたらどうか。最近では情報公開の対象者は限定されているわけではなく，理由も問われないが，それにしてもより積極的な説明や現地の案内までをも求められたら，それはすんなりといくわけではない。

　議員の最も重要な自らの自治体に対する調査活動がこのようなお寒い状況に置かれていることについての反省はあまりない。これは「選挙候補者のマニフェスト作成のための資料提供が行政職員にできるか」という問題と根は同じである。ローカル・マニフェスト推進首長連盟憲章の「会員の権利義務」で

は，その筆頭に「自ら再選を目指し，立候補するか否かにかかわらず，ふだんから広く行政情報を公開する。また，全ての候補者が質の高いマニフェストを作成できるよう行政機関の長として必要な措置を講じる。」が掲げられている。多治見市マニフェスト作成の支援に関する要綱（平成17年　告示第113号）第1条では「市が保有する各種計画等の情報（以下「保有情報」という。）を立候補予定者に対して公平に提供すること」がうたわれているが，これは制定時の西寺市長の記者会見（2005年3月28日・同市ホームページによる）で述べられているように「市役所の中で特定の職員と候補者が面談をすることは非常にやりにくく，要綱を制定することで公然と行えるようになることにも意味がある」面が大きい。これは重要な第1歩であるが同時に「相手の求めに応じて加工した情報自体を提供するべきではないと考えている。あくまでも情報は情報として，持っている情報を提供するということにしておかないと，政策形成にまで関与する恐れがあるので，避けるべきである。」の部分は誰が，どのように担うべきなのかについて，検討を進める必要がある。現時点で筆者は，議会事務局を開放型自治体シンクタンクとすることが一つの解決策であると考えている。

4．自治体の政策とは

　「政策とは何か」という問いを改めて立てなければならないのが，自治体における政策論の現状である。曰く，「議会は政策論議の場である」，「議会は政策決定を行う」，「議会は政策を検証する」とはいわれるものの，それではそこで何が政策なのかというと，それは決して自明のことではないのである。なぜか。

　「自治体は国の実施機関に過ぎない」という論は過去のものではある。しかし実施を伴わずに純粋理論的な政策を論ずることはたやすいが，それが実際にどのように適用されるべきか，というような話になったときには，実は，それほど簡単なことではない。

今，多くの自治体では基本的な政策は基本構想や実施計画，それに首長のマニフェストなど，様々な形式の文書によって表現されるようになってきた。また，政策条例というような名のもとに，自治体としての政策を条例の形で表現する例も見られるようになった。自治基本条例がその典型例であるが，しかし大型店規制や土地利用調整など，個別の事務事業の施行条例中に埋め込まれた，一見些末と思われることに政策の表れがあることにも注意したい。自治体の政策とは，国と異なり，実際の執行を自治体が直接行うが故に，実施レベルの施策が政策の考え方に適合させられていることによって，初めて実現されるものなのである。

したがって，自治体の政策は，格調高い条文を持つ条例があるから，というよりは，施策を担う第一線職員と施策に関わる自治体の市民がいかに政策に敏感かに多くを依拠している。そこに議会がどう関わることができるか。

このように考えていくと，対象が行政の第一線職員であれ，市民であれ，ものごとの基本的な考え方を示していくのが政策を実現させる近道であることに気づく。行政であればどのような事務事業についても，根本的なところで「何のためにやっているのか」が常に想起されたうえで行われるようにしていくことである。そのような行動指針や解釈指針はどうすれば注入されうるか。それにはマスコミが世論形成において果たす役割のように，ある権威をもって繰り返し訴えることで，それを事実にするという方法が妥当する。

第一線職員を観察すると，条例も含めた法令についての知識は非常に希薄であり，いかに政策条例であっても，抽象的な条例を定めることで実効性が発揮できるかというと困難なのであるが，他方で第一線職員を指揮する現場の監督者の意向は相当に影響してくる。そうであれば顧客志向か，組織防衛かというような相反するマインドすら，それを決めるのは，日常的な問題対応がどのように支持されるのかによっている。議会が口うるさく，このようにいってくるから，というのはたとえ問題解決への意欲がない監督者であっても，問題を避けようという点から選択される「現場における政策」となりうるのである。

中央省庁の縦割りが批判されるが，しかしそれはある問題への対応につい

て，縦割り間で激しい競争を起こすことで政策の活性化が図られていることも事実である。一般に自治体ではこれが逆で，ある問題が発見されたときに，その解決策を様々な組織が取り合うということはまず起こらず，逆にどこも手を付けないか，やむをえない場合は押しつけ合う，というのが基本的な行動様式である。第一線現場が現に手一杯であれば，新たな仕事を増やそうということにはならないからである。それが妥当かどうかはともかく，自治体現場の考え方がそうであるならば，それがどのような政策であっても解釈指針が浸透する仕組みを作らなければならないのである。そうすると必要なことは，積極的にそれぞれの組織間での取り合いを起こさせるまではできないとしても，ある政策の担い手を特定の担当として決めることなく，様々な行政分野で政策と矛盾がないように施策を組み立てさせるということになるのである。

5．議会における決定と政策への反映

　議院内閣制であれば，最終決定は「国権の最高機関」である国会で行われる。二元代表制である自治体では決定は首長・議会どちらで行ってもよいこととなる。現実の問題としては執行権と予算編成権を併せ持つうえに，専決処分，再議請求権のある首長側にウエイトは大きく傾いている。

　本来，議会における議論は予算案や議案の修正を通じて直接に行われることだという主張もある。それは正論であるが，現実問題として精緻に組み立てられた予算案を修正するのは技術的にも難しいし，議案を修正することよりは，執行過程に介入してそこで修正させた方が簡単で効果的であるという声が議会側でも普通であろう。執行過程への介入は，法令の予定する議員の権限ではない[6]。「箇所付け」という言葉があるように，予算案ではどこに，何をするかということはほとんど何も決めずにおいて，執行段階で一見，行政のフリーハンドで決めるようにしておきながら，公式な議会の会議でではなく，関係議員，多くは有力議員と呼ばれる者の働きかけで具体的な執行が決められることが珍しくなかった。なぜなら，その方が本来の手順である，まず会派内で意見

を調整し，さらに議会での会派外の反対勢力を抑えて首長に要求する，という二つのハードル抜きにできるばかりではない。最初から首長が思い通りに提案してくれば，「他の」議員が反対しようとしたときには「逆に」合理的な反対理由を作らねばならなくなるわけで，何倍も有利になるわけである。だが，単に様々な議員が自らの要求を執行機関への介入により実現させることに汲々としているようでは会議体としての議会は成り立たない。議会における政策決定過程は，どうあるべきか。

会派が作られるようになると，議会内人事以外の案件についても議会での行動は議員個人ではなく，会派が単位となることが要請されるようになる。このことに法的な根拠はないし，たいていの場合は先例や慣例でも確認されていない。しかし，この「会派は一致して行動すべきである」という脅迫概念は関係者間で共有されている限りにおいて，非常に大きな効果を生ずる。議会内人事の割り振りで形成された会派は，もともと政策が一致した議員の集まりではないにもかかわらず，ここに統一した政策を形成する必要が生ずるのである。

それでは，会派の政策はどのように作られるか。これは行政部局とほぼ同じである。個別の議案や請願に対してどのように臨むかは，概ね，その都度の会派の会議で決まる。とはいえ，同じような案件に同じ結論が出るとは限らない。問題が地域的なことであれば，その会派に問題の地域の出身議員がいるか，いる場合でも，対立する候補が同一地域にいるかなど，それぞれの議員が有権者に対し「顔が立つ」ところ，あるいは，少なくともメンツがつぶれないところに落ち着かせる必要があるなど，所属議員の利益となるか，利害関係に中立なところがめざされるからである。

しかし，このようなことだけの積み重ねではまとまった一体感のある政策を感じさせることにはならない。そこでより積極的な取り組みとして，行政に対する「要望書」を会派で作成し，長に送付することが行われる。要望書は議員立法しかできない場合に首長が議会に送付する教書と方向が逆の文書である。しかし予算の提案権を首長にしか認めておらず，修正にも制限があると考えられていることから，現状ではきわめて現実的な対応である。もちろん，二元代

表制のもとで，会派が非公式な団体であるとはいえ，同じ立場にある首長に要望を行うのはいかがなものか，ということもできる。しかし，議会が予算を編成できず，かつ，その修正も事実上できないことを考えれば，あらかじめ施策化すべきことを内意として首長に伝え，それが最初から予算案に盛り込まれていた方が話が簡単である。そこで，この「逆教書」たる要望書は，その会派が首長にどのような態度で臨んでいるかを問わず，多くの会派で作成されているのである。一方，会派が議員個々の要望を整理し，会派の名で首長に対峙するようになると，議員個々への対応を検討するよりも遙かに楽なこととなるし，会派の議会からの対外的な役割を公認すれば，これは会派に属さない議員への処遇を分け，議会をより統制のとれた，制御しやすいものとすることにもなる。会派のあいまいなままでの存在は，首長にとって非常に有利な状況をつくり出すのである。なお，地方自治法は本来，議員立法を前提とし，議場には首長が入らないことを前提に教書を規定していた。地方自治法122条・211条の「説明書」は，議案の補足的な説明資料ではなく，まさに議員立法を促す教書のことであった。地方自治法制定当時は明確に意識されていたこのこと[7]が，現在ではそれは意図的にと思われるほど忘却されていることに，逆教書である「要望書」の意味を重ね合わせて理解する必要がある。

　さて，要望書がこのような役割を果たすこととなれば，個々の議員にとっては会派の要望書の中に自らの主張が取り入れられることが次の問題となる。これが具体的には会派の政策づくり，ということになる。だが，会派はその最初から，特定の政策を推進するために集まったわけではないから，抽象的な政策をまず掲げ，それを実現するために施策をつくり上げていくという過程を踏むことができない。つまり，政策からスタートするタイプのマニフェスト[8]を作成することは困難なのである。そうなると議会会派の要望書として多く見られるのは，所属議員一人ひとりの要望を取りまとめ，会派の会議で合意できた事項についてそれを盛り込む，いわばバラバラの施策を項目ごとに分類し，ホチキスで止めたものとなる。項目が政策的な柱を示している場合はともかくとして，場合によっては行政の部単位でまとめられている要望書もある。こうなる

と限りなく首長に対する陳情となるが，しかしこの要望書を会派所属議員がそろって首長の執務室で手交しているところが，多くの議員の後援会報などに掲載されるのである。首長との親密な関係がなければ現実問題として確かに施策化は難しいのかもしれないが，相互牽制が前提である二元代表制において，この姿はあまり好ましいものではない。本来，公開の場における議論を通じて政策を形成・選択する場が議会なのであるから，非公開の場における要望作成ではなく，議会としての意見を取りまとめて首長に示すことから予算案や事業計画案を作成する側にその方法を示す「逆教書」としていくことが次のステップであろう。予算の発案権は首長に専属させるにしても，現在の要望書は事実上の行為としての逆教書から地方自治法99条[9]に基づく意見書として再構築していく必要があるだろう。技術的に組み替えが難しい予算案が提案されてからでは議論をしても遅い，結局は原案可決になるだけという議会の予算審議に対する批判があるが，このことにより議会の予算審議が議会として送付した教書がきちんと施策化されたかという事前の評価活動へと変化するのである。

　議会は選挙による多数を一旦議員の数に変換し，さらにその議員の活動を選挙とは切り離して討議の結果に委ねることを理想とするシステムである。そこから導かれるのが，すべての議員は選挙の際の得票も，期数（当選回数）も年齢も関係がなく平等であるという議会内民主主義である。この議会内民主主義は，問題ごとの多数決あるいは多数意思の形成が前提であるから，会派単位で政策や賛否を取りまとめること，とくに後者とは不連続な部分が存在する。議会の公開の場における議論を重視するならば，最終段階の討論を重視し，討論の結果で意見を変えることがむしろ予定されているわけであるので，採決にあたっては会派による拘束をかける必要はないし，それを改めて「交差投票」というべきことでもない。このように考えてみると，自治体議会に会派が必要な理由は，常任委員会制度と会派が審査前に実質的意思決定を行うことにあるのではないか。自らが属さない委員会の議案に直ちに賛否を示すのは困難である。しかしそれは数日の会期だからであって，大規模議会では委員会の会議の状況を迅速にまとめて提供し，委員会審議の結果を受けて会派の意思決定を行

えばよいし，小規模議会では委員会を設置する必要はそもそもないのであるから，全議員による審議を充実させることも考えるべきなのである。

現状の制度でできることとして，会派単位の要望書を議案一般に及ぼすこととし，議案の細部にわたる審査がおわった段階で所属議員の委員会審査状況の報告を受けて，会派としての議案への賛否を最終決定するだけで，委員会審議の実質的な効果は飛躍的に高まる。これは特別なことをするわけではない。議会運営委員会における審査は，現在でもこのように行われているはずである。

6．首都圏自治体議会における会派と議員の変容

(1) 議員の代表制

日本の自治体議会議員は，原則，大選挙区制によって選出される。都道府県議会議員では郡・市・区が選挙区とされることにより，また，政令指定都市議会では区が選挙区とされることにより，定数配分の都合で小選挙区が生まれることがある。しかし，市町村議会議員では原則，一市町村一選挙区であるため，その区域を通じての大選挙区となる。その結果，人口60万人規模の大規模市区では，衆議院議員小選挙区が市内で分割されることがあるが，その場合でも市区議会議員選挙について，選挙区が設定されることはなく，市区全域を通じて選挙される。市町村議会議員選挙での例外は合併による特例によって選挙区が置かれる場合で，規模が大きな中核部に小規模な周辺部が合併して全域を通じた大選挙区とすると，事実上，周辺部からは一人の議員も選出することができなくなることが考えられる。もちろん，合併した以上それは当然のことであるのだが，周辺部からも代表を選出するために，「過大代表」となるべく選挙区を設けることがある。この実例は明治期に遡るが，継続的な研究として昭和の大合併で誕生した福島県郡山市・いわき市に関する今井照・荒木田岳（2003）をあげることができる。また，平成の大合併では一般に合併促進策として考えられているが，市町村合併が行われた際に，直ちに議会議員選挙を行

わずに従来の市町村議会議員のすべてを一定期間そのまま在職させる「在任特例制度」は各地で行われた。在任特例制度はその期間中，やはり小規模市町村側に過大な議席を与えることで合併当初に起こる問題を議論できるようにするシステムと考えるべきなのであるが，合併する市町村の数により一時的に相当数の議員が存続することとなることから，強い非難を浴びることが多い。各地でリコール運動が起き，また議員が全員辞職することで「自主解散」を採ったところもあるが，それらの理由を見ると，議員が多数在籍することは「行政コストの削減」が目的であった合併の趣旨に反するというようなことがあげられているのみで，その政治的な意味に言及しているものには接しない。一方の，それに向かうべき議会が，在任特例の意味を政治的に説明しないことが，本来問題であろう。しかし，新たな選挙を行うと，人口小規模地域からの選出議員は当然のことながら，一気に姿を消してしまう[10]のである。

(2) 地域政党と会派

日本の政党はそのほとんどが国会議員を軸に全国的に結成されている。代表的な自由民主党では支部組織が都道府県（参議院の選挙区）と市・郡（衆議院の小選挙区）単位に展開され，それぞれの支部長に衆議院議員や県議会議員が就く形をとっている。政党・政党支部とも，選挙時の活動だけでなく，日常的な政治活動を行っている。全国政党の支部は，最終的には市町村議会議員を中心とする組織へと垂直的に連携し，その下に政党員，後援会，労働組合などの支援組織や機関紙購読者などがゆるやかにグループ化されている。その他の全国政党でも規模の違いこそあれ，概ねその構造は同じである。

都道府県議会では議会内会派がほぼ政党単位に結成されていることもあり，会派と政党との差がつきにくいが，首都圏自治体における大きな例外が，地域政党の存在である。

地域政党といっても，沖縄県の土着政党を自負する沖縄社会大衆党とは異なり，生活クラブ生協活動から派生したもので，首都圏には2007年現在，東京・生活者ネットワーク（1977年前身設立）をはじめ，設立順に神奈川ネットワー

ク運動（1984年），市民ネットワーク千葉県（1993年），埼玉県市民ネットワーク（1997年）がある。いずれも活動には前史があり，都県単位の活動が行われる前に市議会単位の候補者擁立から始まっているものがほとんどで，多くの場合，所属候補者が議員となってから政党としての活動を始めている点が一般通例とは逆である。それぞれ国会議員を擁さないという意味での地域政党であるが，かといって必ずしも地域の問題解決をのみめざしたものではない。運動そのものが合成洗剤追放キャンペーンから発生したものであるから，消費生活をはじめ，地域型というよりは普遍的な公益的問題を活動のテーマとして取り上げている。これらネットワーク運動は共通した方針として，議員を職業化させることはせず，2期で交替することとし，送り出した議員には単独での行動を許さず，ネットワーク運動からの「代理人」として行動することを要求している。現在までのところ，候補者はすべて女性である。

　ネットワーク運動が首都圏の自治体議会に議員を送り込むようになってから，それら議会にはいくつかの変化がもたらされている。

　時にネットワーク運動以外の会派と合同する例も見られないわけでもないが，ネットワーク運動の議員たちは2期で交替することを前提にあくまで組織の代理人なのであるから，既成の政党や会派，議会の慣習などにはほとんどとらわれることなく行動する。また，組織や組織外の研修会などが頻繁に開催されているため，他の議会の状況についての情報交換が行われている。そこからその議会の議会運営が他の議会と比較されることとなったのである。

　他の議会で可能であったことがその議会では何らかの理由によりできなかったり，あるいは質問という議会活動そのものが認められたり，認められなかったりということが起きたわけで，議会活動に対する「シロウト」である代理人たちにとって，議会自体が既成の体制として強い抵抗を示したのである。

　いざ，議会で発言ができるようになると，今度は今まで誰も現れなかった傍聴席に傍聴者が現れることになった。はじめは議員と組となって行動する秘書役——ただし，代理人がきちんと活動しているかを監視する役であるという——だったが，次第にその数が増えていくようになった。多くは専業主婦であ

るネットワーク運動の会員にとって，平日の昼間に開会している議会の傍聴は難しいことではない。当初は自らが送り込んだ議員の活動を見ることから始まった傍聴活動は他の議員の議会活動についても，議員を監視するという立場から向けられたのは当然のことで，議員の会議での発言や会議に及ぶ姿勢などが外部の目から評価されることとなった。

次に変わったのが委員会である。公開が当然のこととなっている本会議に対し，1990年代半ばまで，常任・特別委員会は傍聴は許可制となっているものの，許可の実例はなく，事実上非公開で行われてきた。とくに少人数会派，あるいは一人しか議会に議員を送り込んでいない場合，所属議員数に応じた時間割り当て制をとる場合，本会議における発言が不可能に近い議会も存在する。そのような場合には委員会でしか発言できないのであるが，その委員会が非公開となっていると，送り込んだ議員の活動を見ることができないわけである。

ちょうど元号が平成になったころくらいから，各地の議会で少しずつ変化が見られるようになってきた。既成の会派に属さないことで，その議会の議員としてのしきたり，慣習そのものを知らない新人議員たちが，これも会派には属さないから会派の会議でではなく，議会の会議の場でそれまで当然と思われていたことがらに対し，異議申し立てを行う。このことのインパクトはそれまで会派に従ってきた新人議員たちに最初に広がり，次には議会がその活動に際し，外に向かって情報発信する重要性が理解されるようになると，古くからの議員にも無視できないものとなってきた。それまで，議会側から理事者と呼ぶ執行部の部課長に話をつけていれば議会の会議の場では黙っていることがその議員に対する「執行機関側からの」評価であったものが，本会議や委員会に傍聴者が実際に入るようになると，黙っている議員は何もしていない議員だ，ということになってしまうからだ。

ここで別の次元の問題が起きてくる。「会派に属さない方が議会内で自由な活動ができ，発言にも制約がない」という認識が生まれてきたことである。これは二つの向きが異なる効果を生む。第1には最初から会派に入らない新人議員が登場するということ，第2には議会における会派の役割を明確にし，その

結果として会派に属さない議員の活動を制約しようという方向である。

第1の方向は実際，会派制の意義をかなり大きく揺るがした。議員定数の少ない小規模市町で会派に属さない議員が増えると，議会全体をまとめることができなくなる。しかしそれで誰が困るかというと，議員ではなく，議会の動きが読めない首長側なのである。ここでの一般的な対応は，既存の会派に対する首長の手当てを厚くし，一方で議会自身が会派に属さない議員を冷遇するということが見られた。

第2の方向は主に大規模市の問題で，一般質問を制限して会派の代表質問制度を強化したり，発言時間の割り当て制や回数制限を設けたりという議会内部の統制強化と，第1の方向同様，首長側の対応として，会派の代表でない場合は答弁をきわめて簡単にする傾向である。

議会は最終的には議事機関であるが，そこでは決定に参画できなければ意味はない。会派制は結局，議会の中での体制派と，議会の体制がしっかりしていないと議会対策に大変なエネルギーのかかることとなる首長側との利害が一致するものであることが認識された。ただ，会派を維持することは，それを負担する議員にとっては大きな犠牲だが，一方で有権者にはあまり見えない，評価されないことでもある。

会派制と議会内民主主義とのバランスは，これからも行きつ戻りつしながら，しかし会派が非公式にもっていた様々な機能は，議会の公的な機能として担われていくようになるであろう。

(3) 一人会派，無所属議員の増加

議会は法をつくる機構である。しかし議会がつくる法には2種類があり，住民や行政の長である首長を拘束する法と，議会自身が自律権に基づき制定する法とがある。自治体では，前者は条例という形式をもつ法であるが，後者は成文法としての会議規則や委員会条例などのほか，議会運営委員会申し合わせや先例，慣例といった法形式をもたないソフトローが多数存在する。この章で論じている会派も，法的には政務調査費の交付先の一つとされているのみで，会

派の代表的な機能である議長をはじめとする議会内役職や常任委員会委員の配分，議席の配置などは，法規性がない申し合わせ・先例か，あるいは慣行がその都度確認されて使われているのである。

「代表質問」という何の疑いもなく一般に慣用される語も，何を代表するのかといえば，もちろん会派を代表してなのである。議員個人がすべて平等に取り扱われるべきという議会内民主主義は会派間にも適用され，代表質問なら，普通はすべての会派にまず一律に質問の権利が割り当てられる。また，議会運営上の意見が求められるとすれば，各会派を一巡する形で意見を述べることが普通であろう。その結果，意見の表明については所属議員数の大きな会派よりも小会派の方が過大に扱われることにもなる。

しかし，会派制を採る議会では，会派の人数に下限を設けているのが普通である。それは2人の場合もあれば5人というような場合もあり，通常は議会運営委員会に参加できる最小単位として「交渉会派」と呼ばれている。

会派に属する場合は，会派に属することで自らの個人的意見を会派の半ば公的な意見とすることができることと裏腹にある意味では議員の自由は会派の統制の中に制約され，会派の方針に沿って行動することが求められるようにもなる。だが，最近は会派に属さない議員，あるいは一人で会派を名乗る議員の割合が増加している。会派に属さない理由は会派の制約を嫌うことが多いようであるが，近年の特徴として，議員に初当選してからずっと会派に属さない議員が出てきていることがあげられる。繰り返しになるが，会派には教育・研修機能など単に意見集約にとどまらない多様な機能があるが，それらは外から見えづらい。最初から会派に属さない議員には，これらの会派がもつ役割が知られることのないままとなるのである。

無所属議員の増加は，期数を重ねることに価値を認めなくなってきた結果なのではないか？　一見飛躍するようだが，いくつかの理由を述べてみたい。

第1には国家レベルの政党を巡る状況の変化である。

1955年体制崩壊後，二大政党に近づくかの傾向はあるが，それは衆議院小選挙区を中心に考えた場合である。かつては大選挙区である市町村議会議員は，

中選挙区である衆議院選挙区選出議員と都道府県議会議員を介して強固な縦系列を作っていることが多かったが，小選挙区制移行以降，縦系列の結びつきは必然の結果として弱まっている。その結果国家レベルの政党と結びついた旧社会党，旧民社党などの自治体議会の会派も崩れている。議員の縦系列は下から上への集票組織としてだけ機能していたわけではない。発見された問題や政策なども行き来していたわけであるが，そのルートは非常に心もとなくなった[11]ことが，政党に立脚する会派の政策的な意義を見失わせているのである。

第2には地方分権の進展である。

行政の側としては，地方分権はそれほど現実のものとなったわけではないが政治的なマインドとしての分権改革はとくに都市部では進んでいる。国とのパイプを売り物にしている官僚出身首長が落選する時代である。議会でも国会議員誰某の秘書出身や代議士推薦候補，というのは，有権者にとってそれほど魅力的なシグナルではなくなっているのである。このことは議会運営ではさらに顕著となる。もともと自治体議会では「照会型法務」などは行われてこなかったが，独自条例の制定，とくに議員提案による条例制定が注目されるようになると，いくら期数を重ねていても，それまで行われてこなかったそれらのスキルには対応できず，また，議論にもついていけないとなれば，それまでとは違う種類の実力が認められるようになる。このとき機能できた会派はあまりなかったであろう。

第3には市町村合併をはじめ，議員定数の削減である。

議員定数を減らすことはそのまま当選ラインの上昇をもたらす。組織から複数の候補を擁立するのならともかく，地区割り・地区推薦型の候補は従来の地盤では当選が次第に難しくなるから，出身地区を越えた別の価値・政見を訴えることで支持者の拡大を図る必要が出る。そうなると他の候補との地理的な棲み分けができなくなり，結果として議員間の選挙後の共同体制が結べなくなるわけである。

加えて第4も選挙であるが，これは候補者選択の変化という，支持者に関わる大きな変動である。

2007年統一地方選挙でも当選ラインを大幅に上回る候補がみられた。これら広範な支持を得て当選した議員は，他の議員からすれば自らの支持者を奪ったわけであるから得てして会派には入りたくても入れてもらえないことも起こる。これらの結果，会派に属さない議員は日常的な「朝立ち」と呼ばれる出勤時間帯の街頭演説やビラ配り，法律相談や苦情処理などの広報広聴活動や議場における発言に熱心に取り組むこととなる。かつて「どぶ板」と呼ばれた行政への陳情の仲介もなくなったわけではないが，新しいタイプの議員は特定の後援会員や支持者のためにという活動というよりは，不特定多数に対して活動の方向を向けていることに注目すべきである。

　会派に属する議員の場合よりも会派に属さない議員の方が議場における発言の機会は時間数はともかく，回数はたいていの場合は多く，かつ発言の内容も同じ会派の他の議員に気を遣う必要はないから制約が少ない。自治体議会の場合，議員の専門化がそれほど進んでいるわけではないが，大会派になればなるほどそれぞれの議員の差別化が行われている（差別化が可能だから大会派に結集できる）のであり，発言の順序を待つ必要もさることながら，同じ会派にその専門や出身地と目される議員がいれば，それを差し置いて質問ができないことは当然だからである。かつて，議会の会議録はあまり目にすることができなかったし，マスコミの取材もまずなかった。今日ではインターネットによる会議録の公開はもちろん，CATVに代わってインターネット上でのビデオ・オン・デマンドの提供が珍しくなくなっている。無所属議員は，会派に属する議員よりもそれら議会の公式な会議活動に積極的に参加することが評価されて，後援会とは別の目に見えない非組織型の支持者を獲得し，再び上位当選を果たすという好循環を起こす。

　当選順位は議会における発言権等に何ら関係はなく，単純に会派に属さない方が選挙時に支持を得られるわけでもないのだが，第3，第4の変動は政党に所属していない方が得票が増えるという神話ともども，結果である会派に属さない方が選挙で有利という議員マインドを招来しているのかもしれない。

　第5に大会派に属することのメリットの消失である。

詰まるところ，大会派に所属することは議会内の役職である議長や委員長に就任できるということに尽きる。たとえば議長は確かに首長と並んで処遇されるのではあるが，議場において質問を行うなど，議員として活動はできにくくなる。かつては首長同様，会合や式典のあいさつを行うことが，名誉であり，集票活動につながると考えられていたわけだが，第4にあげたように，議場における活動が評価されるようになってきた今日，会議で自らの意見を発言することができない議長では評価されないのである。そうでなくとも，議長や委員長はその公務に多くの時間が割かれるため，選挙前などにはあまり歓迎されてこなかったのである。そのうえ，それらのポストが魅力のあるものでなければ，会派に属する魅力もまた当然なくなることが首肯されるであろう。

かつて，中規模以上の議会では会派が議会運営を仕切り，一人会派・無所属議員は議会運営には参画させてこなかったが，それら会派に属さない議員が定数の3分の1を超えるようになると議長等の議会内の選挙結果を左右することとなり，その意向は無視できなくなる。

会派はもちろん必置のものではないし，町村のほとんどと小規模市は今でも会派を置かずに議会を運営している。もともと，自治体は議会と首長の双方が対立する二元制なのであり，国のように議院内閣制で議会の首班指名選挙により行政部の長を選任するわけではないのだから，自治体議会に会派が必要かというと，その根拠は薄弱である。「発言ができなくなるから会派には属さない」という増えつつある一人会派・無所属議員の声は，議会は何をするところであるかの基本に対する問いかけではないのか。運営上の便宜のための会派が，議員としての当然の活動を拘束するようでは本末転倒なのであり，首長側が根回しをするために会派を利用しているようでは何をかいわんやである。

会派はそもそも何のためなのか，議会のため，議員のため，そして自治のために役立っているのか，今，きちんとした反省が必要なのである。

7．会派の今後

(1) 会派は多文化主義の担い手となりうるか

　いくつもの新しい変化が生じている首都圏の自治体議会であるが，議会のこれからはどのような方向に向かうのであろうか。

　2007年統一地方選挙の結果，首都圏の都市型自治体議会では会派の多様化がより進んだようである。

　会派の多様化とは，いくつもの会派が並立するということではない。政党支部型と，議長を選出するための集団というように単純に分けられていた自治体議会の会派の機能がまず多様化し，議員の研修・研究機能，行政評価・批判機能，そして政策形成機能と，現状では後からついてきた活動部分が，公的な会派の機能，ということになるのであろう。

　だが，現状では自治体議会の会派が，先に政策を掲げて結集するというのは難しい。そもそも，政党が関与することに拒否感すらあるのも自治体議会なのである。それはなぜであろうか。

　最初の問題は，何度も指摘したとおり議員が大選挙区で選出されるのかどうかである。

　お互いに同じ選挙区で選出された者が当選後，同じ会派で活動するとなると，それは有権者に対し，どのような説明をすべきであろうか。「ここが違うが，ここは共通である」ということは選挙では必ずしもプラスには作用しない。欠点をあげつらうネガティブ・キャンペーンとまではいかなくとも，「あれじゃだめだから，私だ」といえなければ大選挙区で勝利を収めることは難しい。選挙後の議員の心理としては，会派入り自体，支持者に説明が必要なことなのである。一旦会派に入ったのであれば，議員の活動は会派を通じて行うことになる。各議員がそれぞれ専門分野を違えるなど，分担・協力関係が成立していれば，会派全体の力としては一人ひとりが持つものの総和以上になるので

あるが，一方で選挙戦術としてはあまり狭い分野の専門家と思われてしまえば，集票範囲が狭くなると考えられるのである。実際，議会の常任委員会は専門性を持つためには委員の任期を議員の任期とすることもできるのであるが，実際には1年交替として毎年改選していることの方が多い。慣行として任期中には同じ委員会に所属しない，としている議会もある。委員の任期は委員会条例で決定する。性質上事案の終了まで委員が在籍すべき特別委員会では，毎年全委員が辞任して再び選任を行う例は珍しくない。議員の専門家戦略が成り立つのは，ある分野について他の議員とは圧倒的に優位な知識を持ち，それが他の議員からも尊重されているような場合である。当然，その専門家はオンリー・ワンの存在で，かつ，自治体全域から広範囲集票できる公益的なテーマについての専門家であることが前提である。当然のことながら，この専門性は時限的な問題であってはならず，容易には解決できない，継続的な取り組みが必要な問題であることが望ましい。かつて，最盛期の自由民主党は国政の各分野に「部会制」をつくり，常任委員や政務次官（当時）の選任をその部会員を中心として行っていた。

　一方，定員1名の小選挙区から選出される議員は，制度的には郡部選出を中心とする都県議員であるが，市町村議会でも事実上の地区推薦制によって当該地区から選出する議員を1名決めていることもある。この場合は議員は地区のすべての問題に対処することとなるから，専門性を強調する必要性もないのである。

　会派が異なった分野の専門家の集合でない，とすれば，どのような可能性があるだろうか。この場合の最もわかりやすい例は，イデオロギーである。自由主義，社会主義，共産主義などのもとにそれを奉ずる議員が結集すればだが，これも今日ではないだろう。

　他方，本来地方自治制度が想定していない，首長に対する与党―野党関係で会派がつくられている例は，比較的多く見られる。2007年の統一地方選挙では，首長・議会議員の選挙が特例法が指定する期日に行われる割合（統一率）は30％を切った。これは同じ自治体間で行われる知事・市町村長や，都県議会

議員・市区町村議会議員といったそれぞれの選挙の間の関係としてみるならば，選挙が別々に行われるのであれば，それぞれの異なった選挙の候補者間に協力関係や対抗関係が生まれることになるのである。日本の戦前の選挙制度では，異なる選挙を同時に行うことは避けられていた。日本国憲法施行に伴う選挙が結果として1カ月のうちに集中して行われることとなったため，経費が無駄ではないかという，2年ごとにすべての選挙を同時に行っているアメリカの状況を踏まえたGHQの考え方は日本側の意見とすれ違っていた。いくつかの選挙を同時に行えば，まず，自らの選挙を最優先することから候補者間の協力関係による「系列化」は起こりにくくなる。こうして，本来は二元代表制である自治体においても，選挙時の協力の有無によって与党，野党という言葉が使われるようになる。ただし，ここでは首長のほとんど全員が無所属で，かつ明確な政党の支持も明らかにしないことの多い首都圏自治体にあっては，与党や野党という言葉も，会派や党派に対してではなく，議員個人に向けられていることに留意すべきであろう。

　また，現在でも「保守」という言葉は政治的なポジションを示すために使われるが，かつて，保守の対立概念であった「革新」の語は久しく使われない。今日，非保守の旗印は「無党派」「市民派」「生活者」等であろう。しかし，無党派が先に出てくれば，議会内で会派をつくることや，それに参加することは，自己矛盾をきたすこととなる。無党派を名乗る理由は様々でありえるだろうが，既成の利害とは距離を置くことがその意味であれば単独で首長を支持することもできないのである。

(2)　会派は公共性の担い手たりえるか

　個人の財産権は原則的に侵害されないが，そのかわり公的な保障を受けられるわけでもない。地震や噴火，風水害などの自然災害で被害を受けたとき，個人の財産は自力で救済されるべきものだが，一般に開放して利用される私道や橋などであれば，それらは場合によっては公有のものでなくとも保障されることがありえる。なぜか。それは多数の者が利用することで「公共性があるから」

と説明されるのである。

　これを政策にあてはめてみるとどうなるか。議員一人が主張していたとしても，それが自治体の政策となることには直結しない。しかしそれが議員が集団として主張した場合はどうなるか。議会はそもそも多様性をもった集合であるから，全議員が同じ意見であることはあまりない。しかし，その何人かが同じ意見をもっていれば，それは集団の意見として，公共性を獲得しえるわけである。繰り返すが，自治体議会の会派の多くは共通の政策を前提に形成された議員集団ではない。しかし，このことを踏まえたうえでさらに，会派による政策形成を進めることはできないであろうか。自治体で政治を考えるためには，会派の政策機能を充実させることが，議員の政策を公共性のもとに認証する最も現実的な方法だからである。

　会派に政策機能を持たせるには，事後型と事前型の二つがある。

　まず，地域に固有の問題で，議員が立候補する段階でどのように対処するかは明白になっている政策もある。会派はほとんどの場合，明確な規約すらないが，共通の政策を採る議員が結集しているわけである。大きな問題でまとまり，それ以外の問題は個々の議員に任せるタイプが第1である。

　第2のタイプは政策に最初から固定的な答えを出すのではなく，研究を行う会派である。そもそも自治体において，それほど自明な共通政策があるともいいがたい。二大政党制に近づきつつある国政レベルの政党でもその傾向はあるが，自治体議会では通常の姿が，会派が先で政策は後からついてくるのが普通である。そうであれば，自治体議会の会派は，その都度，時々の政策を議論して決めていく主体となる。是々非々の議論を戦わせればよいのである。だが，この議論を効果的に行うには，単に議論のための議論をするのでは意味がない。きちんとした考察ができる正確な資料と判断を下すための様々な情報がなければそれは無理であろう。レイマンコントロールとは，決して感覚的な決定を行うことではない。利害関係から離れたところで常識人による妥当な決定が行われるためには，当然，その決定が成り立つだけでなく，結論が妥当であることを検証できることが必要なのである。その実現には，議会提案前のパブ

リック・コメントが有用（田口 2005；124-38）である。

(3) 政策の循環と会派マニフェスト

議会制とは代議制度であるから，議員は任期の範囲で自らの判断により政策決定を行うことができる。しかし，それは白紙委任とはいえない。現在の自治体議員選挙は立候補制を採っているから，立候補時に表明された政見をもとに投票が行われており，当選した議員は，立候補時の政見を実現することが期待されているというのが，常識的な理解であろう。

政策の立案 → 政策の公表 →（候補者選定）→ 選挙への立候補 → 議員活動というサイクルは理想型であり，政策の公表がマニフェストの形となっていればよいのではあるが，議員が単独でマニフェストを作成することは技術的にも実現可能性でも難しい。また，独任制の首長と異なり，議員は一人ではない。そこで，議員一人ひとりの考えが自治体の施策となるためには，① その意見が議会内の多数派となる，② 首長がその意見を採り入れる，のどちらかの手法が採られることとなる。現実には ② ルートが多数なのではあるが，議会の審議を活かし，二元代表制の意義を明確にするためには，① ルートによる政策の実現が必要である。そのとき，実現に最も近いのは，会派がマニフェストを作成することである。会派マニフェストは双方をクリアすることができるが，同じマニフェストを掲げる候補者が複数いれば，大選挙区単記投票制と矛盾するため，選挙のツールではなくなってしまう。統一マニフェストを掲げた立候補者がいれば，誰に投票するかの選択がマニフェストではない点で行わざるを得なくなる。

2007年統一地方選挙前の第166国会において公職選挙法が改正され，首長のマニフェストは選挙運動とされた。選挙運動とは告示日からであるから，日常的な政治活動としては頒布できないものとなった。自治体議会議員のマニフェストは相変わらず公職選挙法上の文書ではないし，会派もまた当然である。国政と異なり，一番身近でありながら圧倒的に情報量が少ない自治体議会では，選挙時のみに情報提供が行われるのではなく，生活に密着している分，日常的

な広報活動により政策情報が提供されなければならない。マニフェストの法的な位置づけをする必要はないわけでもないが，しかし大事なことはそれを元に地域の政策を議論することであり，公職選挙法に規定してしまえば政治活動ではなく，選挙運動になることに十二分の注意が必要である。

会派マニフェストは自治体議会の現在の会派のあり方をむしろ活かし，所属議員の共同作品である予算要望書等の「逆教書」と，その執行状況の評価書を示す，日常的な政治活動として，まず行われるべきなのである。

【補　遺】　本稿は2003年9月に開催された研究会報告をもとに執筆したものである。
　その後、自治体議会をめぐる状況は大きく変化した。議会を変えようという動きは、選挙が行われるごとに加速している。各地の議会で議会活性化をめぐる論議が進み、議会活動により住民の権利を保障することをうたった議会基本条例を制定することも珍しくなくなった。本章で扱った「会派」を議会基本条例に規定し、議会における政策活動を担う主体として位置づけようとする例までが現れている。
　議会としての様々な取り組みが行われることと並行して、議員へのリクルートも変動しつつある。全国的には合併による議員数の激減、多選議員の減少、会派に属さない議員の増加など、自治体の政治状況そのものも変動している。本章で述べた首都圏の都市型自治体議会は、いくつかの点において、それら全国に広がった状況を先取りしていたとも言える。そのため、本稿の本文は2007年統一地方選挙や、市町村合併による2009年ミニ統一地方選挙前における状況を記録したものとして、最低限の修正だけを行ったものである。

2009年6月　田口記

※本研究は，東京大学大学院法学政治学研究科21世紀COE「先進国における《政策システム》の創出」及び平成17・18年度科学研究費基盤研究C「分権時代の都市的自治体における政権運営とまちづくり政策法務の交錯」による成果の一部が含まれている。

1）　議会の運営という公的な部分は会議規則や先例の研究でそれでもある程度は把握することができるが、いまだ議会内の私的な結社ととらえられている会派には文書資料がほとんど存在しない。したがって現状では会派の結成・運営に関わる議員にインタビューを行うのが，唯一の研究方法である。
2）　2007年統一地方選挙について総務省が集計した速報では，政令市を除く市町村議会議員候補者全17,642人中，無所属の構成比は72.8％。当選者数14,510名中では，無所属69.9％，公明党9.46％，日本共産党8.84％に対し，自由民主党6.20％，

民主党3.63%，その他2.01%である。3カ月後に行われた2007年7月参議院議員選挙の比例代表選挙における党派別得票数では，自由民主党28.08%，民主党39.48%，公明党13.18%，日本共産党7.48%で，その他は11.78%に過ぎない。もっとも，大選挙区で同一政党から複数の候補者が立候補する市町村議会候補者は，立候補時に政党を名乗らないだけで，その多くは政党員ではある。

　なお，各種議会関係統計では，議員の政党への所属を立候補届出時の情報にのみよっている。議会議員の所属する政党はセンシティブ情報であるとは考えられず，むしろ積極的に定期調査し公表されるべきものである。総務省の取りまとめはともかく，各自治体議会において定期的に調査し，公開すべきであろう。

3）　2007年統一地方選挙における神奈川県葉山町議会議員選挙では，会派マニフェストを掲げて選挙を行った例が見られた。

4）　会派を単位に割り当てられる議会「外」のポストとしては，首長や商工会議所などとともに自治体の総意であるべき「○○期成（反対）同盟」などがある。このような団体は陳情活動などを行うことがあるが，議員だけは公務外活動となり，正規の公務出張として費用弁償が支払われないことが普通である。議員の公益活動に関する費用をどのように負担すべきか，きちんとした議論が必要である。

5）　議会の投票は，その議員が何票，何位で当選しても一人1票であるし，発言の権利や報酬も同様で，得票数にも，当選回数にも関係がない。議会内役職の選挙についても同じで，最高位当選者が当然に議長になる，というような運用がなされることもない。議会という制度は，民意一般の多数をそのまま採用するのではなく，選挙により選ばれた議員に改めて選択を行わせようというもの。民意の多数と一致するかどうかは保障されない制度であり，直接的な民主制は誤りを犯すことがあるということが議会内民主主義，あるいは議会制そのものの前提なのである。したがって議会は討議による決定に信用を置くものだが，これに対し「議会は民意と違う」という非難が浴びせられることがある。それは当たり前のことであり，的を射ない話なのである。議会内民主主義は，日本ではほとんど理解されていない。

6）　第29次地方制度調査会では議会の監視機能の強化が議題とされたが，議論の中では議員が箇所づけなどに介入することを強く非難する発言もあった。しかし本来問題なのは，行政計画や予算案の中で，何を，どのように執行するのかをきちんと決定せずに，「執行権」の名のもと，行政のフリーハンドにしていることである。予算案の説明資料段階だが，箇所づけや内容を明確にしている例として，北海道ニセコ町がある。

7）　現在の地方自治法122条は制定時に衆議院地方自治法案委員会における修正で追加されている。92帝国議会同委員会会議録3号（昭和22年3月20日）参照。また，現在の211条の説明書は，制定当初の234条3項で「財産表その他必要な書類」と書き分けていたことにも注意が必要。

8）　マニフェストについて深く論じることができないが，自治体政治におけるマニフェストとは，まず自治基本条例をもとに総合計画を書き，それを実行するための施策集をセットにしたものをイメージしてほしい。執行権を持たない議会のマニ

フェストは評価を加えることが主で，予算が従となることはやむをえないが，問題点を指摘し，立法すればそれで解決となる国と，実際に施策を行い，問題に対応することではじめて解決となる自治体とでは意味合いが大きく違うので，現在の方法はそれほど誤っているわけでもない。

9) 地方自治法の議会関係規定中でも99条は戦前の制度に徐々に復元されていく経過をたどったもので，純粋な条文からの解釈と運営の実態に基づいた解釈が乖離していた箇所である。

10) 特筆すべきなのは，議会が主導して吸収合併される旧町村部に地域自治区を設定した（在任特例制度は設けなかった）新潟県上越市の取り組みである。石平2006；pp.125-58参照。

11) 2007年統一地方選挙で民主党は市町村議会議員の積極的な公認を進め，所属議員数の増加を図り，成功した。所属自治体議員が増えればそれを集票マシーンとして国会議員を増やせるという戦術は続く参議院議員選挙の結果だけを見れば機能しているようにも見える。しかしこのかつての自民党が衆議院中選挙区当時に使っていた機能が，今後の民主党の集票機能へと結びつくかどうかは不明である。

参 考 文 献

石平春彦（2006）「住民主権に基づく都市内分権の新たな展開と制度改革の課題」『自治体学会年報19号』第一法規。

今井照・荒木田岳（2003）「市町村合併に伴う選挙区制度に関する研究（上・下）」『自治総研』29巻294号 pp.1-72，295号 pp.55-94。

今村都南雄・飛田博史編（2007）『再始動分権改革』公人社。

駒林良則（2006）『地方議会の法構造』成文堂。

田口一博（2005）『一番やさしい自治体政策法務の本』学陽書房。

松澤浩一（1987）『議会法』ぎょうせい。

宮崎伸光・田口一博（2000）「議会における政策形成」『議会改革とアカウンタビリティ』東京法令出版。

第 4 章
地方環境税の分類と徴税権を巡る自治体間調整
―― 産業廃棄物税・水源涵養税を素材として ――

髙 井　　正

はじめに

　2000年4月に施行された「地方分権一括法」による権限面での地方分権に続き，2006年度税制改正により，国税である所得税から地方税である住民税への3兆円規模の税源の移譲が決定され，2007年から実施されている。このように徐々にではあるが，権限と財源の両面において地方自治制度が拡充されている。
　地方における意思決定の自由度が高められた分権型社会においては，自治体には，社会経済状況の進展とともに変化する住民ニーズに的確に応える責任も増大する。たとえば，大量生産・大量消費社会の到来により，かつては，紙・布・木材などの自然分解可能な天然素材が大半を占めていた生活・産業物資は，現代では，ビニール・プラスチック・鉄筋コンクリートなどの人工素材にとって代わられ，自然分解不可能な大量の廃棄物を生み出している。こうした事態に対処するため，各地の自治体では，環境部局が中心となってごみの減量化計画を作成するとともに，税務部局をも巻き込んで，独自の産業廃棄物税を導入するケースも出てきている。これは，廃棄物対策の一環として自治体が独自に政策税制を構築する事例である。
　また，戦後日本の復興のために必要であった木材を産出してきた各地の森林

は今，安価な外材に押されて放置され，手入れが行き届かず，荒廃の危機に瀕している。水源地域を中心とする森林の荒廃は，その公益的機能（二酸化炭素吸収・酸素供給機能，保水・浄化機能，土砂流出防止機能など）を低下させ，都市住民にも悪影響をもたらすことにもつながる。こうした事態に対処するため，各地の自治体では，森林・環境・土木などの部局が共同で森林保全のための新たな施策大綱を作成するとともに，税務部局をも巻き込んで，独自の水源環境税や森林環境税（以下，水源環境税と森林環境税を総称して「水源涵養税」という）を導入するケースも出てきている。これは，自然環境保護策の一環として自治体が独自に政策税制を構築する事例である。

このように，現在，各地の自治体では，地域が抱える固有の政策課題を解決するため，環境保全対策の一環として，自治体が有する課税自主権を用いた地方独自の政策税制を導入している。なかでも，産業廃棄物税と水源涵養税は，住民に新たな負担をもたらす地方新税であるものの，すでに多くの自治体で導入されている地方独自の政策税制である。

そこで，こうした現状を踏まえ，これらの新たな地方環境税を素材として，その特徴を分析するとともに，地方環境税の導入に伴う徴税権を巡る自治体間調整について検討を行うこととする。

1．環境税の分類

本章で取り上げる産業廃棄物税は，産業廃棄物という環境に負荷を与える財（バッズ）の域内への搬入の抑制を目的に課税され，その税収を産業廃棄物の対策費に充てる租税である。この租税は，その税収が産業廃棄物の対策費に充てられるものの，産業廃棄物という環境に負荷を与える財（バッズ）の域内への搬入の抑制を主たる目的としており，究極的には，バッズがゼロになること，すなわち，税収がゼロになることをめざして創設された租税である。また，水源涵養税は，域内の水源涵養機能を保全・再生するための環境保全事業を推進するための新たな財源を確保するために創設された租税であり，課税自

体によって水源涵養機能の保全・再生にプラスのインセンティブを与えるものではない。このように，一概に「環境税」といっても個々の税目によって異なる機能を有していることから，最初に，環境税の全体像を概観する。

(1) 環境税の位置づけ

現在，環境税という言葉は様々な意味で用いられている（石1999；ii）。最も狭い意味では，環境税は二酸化炭素の排出量の抑制を目的として，化石燃料が排出する炭素含有量を課税標準とする租税，すなわち炭素税の意味で用いられている（最狭義の環境税）。また，二酸化炭素に限らず環境に負荷を与える財・サービス全般の抑制を目的として課税される租税の意味で用いられることもある（狭義の環境税）。さらに，環境に負荷を与える財・サービスの抑制を目的としつつ，その税収を環境保全施策の財源とする租税の意味で用いられることもある（広義の環境税）。この他，元々，環境政策とは無関係に創設された既存の租税を環境保全の観点から再構築する既存税制のグリーン化を含めて広く環境税と呼ぶ場合もある（最広義の環境税）。

こうした状況を踏まえ，現在の環境税を巡る論議は，① 環境負荷への価格づけとしての環境税，② 汚染者負担原則に即した費用負担ルールとしての環境税，③ 税制のグリーン化など税制全体のなかでの環境税の三つのタイプに分類されて議論が行われている（中央環境審議会 2005）。

① は，多義的に用いられている環境税の中でも，環境負荷に対して価格付けを行うことにより環境負荷行為に伴う環境汚染による外部費用を内部化し，経済活動を環境保全の観点から望ましい方向へ促す機能（環境保全のためのインセンティブ機能）を最重要視する立場である。このタイプは，価格メカニズムを用いて社会全体の経済活動のグリーン化を図ろうとするものであることから，当該環境施策の実施主体や対象となる市場の規模を考慮して制度設計されることとなる。たとえば，地球温暖化対策としての環境税，すなわち，炭素税の場合は，全国単位での租税，すなわち，国税または全国一律の地方税として，また，廃棄物対策としての産業廃棄物税の場合は，全国単位での租税または処理

施設を管轄する行政主体などの単位で導入することが望ましいといえる。

②は,多義的に用いられている環境税のなかでも,OECDが1972年に確立した「汚染者負担の原則」に基づき,社会共通の環境保全費用を汚染者に負担させ,かつ,環境保全費用を汚染者間に公正に配分させる機能(汚染者負担に基づく環境保全費用の財源調達機能)を最重要視する立場である。このタイプは,環境保全費用の財源を調達することが目的であることから,当該環境保全施策の執行主体や執行エリアを考慮して制度設計されることとなる。たとえば,河川の水質汚濁対策については河川の流域を管轄する行政主体,水源林の荒廃対策については水源林の植生エリアを管轄する行政主体の単位で環境税を導入することが望ましいといえる。

③は,既存税制のグリーン化を含め,環境保全の観点に基づいて課税する租税を広く環境税と呼ぶ最広義の環境税の立場である。このタイプは,既存の税制を含めたすべての租税を検討対象とすることから,国税・地方税の区別を問わず,わが国全体の租税体系を環境保全の観点から再構築しようとする立場に立った考え方である。

(2) 課税の根拠・目的による分類

環境税については,外部不経済を内部化して私的限界費用を社会的限界費用に一致させるために税制を活用しようとする見解(提案者の名前をとって「ピグー税」と呼ばれている)や,一定の環境目標を費用効果的に達成するために税制を活用しようとする見解(提案者の名前をとって「ボーモル=オーツ税」と呼ばれている)など,環境保全のためのインセンティブ機能を最重要視する立場から議論されてきた(中央環境審議会 2005)。しかし,環境税は,環境保全対策における経済的手法の一種ではあるが,租税である以上,租税の基本的機能である公共サービスの財源調達機能を備える必要がある(金子 2006;9-10,神野 2002;151)。租税法学的には,環境税の第1の目的は,あくまでも税収獲得という租税本来の財政目的であり,環境保全という政策目的は,第1の目的を踏まえたうえでの副次的な目的と位置づけられなければならない(中里 2002;31-33)。

このように，現在導入されている環境税には，①租税の基本的機能の観点に基づく「環境保全費用の財源調達機能」と，②環境保全対策における経済的手法の観点に基づく「環境保全のためのインセンティブ機能」という二つの性格が内在している（諸富 2000；3-4,財団法人自治総合センター 2001；12）。

(3) 負担原則による分類

環境税の有する二つの性格のうち，「環境保全のためのインセンティブ機能」は，環境負荷行為に対する課税により，外部費用を内部化し，経済活動を環境保全の方向へ促すことを目的としている。また，「環境保全費用の財源調達機能」は，環境政策上の費用負担原則である「汚染者負担の原則」に基づき，環境保全費用を汚染者に負担させ，環境保全費用を汚染者間に公正に配分させることを目的としている（諸富 2000；29-31,中央環境審議会 2005）。したがって，環境税は，いずれの機能からも，環境に負荷を与えるマイナスの財（バッズ）への課税が当然の前提とされている。

環境税が有する「環境保全のためのインセンティブ機能」はバッズへの課税が大前提とされていることから，この機能の強い環境税は，対象とするバッズの量が課税標準とされている。実際，現在導入されている産業廃棄物税はいずれも「産業廃棄物の重量」が課税標準とされている。

一方，環境税が有する「環境保全費用の財源調達機能」は「汚染者負担の原則」に基づきバッズへ課税し，環境保全費用を汚染者（原因者）に負担させようとするものである。しかし，工場・工作所などの固定排出源や自動車・トラックなどの移動排出源に起因する大気汚染や，工場廃水・生活排水に起因する水質汚濁など，環境汚染の原因者が広範にわたり，その因果の程度が個々の原因者ごとに特定できない場合は，「汚染者負担の原則」に基づき「環境保全費用の財源調達」を図ることは，制度設計上，困難である。

こうした場合の負担原則として提唱されているのが「応益的共同負担の原則」である。水源涵養税の検討に全国に先駆けて着手した神奈川県の検討機関である神奈川県地方税制等研究会・生活環境税制専門部会の部会長であった金

澤史男教授（横浜国立大学大学院教授）は，この「応益的共同負担の原則」について，「特別な環境保全施策により，幅広く住民が利益を受ける場合に，受益者負担の考えを支える実体的関係に配慮して適切な課税標準を選びながら，施策に要する費用を税により住民が幅広く共同負担するということである」と説明している（金澤 2003；188）。「応益的共同負担原則」は，環境汚染の原因が多岐にわたる場合は，環境汚染の原因者が広範にわたり，その因果の程度が個々の原因者ごとに特定できないことから，環境保全施策によって利益を受ける者によってその費用を広く共同で負担しようという考えに基づく負担原則である。

2．地方環境税の現状

(1) 産業廃棄物税の概要

2006年4月1日現在，産業廃棄物税は25の自治体で条例が成立しており，その概要は表 4-1 のとおりである。以下，表 4-1 に基づき，各産業廃棄物税の特徴を検討する。

表 4-1：各自治体の産業廃棄物税の概要

2006年4月1日現在

団体名	税目名	施行日	課税標準	納税義務者	徴収方法	申告義務者	税率
三重県	産業廃棄物税	2002年4月1日	最終処分場への搬入：産業廃棄物の重量 中間処理施設への搬入：産業廃棄物の重量に処理係数を乗じて得た重量	産業廃棄物を最終処分場又は中間処理施設へ搬入する事業者	申告納付	排出事業者	1,000円／トン
岡山県	産業廃棄物処理税	2003年4月1日	最終処分場へ搬入される産業廃棄物の重量	最終処分場に搬入される産業廃棄物の排出事業者及び中間処理業者	特別徴収	最終処理業者	1,000円／トン
広島県	産業廃棄物埋立税	2003年4月1日	最終処分場へ搬入される産業廃棄物の重量	最終処分場に搬入される産業廃棄物の排出事業者及び中間処理業者	特別徴収	最終処理業者	1,000円／トン
鳥取県	産業廃棄物処分場税	2003年4月1日	最終処分場へ搬入される産業廃棄物の重量	最終処分場に搬入される産業廃棄物の排出事業者及び中間処理業者	特別徴収	最終処理業者	1,000円／トン
北九州市	環境未来税	2003年10月1日	最終処分場において埋立処分される産業廃棄物の重量	最終処分場において埋立処分される産業廃棄物の最終処分業者及び自家処分業者	申告納付	最終処理業者	1,000円／トン

青森県 岩手県 秋田県	産業廃棄物税	2004年1月1日	最終処分場へ搬入される産業廃棄物の重量	最終処分場に搬入される産業廃棄物の排出事業者及び中間処理業者	特別徴収	最終処理業者	1,000円／トン
滋賀県	産業廃棄物税	2004年1月1日	最終処分場への搬入：産業廃棄物の重量 中間処理施設への搬入：産業廃棄物の重量に処理係数を乗じて得た重量	産業廃棄物を最終処分場又は中間処理施設へ搬入する事業者	申告納付	排出事業者	1,000円／トン
奈良県	産業廃棄物税	2004年4月1日	最終処分場へ搬入される産業廃棄物の重量	産業廃棄物の排出事業者及び中間処理業者	特別徴収	最終処理業者	1,000円／トン
山口県	産業廃棄物税	2004年4月1日	最終処分場へ搬入される産業廃棄物の重量	産業廃棄物の排出事業者及び中間処理業者	特別徴収	最終処理業者	1,000円／トン
新潟県	産業廃棄物税	2004年4月1日	最終処分場へ搬入される産業廃棄物の重量	産業廃棄物の排出事業者及び中間処理業者	特別徴収	最終処理業者	1,000円／トン
京都府	産業廃棄物税	2005年4月1日	最終処分場へ搬入される産業廃棄物の重量	産業廃棄物の排出事業者及び中間処理業者	特別徴収	最終処理業者	1,000円／トン
宮城県	産業廃棄物税	2005年4月1日	最終処分場へ搬入される産業廃棄物の重量	産業廃棄物の排出事業者及び中間処理業者	特別徴収	最終処理業者	1,000円／トン
島根県	産業廃棄物減量税	2005年4月1日	最終処分場へ搬入される産業廃棄物の重量	産業廃棄物の排出事業者及び中間処理業者	特別徴収	最終処理業者	1,000円／トン
福岡県 佐賀県 長崎県 大分県 鹿児島県	産業廃棄物税	2005年4月1日	焼却施設及び最終処分場へ搬入される産業廃棄物の重量	産業廃棄物の排出事業者及び中間処理業者	特別徴収	最終処理業者及び焼却処理業者	焼却施設：800円／トン 最終処分場：1,000円／トン
宮崎県	産業廃棄物税	2005年4月1日	焼却施設及び最終処分場へ搬入される産業廃棄物の重量	産業廃棄物の排出事業者及び中間処理業者	特別徴収	最終処理業者及び焼却処理業者	焼却施設：800円／トン 最終処分場：1,000円／トン
熊本県	産業廃棄物税	2005年4月1日	最終処分場へ搬入される産業廃棄物の重量	産業廃棄物の排出事業者及び中間処理業者	特別徴収	最終処理業者	1,000円／トン
福島県	産業廃棄物税	2006年4月1日	最終処分場へ搬入される産業廃棄物の重量	産業廃棄物の排出事業者及び中間処理業者	特別徴収	最終処理業者	1,000円／トン
愛知県	産業廃棄物税	2006年4月1日	最終処分場へ搬入される産業廃棄物の重量	産業廃棄物の排出事業者及び中間処理業者	特別徴収	最終処理業者	1,000円／トン
沖縄県	産業廃棄物税	2006年4月1日	最終処分場へ搬入される産業廃棄物の重量	産業廃棄物の排出事業者及び中間処理業者	特別徴収	最終処理業者	1,000円／トン

（出典）総務省ホームページに基づき作成。

1) 申告義務者による分類

産業廃棄物税は，まず，申告義務者の違いによって，「排出事業者申告方式」と「最終処理業者申告方式」に大別される。

この方式の違いは，既存の流通税における「庫出課税方式」と「引取課税方式」の違いに該当する。たとえば，揮発油（ガソリン）・軽油（ディーゼル）などの燃料は，通常，元売業者から出荷され，特約業者・販売業者を通じて，消費者に販売されており，こうした燃料の流通過程を踏まえ，国税である揮発油税は，上流課税方式である「庫出課税方式」を，地方税である軽油引取税は，下流課税方式である「引取課税方式」を採用している。

産業廃棄物の場合は，通常，排出事業者から中間処理施設を通じて最終処分場へ搬入されるか，または，排出事業者から直接，最終処分場へ搬入されるという流れをたどっている。「排出事業者申告方式」は，課税庁の管轄エリア内に所在する最終処分場へ産業廃棄物を搬入する者に産業廃棄物税の申告義務を負わせる方式であり，流通税における「庫出課税方式」といえる。一方，「最終処理業者申告方式」は，課税庁の管轄エリア内に所在する最終処分場において産業廃棄物の処分行為を行う者に産業廃棄物税の申告義務を負わせる方式であり，流通税における「引取課税方式」といえる。

ただし，注意すべきは，既存の流通税の場合は，販売段階ごとに関係者（引取者）の数が増加するが，産業廃棄物税の場合は，搬入段階ごとに関係者（引取者）の数が減少するという点である。すなわち，既存の流通税の場合は，上流課税方式である「庫出課税方式」を採ると納税義務者数は比較的少数であるが，産業廃棄物税の場合は，逆に，上流課税方式である「排出事業者申告方式」を採ると納税義務者数は膨大となるのである。

したがって，「排出事業者申告方式」は，膨大な数の排出事業者が自ら申告・納税義務を負うこととなるので，環境税としてのインセンティブ機能（産業廃棄物の排出抑制機能）が高いというメリットがある反面，膨大な数に上る納税義務者の納税手続事務を軽減するための制度が必要となる。このため，「排出事業者申告方式」を採用している三重県と滋賀県においては，小規模排出事業者の納税義務を免除するため，免税点（それぞれ，年間1,000トン未満及び500トン未満）が設けられている。これは，消費税において「小規模事業者」の納税義務が免除されていること（消費税法第9条）と同様の趣旨で設けられているものである。

2) 納税義務者による分類

次に，「最終処理業者申告方式」は，納税義務者の規定方式の違いにより，「最終処理業者申告納付方式」と「最終処理業者特別徴収方式」に分けられる。ここでいう，申告納付とは，税法（条例）上の納税義務者が課税標準量や税額

などを課税庁に申告するとともに，納税義務者自身が課税庁に税を納める方式である。一方，特別徴収とは，地方税の賦課徴収方式の一つとして地方税法で規定されている方式であり，税法（条例）で税の徴収について便宜を有する者を特別徴収義務者として指定し，この指定された特別徴収義務者が，納税義務者から税を徴収したうえで，課税標準量や税額などを課税庁に申告するとともに，その徴収した税を課税庁に納める方式である。

「最終処理業者申告納付方式」は，最終処分場における最終処理業者を直接の納税義務者とする方式であり，理論的には，最終処理業者の最終処分行為をバッズに位置づける税制といえる。一方，「最終処理業者特別徴収方式」は，最終処分場に搬入される産業廃棄物の排出事業者及び中間処理業者を納税義務者，最終処理業者を特別徴収義務者とする方式であり，理論的には，産業廃棄物の排出事業者の排出行為をバッズに位置づける税制といえる。

このように両方式はそれぞれ異なった仕組みを採用しているが，「最終処理業者申告納付方式」であっても，最終処理業者が負担した税額が処理費用に含まれ，最終的には，全額，排出事業者に転嫁されると考えれば，産業廃棄物税の実質的な負担者は排出事業者となることから，事実上，両方式の区別は相対化される。これは，消費税において，「資産等の譲渡を行う事業者」，すなわち，小売業者等が納税義務者に位置づけられているが（消費税法第5条），この小売業者等は自らが負担する消費税額を含めた価格で商品を販売しており，実質的には，商品の購入者である最終消費者が消費税の負担者となることと同様である。

3) 中間処理施設の取り扱い
㋐ 排出事業者申告方式の場合
「排出事業者申告方式」では，産業廃棄物を搬入する処理施設の違いに応じて課税標準量を算出しなければならない。なぜなら，途中で，中間処理施設を経由する場合は，当該中間処理施設における中間処理によって，産業廃棄物の重量が減量されたうえで，最終処分場に搬入されることから，直接，最終処分

場へ搬入される場合と比べ，環境に与える負荷は小さく，「課税の公平」の観点から，税負担の調整を行う必要があるためである（諸富 2003；19，倉坂 2003；9-10）。そこで，「排出事業者申告方式」を採用している三重県と滋賀県においては，あらかじめ，中間処理施設の区分（焼却施設，脱水施設，乾燥施設など）に応じて減量化比率を測定し，これに基づいて，条例で中間処理施設の区分ごとの「処理係数」を規定している。各納税義務者は，この処理係数を用いて中間処理施設搬入分に関する課税標準の調整を行い，課税庁へ申告する仕組みを採用している。

このように「排出事業者申告方式」には，搬入先の処理施設の区分に応じた課税標準量の調整が必要となり，納税事務手続が煩雑になるといったデメリットがある。多くの自治体が，環境税としてのインセンティブ機能が最も高い方式である「排出事業者申告方式」ではなく，「最終処理業者申告方式」を採用する理由は，この点にあると考えられる。

(イ) 最終処理業者申告方式の場合

「最終処理業者申告方式」では，排出事業者から直接，最終処分場に搬入される場合と中間処理施設を経由して最終処分場に搬入される場合とが同じ税率である。したがって，最終的に税負担が転嫁される排出事業者にとっては，最終処分場への搬入量が減量でき，これに伴い税負担を軽減できる中間処理施設，なかでも減量化比率が最も高い「焼却処理施設」（減量化比率：0.1～0.2）へ搬入しようとする強いインセンティブが働く。しかし，産業廃棄物のリサイクルを推進する観点からは，「焼却処理施設」への搬入は好ましいことではない。そこで，このリサイクルの観点も踏まえ，中間処理施設を「焼却処理施設」と「その他の中間処理施設」に区分し，「焼却処理施設」への搬入については，減量化比率を考慮したうえで，「最終処分場」とは別に，課税の対象とする方式が，「最終処理業者・焼却処理業者特別徴収方式」である。ここで減量化比率を考慮するのは，「焼却処理施設」での焼却処理後の残渣が最終処分場に搬入される際にも課税対象となる「二重課税」の問題を回避するための措置であ

る。具体的には,「最終処理業者・焼却処理業者特別徴収方式」を採用している自治体の産業廃棄物税にあっては,最終処分場への搬入分に対する税率は1,000円／トンであるのに対し,焼却処理施設への搬入分に対する税率は,焼却処理施設における残渣率が最高でも20％であることを踏まえ,800円（1,000円×（1－0.2）／トンという制度を設計し,二重課税の問題の回避を図っている（諸富 2003；22-23, 倉坂 2003）。

このように,「最終処理業者・焼却処理業者特別徴収方式」は,産業廃棄物の搬入抑制を主たる目的とする産業廃棄物税に,「リサイクルの観点」を加味した方式といえる。この方式には,「最終処分場」への直接搬入よりも「中間処理施設」を経由した搬入へ,「中間処理施設」の中でも「焼却処理施設」への搬入よりも「その他の中間処理施設」への搬入へと産業廃棄物の流れを誘引する機能が備わっているという特徴がある。

以上を踏まえると,現行の産業廃棄物税は次の四つのタイプに分類でき,その概要は表 4-2 のとおりである。
　① 排出事業者を納税義務者とし,排出事業者自身に申告納付義務を負わせる「排出事業者申告納付方式」
　② 最終処分場における最終処理業者を納税義務者とし,最終処理業者自身に申告納付義務を負わせる「最終処理業者申告納付方式」
　③ 排出事業者及び中間処理施設における中間処理業者を納税義務者とするものの,最終処分場における最終処理業者を特別徴収義務者とし,最終処理業者に申告納入義務を負わせる「最終処理業者特別徴収方式」
　④ 排出事業者及び焼却処理施設以外の中間処理施設における中間処理業者を納税義務者とするものの,最終処分場における最終処理業者及び焼却処理施設における焼却処理業者を特別徴収義務者とし,最終処理業者及び焼却処理業者に申告納入義務を負わせる「最終処理業者・焼却処理業者特別徴収方式」

表 4-2：産業廃棄物税の分類

2006年4月1日現在

区　　分	納税義務者	特別徴収義務者	申告義務者	該 当 団 体
排出事業者 申告納付方式	排出事業者	—	排出事業者	三重・滋賀
最終処理業者 申告納付方式	最終処理業者	—	最終処理業者	北九州
最終処理業者 特別徴収方式	排出事業者及び 中間処理業者	最終処理業者	最終処理業者	岡山・広島・鳥取・ 青森・岩手・秋田・ 奈良・山口・新潟・ 京都・宮城・島根・ 熊本・福島・愛知・ 沖縄
最終処理業者・ 焼却処理業者 特別徴収方式	排出事業者及び 焼却処理業者以 外の中間処理業 者	最終処理業者 焼却処理業者	最終処理業者 焼却処理業者	福岡・佐賀・長崎・ 大分・鹿児島・宮崎

(2) 水源涵養税の概要

2006年4月1日現在，水源地域の水源涵養機能を高めることを目的に導入されている水源涵養税は18の自治体で条例が成立しており，その概要は表 4-3 のとおりである。以下，表 4-3 に基づき，各水源涵養税の特徴を検討する。

1) 課税方式による分類

水源涵養税は，2003年4月に高知県で最初に導入され，その後，17県で導入されている。これらの課税方式はいずれも「県民税超過課税方式」を採用しているが，高知県を始め，水源涵養税構想を先駆的に検討してきた神奈川県，岡山県などでは，この「県民税超過課税方式」と並んで「水道使用量に基づく法定外目的税方式」が検討されてきた。

「県民税超過課税方式」とは，これまで地方自治体の課税自主権の一方策として地方税法において認められてきた超過課税措置を活用し，地方税法の法定

第4章 地方環境税の分類と徴税権を巡る自治体間調整　151

表 4-3：各自治体の水源涵養税の概要

2006年4月1日現在

団体名	通称	成立時期	施行日	納税義務者	超過課税の対象	超過税率	税収規模	施策目的	主たる事業
高知県	森林環境税	2003年2月議会	2003年4月1日	個人	個人県民税(均等割)	500円増	1億5,000万円	森林保全	○県民参加の森づくり推進事業 ○森林環境緊急保全事業
				法人	法人県民税(均等割)	500円増			
岡山県	おかやま森づくり県民税	2003年12月議会	2004年4月1日	個人	個人県民税(均等割)	500円増	3億3,100万円	森林保全	○森林活動促進支援事業 ○森林管理支援事業
				法人	法人県民税(均等割)	5％増			
鳥取県	森林環境保全税	2004年2月議会	2005年4月1日	個人	個人県民税(均等割)	300円増	1億円	森林保全	○環境の森整備事業 ○県民参加の森づくり推進事業
				法人	法人県民税(均等割)	3％増			
鹿児島県	森林環境税	2004年6月議会	2005年4月1日	個人	個人県民税(均等割)	500円増	3億8,000万円	森林保全	○森林を理解するための普及啓発事業 ○公益的機能向上の森林整備事業
				法人	法人県民税(均等割)	5％増			
島根県	水と緑の森づくり税	2004年12月議会	2005年4月1日	個人	個人県民税(均等割)	500円増	1億9,500万円	森林保全	○県民参加の森づくり事業 ○緑豊かな森の再生事業 ○森の恵みの身近な活用事業
				法人	法人県民税(均等割)	5％増			
愛媛県	森林環境税	2004年12月議会	2005年4月1日	個人	個人県民税(均等割)	500円増	3億5,600万円	森林保全	○森林環境保全事業 ○森林共生文化創造事業
				法人	法人県民税(均等割)	5％増			
山口県	やまぐち森林づくり県民税	2005年2月議会	2005年4月1日	個人	個人県民税(均等割)	500円増	3億8,000万円	森林保全	○健全で多様な森林づくり推進事業 ○県民協働による森林づくり推進事業 ○森林資源使用促進事業
				法人	法人県民税(均等割)	5％増			
熊本県	水とみどりの森づくり税	2005年2月議会	2005年4月1日	個人	個人県民税(均等割)	500円増	4億2,000万円	森林保全	○森林ボランティア活動支援事業 ○森林環境教育推進事業
				法人	法人県民税(均等割)	5％増			
福島県	森林環境税	2005年2月議会	2006年4月1日	個人	個人県民税(均等割)	1,000円増	10億円	森林保全	○森林との共生関係の形成事業 ○森林環境保全事業 ○市町村への森林環境保全支援事業
				法人	法人県民税(均等割)	10％増			
奈良県	森林環境税	2005年2月議会	2006年4月1日	個人	個人県民税(均等割)	500円増	3億円	森林保全	○里山林の機能回復整備事業 ○森林を守るための普及・啓発事業
				法人	法人県民税(均等割)	5％増			
兵庫県	県民緑税	2005年2月議会	2006年4月1日	個人	個人県民税(均等割)	800円増	21億円	森林保全	○森林整備事業 ○都市緑化推進事業
				法人	法人県民税(均等割)	10％増			

県	税名	議決	施行日	個人/法人	税目	税率	税収	使途	事業
大分県	森林環境税	2005年2月議会	2006年4月1日	個人	個人県民税(均等割)	500円増	2億9,000万円	森林保全	○森林環境保全事業 ○県民意識醸成事業
				法人	法人県民税(均等割)	5％増			
滋賀県	琵琶湖森林づくり県民税	2005年6月議会	2006年4月1日	個人	個人県民税(均等割)	800円増	6億円	森林保全	○環境を重視した森林づくり事業 ○県民協働による森林づくり事業
				法人	法人県民税(均等割)	11％増			
神奈川県	水源環境保全税	2005年9月議会	2007年4月1日	個人のみ	個人県民税(均等割)	300円増	38億円	水源環境保全	○森林・河川・地下水の保全・再生事業 ○水質汚濁負荷軽減事業 ○施策を推進する仕組みづくり事業
					個人県民税(所得割)	0.032％増			
岩手県	いわての森林づくり県民税	2005年12月議会	2006年4月1日	個人	個人県民税(均等割)	1,000円増	7億円	森林保全	○環境重視の森林づくり事業 ○森林との共生事業
				法人	法人県民税(均等割)	10％増			
静岡県	森林づくり県民税	2005年12月議会	2006年4月1日	個人	個人県民税(均等割)	400円増	8億4,000万円	森林保全	○人工林再生整備事業 ○竹林・広葉樹林再生整備事業 ○県民広報事業
				法人	法人県民税(均等割)	5％増			
和歌山県	紀の国森づくり税	2005年12月議会	2007年4月1日	個人	個人県民税(均等割)	500円増	2億6,000万円	森林保全	○荒廃森林の整備事業 ○森林の啓発活動事業
				法人	法人県民税(均等割)	5％増			
宮崎県	森林環境税	2006年2月議会	2006年4月1日	個人	個人県民税(均等割)	500円増	2億8,000万円	森林保全	○県民の理解と参画による森林づくりの推進 ○公益的機能を重視した森林づくりの推進
				法人	法人県民税(均等割)	5％増			

(注1) 個人県民税（均等割）の標準税率は，年1,000円。
(注2) 法人県民税（均等割）の標準税率は，資本等の金額の区分に応じて，年2万円～80万円。
(注3) 神奈川県の個人県民税（所得割）の超過税率は，課税所得700万円以下の部分（標準税率2％）にのみ適用。
(出典) 各県のホームページ等に基づき作成。

税目である県民税の通常の税率に上乗せして，水源涵養税の賦課徴収を行う方式である。この方式は，既存の課税システムを活用できる点で，課税事務が簡素で初期コストが少なくて済むといったメリットがある反面，既存の県民税に上乗せして課税されることから，水源涵養に対する啓発効果が低いなどのデメリットを有している（神奈川県地方税制等研究会 2003；37）。

一方，「水道使用量に基づく法定外目的税方式」とは，2000年4月に施行された地方分権一括法によって，地方自治体の課税自主権を拡充するために導入された法定外目的税の制度を活用し，水道事業者が徴収する水道料金とあわせ

て水道使用量に基づいた水源涵養税の賦課徴収を行う方式である。この方式は，水道の利用と連動した新たな租税を法定外目的税という形式で創設することとなるため，水源涵養に対する啓発効果が高いといったメリットを有する反面，既存の上水道の料金システムを利用することから，上水道普及率の偏在や水道事業者への課税事務負担などのデメリットを有している（神奈川県地方税制等研究会 2003）。

2) 課税要件による分類

現在導入されている水源涵養税の課税方式は，すべて「県民税超過課税方式」であるが，この課税方式は，課税要件である納税義務者・課税標準（超過課税の対象）・税率（超過税率）などにより，概ね三つのタイプに分類される。

まず，第1のタイプは，県民税の納税義務者である個人及び法人の双方を納税義務者とし，超過課税の対象は個人及び法人とも県民税の均等割，超過税率は個人及び法人とも同一の額を上乗せする「個人・法人同額超過課税方式」である。この方式は，高知県で採用されており，具体的には，個人県民及び法人県民ともに年500円増の超過課税措置となっている。

次に，第2のタイプは，第1のタイプと同様，個人及び法人の双方を納税義務者とし，超過課税の対象は個人及び法人とも県民税の均等割とするものの，超過税率は個人にあっては同一の額，法人にあっては資本等の金額による法人県民税均等割の区分ごとに同一の率をそれぞれ上乗せする「個人同額・法人同率超過課税方式」である。この方式は，前出の高知県と後出の神奈川県を除く，16県で採用されており，具体的には，個人県民については年300〜1,000円増，法人県民については年3〜11%増の超過課税措置となっている。

最後に，第3のタイプは，第1・2のタイプと異なり，県民税の納税義務者である個人及び法人のうち個人のみを納税義務者とし，超過課税の対象は個人県民税の均等割及び所得割の双方，超過税率は均等割にあっては同一の額，所得割にあっては課税所得700万円以下の部分（平成19年までの個人県民税所得割の標準税率は，課税所得700万円以下の部分が2%，同700万円超の部分が3%とされてい

た）についてのみ一定の率をそれぞれ上乗せする「個人県民税均等割・所得割併用超過課税方式」である。この方式は，神奈川県で採用されており，具体的には，個人県民税均等割については年300円増，個人県民所得割については課税所得700万円以下の部分についてのみ年0.032％増の超過課税措置が2005年9月議会において成立した。しかし，その後，2006年度税制改正において「個人住民税所得割の比例税率化」が図られ，これに伴う地方税法の改正により，個人県民税所得割の税率に関しては，「当該定める率は，一の率でなければならない」こととされたことから（改正後の地方税法第35条後段），神奈川県では，2006年6月県議会において，「課税所得700万円以下と700万円超の区分」の設定を廃止のうえ，超過税率を「年0.032％増から年0.025％増」へ変更する県税条例の改正が行われている。

　これまで都道府県レベルにおける超過課税措置の大半は法人二税（法人都道府県民税及び法人事業税）に対するものであり，選挙権を有する個人住民が納税義務者とされる個人住民税に対する超過課税は行われておらず，このことが国の「地方不信論」の根拠とされてきたところである。2003年に高知県が最初に水源涵養税を導入したことにより個人住民税の「均等割」に対する超過課税措置を行う事例が生まれ，神奈川県の水源涵養税の導入により，個人住民税の税収の大宗を占める「所得割」に対する超過課税措置を行う事例が生まれることとなった。地域固有の行政需要に関する費用負担のあり方について自治体が直接，選挙権を有する個人住民と議論し，最終的に，個人住民への負担の増加を伴う自治体固有の地方税制を創設したこれらの事例は，分権型社会における財政民主主義を実践するリーディングケースといえる。

　3）　使途（施策目的）による分類
　水源涵養税は，インセンティブ効果による環境負荷の抑制を主たる目的とする産業廃棄物税とは異なり，地域における水源涵養機能を保全・再生するため，新たな税制措置を活用することによって得られる税収を環境保全対策に支出することで環境改善を行うこと，すなわち，環境保全事業の財源確保を主た

る目的としている租税である。したがって，現在導入されている水源涵養税は，いずれも各県における水源涵養機能を保全・再生する施策を推進するため，その財源確保を目的として導入されているが，その主たる施策目的の違いにより，二つのタイプに大別できる（髙井 2005；74-77）。

まず，第1のタイプは，地域における水源涵養機能の中でも，森林がもつ健全な水源涵養機能の保全・再生を主たる施策目的とし，主として水源地域における森林整備事業を税収の使途とするタイプであり，通常，「森林環境税」と呼ばれている。このタイプには，神奈川県を除く17県が該当し，いずれの県においても，施策の目的は「森林保全」に置かれ，税収が充当される主たる事業は「森林整備に関する事業」とされている。

一方，第2のタイプは，地域における水源涵養機能の中でも，自然がもつ健全な水循環機能の保全・再生を主たる施策目的とし，河川の上流域である水源地域から下流域の都市地域を含めた流域全体における水量の安定的確保及び水質の保全に関する総合的な事業を税収の使途とするタイプであり，通常，「水源環境税」と呼ばれている。このタイプには，現在，神奈川県のみが該当し，その施策の目的は「水源環境保全」に置かれており，税収が充当される事業は，「水質汚濁防止を含めた森林・河川・地下水の保全に関する事業」とされている。この水源環境税のタイプは，「森林整備に関する事業」の財源確保を目的とする森林環境税と異なり，総合的な施策体系をつくり上げ，森林保全は水循環機能を守るための方法論の一つとしてとらえている点に特色があり（髙井 2006；132-33），この点を反映して，税収の規模も森林環境税を採用している他の17県と比べ大きくなるといった特徴を有している。

以上を踏まえると，現行の水源涵養税は次の三つのタイプに分類でき，その概要は表 4-4 のとおりである。

① 森林保全事業の財源確保を目的に，県民税の納税義務者である個人及び法人の双方を納税義務者とし，超過課税の対象は個人及び法人とも県民税の均等割，超過税率は個人及び法人とも同一の額を上乗せする「個人・法人同額超

過課税方式」

② 森林保全事業の財源確保を目的に，個人及び法人の双方を納税義務者とし，超過課税の対象は個人及び法人とも県民税の均等割とするものの，超過税率は個人にあっては同一の額，法人にあっては資本等の金額による法人県民税均等割の区分ごとに同一の率をそれぞれ上乗せする「個人同額・法人同率超過課税方式」

③ 水源環境保全事業の財源確保を目的に，県民税の納税義務者である個人及び法人のうち個人のみを納税義務者とし，超過課税の対象は個人県民税の均等割及び所得割の双方，超過税率は均等割にあっては同一の額，所得割にあっては同一の率をそれぞれ上乗せする「個人県民税均等割・所得割併用超過課税方式」

表 4-4：水源涵養税の分類

2006年4月1日現在

区　分	納税義務者	対象税目等	施策目的	該当団体
個人・法人同額超過課税方式	個人・法人	個人の均等割（500円増） 法人の均等割（500円増）	森林保全	高知
個人同額・法人同率超過課税方式	個人・法人	個人の均等割（同額：団体により300〜1,000円増） 法人の均等割（資本等の金額の区分に応じて同率：団体により3〜11%増）	森林保全	岡山・鳥取・鹿児島・島根・愛媛・山口・熊本・福島・奈良・兵庫・大分・滋賀・岩手・静岡・和歌山・宮崎
個人県民税均等割・所得割併用超過課税方式	個人のみ	個人の均等割（300円増） 個人の所得割（0.025%増）	水源環境保全	神奈川
（参考）法定外目的税方式	個人・法人	水道使用量に基づく額（水道使用量×立米当りの率）	水源環境保全	＜該当なし＞

3．地方環境税の徴税権を巡る自治体間調整

(1) 産業廃棄物税の場合

　産業廃棄物税は，産業廃棄物という環境に負荷を与えるマイナスの財（バッズ）の域内への移入抑制を主たる目的として課税され，その税収を産業廃棄物の対策費に充当する租税である。たとえば，この税を最初に導入した三重県の産業廃棄物税条例の第1条は，「産業廃棄物の発生抑制，再生，減量その他適正な処理に係る施策に要する費用に充てるため，産業廃棄物税を課する」と規定し，三重県における産業廃棄物税の課税の根拠を謳っている。

　廃棄物対策の根拠法である「廃棄物の処理及び清掃に関する法律」は，産業廃棄物の処理に関し，事業者の自己処理とともに自治体の処理事務を規定しており（第11条），これに基づき，現在の産業廃棄物行政は都道府県を中心に執行されている。また，同法第13条は，「都道府県又は市町村は，産業廃棄物の処理施設の設置その他当該都道府県又は市町村が行なう産業廃棄物の収集，運搬及び処分に要する費用を，条例で定めるところにより，徴収するものとする」と規定し，自治体における産業廃棄物対策費の徴収の必要性を定めている。こうした産業廃棄物行政の実態を踏まえ，産業廃棄物対策費用の調達手段の一種として，法定外目的税である産業廃棄物税が都道府県を中心に導入されているといえる。

1) 国との調整

　法定外目的税は，地方分権一括法による地方税法の改正によって新設された制度である（同法第731条から第733条の27）。法定外目的税とは，地方税法で法定されていない租税（法定外税）のうち，その使途が特定されている租税であり，総務大臣の同意を得たうえで創設することが許されている。総務大臣は，① 国税または他の地方税と課税標準を同じくし，かつ，住民の負担が著しく

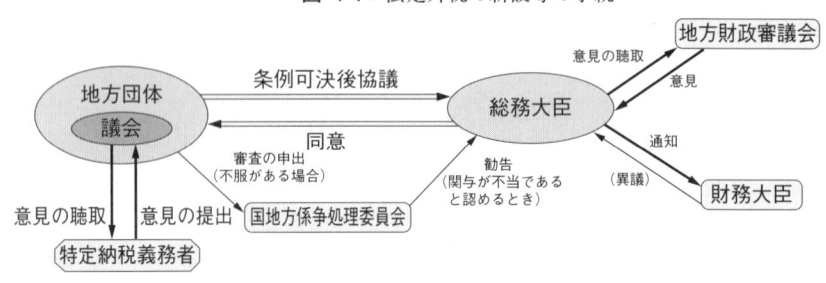

fig 4-1：法定外税の新設等の手続

(出典) 総務省ホームページ。

過重となること，② 地方団体間における物の流通に重大な障害を与えること，③ 上記 ① 及び ② のほか，国の経済施策に照らして適当でないことのいずれかがあると認める場合を除き，総務大臣はこれに同意しなければならないこととされており（地方税法第733条），その手続は，図 4-1 に示すとおりである。したがって，産業廃棄物税は，法定外目的税として創設されている以上，その創設にあたり，国（総務大臣）と事前の調整を必要とする。

2) 自治体間の調整

このように法定外目的税である産業廃棄物税は，国の同意を条件に各自治体の意思に基づき創設することが可能であるが，その課税客体である産業廃棄物は，元々，自治体の行政区域にかかわらず広域的に取引されている。したがって，近隣の自治体が産業廃棄物税を導入した場合は，産業廃棄物税を導入していない自治体への産業廃棄物の搬入が増加するといった課題も生じている。こうした課題に対応するため，東北地方の青森県・岩手県・秋田県では，共同で産業廃棄物税の導入を図っている（倉坂 2003；6）。また，九州地方の福岡県・佐賀県・長崎県・大分県・鹿児島県では，共同で産業廃棄物税の導入を行うとともに，残る宮崎県・熊本県とも同時に施行を行っている（倉坂 2003；8）。これらは，産業廃棄物税の徴税権を巡る自治体間の水平的調整の事例である。

また，広域的自治体と基礎的自治体の間で徴税権に関する調整が必要とされる事例も生じている。福岡県では，県内の基礎的自治体である北九州市が先行

して産業廃棄物税を導入していたことから，北九州市の産業廃棄物税との二重課税を回避するため，「北九州市に所在する最終処分場への（産業廃棄物の）搬入」を課税免除する措置を講じている（福岡県産業廃棄物税条例施行規則第16条第1号）。これは，産業廃棄物税の徴税権を巡る自治体間の垂直的調整の事例である（諸富 2003；22-23，倉坂 2003；10）。

産業廃棄物税は，こうした水平的・垂直的な自治体間調整を経ながらも，2006年4月1日現在で，すでに25の自治体で導入されている。これは，分権型社会における課税自主権の活用事例として高く評価できる。しかし，その賦課徴収の手続は自治体ごとに四つの方式が用いられており，申告義務を負う住民（事業者）の立場に立てば，賦課徴収手続が統一化され，納税事務手続が軽減されることが望ましい。そこで，自治体の課税自主権の強化と住民の納税事務手続の簡素化を同時に図るべく，都市計画税（地方税法第702条）や水利地益税（同法第703条）などと同様，産業廃棄物税を法定任意税（地方税法によって賦課徴収の手続が法定されているが，課税の有無を自治体の判断に委ねる地方税）として制度化する段階に至っているのではないかと考えられる。

(2) 水源涵養税の場合

水源涵養税は，域内の水源涵養機能の保全・再生を進めることを目的として，その税収を水源涵養に関する環境保全事業に充てる租税である。たとえば，この税を最初に導入した高知県の県税条例は，その附則第33条において，「森林環境の保全に係る県民税の均等割の税率の特例」として，個人及び法人の県民税の均等割の税率をそれぞれ500円上乗せする旨を規定している。

1) 国との調整

水源涵養税の課税方式としては，これまで各自治体では，「県民税超過課税方式」と「水道使用量に基づく法定外目的税方式」の二つの方式が検討されてきた。このうち，水道使用量に基づく法定外目的税方式の場合は，産業廃棄物税と同様，地方税法に基づく法定外目的税として創設する必要があることか

ら，国（総務大臣）と事前の調整を行い，「同意」を得る必要がある。一方，県民税超過課税方式は，地方税法の法定税目である県民税の賦課徴収制度を基に，地方税法が規定する超過課税制度を活用して水源涵養税相当の税額を徴収する方式である。超過課税制度は，「財政上その他の必要があると認める場合」に「通常よるべき税率（標準税率）」を超過した税率を設定して賦課徴収を行う制度であり（地方税法第1条第5号），法人県民税の法人税割については，超過税率の上限（制限税率）が定められている（同法第51条第1項但書）。このように，超過課税を行う場合，目的面での制約はなく，法人県民税の法人税割の超過課税の場合のみ制限税率が設定されている。現在導入されている水源涵養税はすべて県民税超過課税方式であり，しかも，法人県民税の法人税割の超過課税を行うケースはないことから，いずれも自治体独自の判断と責任で導入されているものである。

2) 自治体間の調整

　水源涵養税の納税義務者は，産業廃棄物税と異なり，自己が居住（所在）する課税庁にのみ納税するという特徴を有している。産業廃棄物税の課税標準は「最終処理施設等へ搬入される産業廃棄物の重量」とされていることから，課税対象物の移動性が高く，納税義務者は複数の課税庁に納税する可能性を有しているが，水源涵養税の課税標準は，居住（所在）地における水道使用量（水道使用量に基づく法定外目的税方式の場合）または所得（県民税超過課税方式の場合）であることから，納税義務者はその居住（所在）地の課税庁のみに納税することとなる。したがって，産業廃棄物税の場合のように納税者サイドの納税事務手続を簡素化する観点から，徴税権を巡る自治体間の水平的調整を考慮する必要は元々存在していない。

　しかし，水源涵養税はいずれの方式を採用した場合であっても，制度的に，基礎的自治体である市町村との調整，すなわち，徴税権を巡る自治体間の垂直的調整が必要となる。現在，実際に導入されている「県民税超過課税方式」は，いずれも通常の個人の都道府県民税をベースとして賦課徴収を行うものであ

る。地方税法は，個人の都道府県民税の賦課徴収について，当該都道府県の区域内の市町村が「個人の市町村民税の賦課徴収と併せて行うものとする」と規定しており（同法第41条第1項），現行制度上，都道府県が単独で自らの事務として水源涵養税の賦課徴収を行うことはできない仕組みとなっている。また，当初，検討対象とされた「水道使用量に基づく法定外目的税方式」は，賦課徴収に伴う徴税コストを勘案して，水道事業者が徴収する水道料金と併せて水道使用量に基づいた水源涵養税の賦課徴収を行う方式を想定していた。水道法は「水道事業は，原則として市町村が経営するものとし，市町村以外の者は，給水しようとする区域をその区域に含む市町村の同意を得た場合に限り，水道事業を経営することができるものとする」と規定しており（同法第6条第2項），この方式も現行制度上，基本的には，都道府県が単独で自らの事務として水源涵養税の賦課徴収を行うことはできない仕組みとなっている。このように，水源環境税は，現在導入されている「県民税超過課税方式」であれ，当初検討された「水道使用量に基づく法定外目的税方式」であれ，徴税権を巡る自治体間の垂直的調整が必要となる。

　この自治体間の垂直的調整が活発に行われた事例として，神奈川県の例があげられる。神奈川県は，2001年6月から約2年間，学識者及び経済・労働・環境・NPO等の各団体のメンバーを委員（29名）とする地方税制等研究会生活環境税制専門部会（部会長：金澤史男横浜国立大学大学院教授）において水源涵養税に関する検討を行い，2003年7月，「県民税超過課税方式」と「水道使用量に基づく法定外目的税方式」の両方式を併記する「生活環境税制のあり方に関する検討結果報告書」を取りまとめた。これに対し，神奈川県内で独自に水道事業を営む横浜・川崎・横須賀の3市は，数度にわたり，意見書を神奈川県知事に提出している。まず，3市の水道事業管理者（水道局長）が連名で，2002年9月に「水道利用者に二重負担を強いる水道使用量に基づく法定外目的税方式に反対する」旨の意見書を提出している。また，横須賀市議会は同じく2002年9月に，横浜市議会及び川崎市議会は同年12月に「水道利用者にのみ，さらなる負担を強いる水道使用量に基づく法定外目的税方式での創設は適切でな

く，加えて，景気低迷中の新税の創設は適切ではない」旨の第1回目の意見書を，さらに，3市の市議会は2003年12月に「水道使用量に基づく法定外目的税方式の導入は行わないよう強く要望」する旨の第2回目の意見書を，それぞれ地方自治法第99条に基づき提出している（各市役所水道局のホームページ参照）。

　これら3市の一連の動きをトータルでみると，3市とも市役所内の水道局を中心として「水道使用量に基づく法定外目的税方式」の水源涵養税の創設に反対する運動を展開していたことがうかがえる。3市の市議会は，第1回目の意見書では水源涵養に関する新税の創設自体に反対していた。しかし，第2回目の意見書では，「水道使用量に基づく法定外目的税方式」の水源涵養税の創設にのみ反対しており，「県民税超過課税方式」の水源涵養税の創設には直接的には反対しなかったのである。このように，3市の市議会も最終的には当初の市役所内の水道局と同様の見解，すなわち，「水道利用者に二重負担を強いる水道使用量に基づく法定外目的税方式には反対」というスタンスに変わったという経過をたどることとなった。神奈川県では，このような県内市町村からの度重なる強い意見表明がなされるという状況の下，1年間の長期に及ぶ県議会で審議の結果，2005年10月，全国で唯一の所得割の超過課税を含む「個人県民税均等割・所得割併用超過課税方式」の水源涵養税が成立した。この神奈川のケースは，県内の市議会をも巻き込んで，徴税権を巡る自治体間の垂直的調整が活発に行われた事例である。

3）　施策面での調整

　産業廃棄物行政は，「廃棄物の処理及び清掃に関する法律」に基づき，各自治体がその行政区域内において施策を展開しており，施策の対象エリアと行政区域が一致している。一方，水源涵養に関する環境保全施策の対象エリアは，「森林環境税」タイプの場合は水源地域の森林，「水源環境税」タイプの場合は水源地域の森林を含めた河川流域全体であるが，現在の都道府県の行政区域は，その多くが山の稜線や河川によって区分されており，保全施策が必要とされる対象エリアと行政区域は必ずしも一致していない。森林環境や水源環境の

荒廃は全国的規模で進展しており，これらを保全・再生するためには自治体の行政区域にかかわらず，各水源地域・各流域単位での施策展開が必要となる。この点，水源環境税を創設した神奈川県は，関東地方の都県にあって，唯一，利根川水系に属さず，自己県内の相模川水系及び酒匂川水系の上流に，県民に供給する水道水を貯水するための四つの水がめ（ダム）を有する県であり，保全施策が必要とされる対象エリアと行政区域がほぼ重なっている状況にあったことから，神奈川県単独で水源環境税を創設することが可能であったと考えられる（髙井 2006）。

しかし，最近では，行政区域と保全施策の対象エリアとが一致していない状況の下でも，対象エリアを所管する関係都道府県が連携して施策展開を図る動きも出てきている。四国4県では，2004年から「四国山の日」を制定し，4県が共同で四国の森林環境の保全・再生に取り組む事業が始まっている。これは，森林の多面的機能は県境を越えた山脈単位で発揮されており，「四国全体が一つとなって森林を保全することが必要」との認識の下，4県が連携して，森林保全の先進地域として全国にその取組を情報発信することを目的として行われているものである。この取組は，元々は，水源涵養税を最初に導入した森林率日本一の高知県がその事業の一環として，毎年11月11日を「こうち山の日」と制定していたことを踏まえ，この「こうち山の日」を発展させる形で，同じく毎年11月11日を「四国山の日」として制定したものである（高知県木の文化推進室のホームページ参照）。四国地方の水源涵養税は，2003年の高知県に続き，2005年からは愛媛県でも導入されている。香川県及び徳島県ではいまだに導入されていないものの，施策面での共同の取組として注目される動きである。

おわりに

本章では，2000年4月に施行された地方分権一括法により自己決定権が強化された地方自治制度の下で，社会経済状況の進展とともに変化する住民ニーズ

に的確に応えるために各地の自治体が取り組んでいる事例として，施策部局と税務部局が一体となって取り組んでいる地方環境税について分析を行った。地方環境税は，地域が抱える固有の環境問題を解決するため，環境保全対策における経済的手法の一方策として，地方自治体が有する課税自主権を用いた独自の地方税制である。

「地方税制」は，①国と地方の税源配分に基づき地方税法で規定されている地方税体系全般の意味で用いられる場合と，②地域住民の意思に基づき地方税法が実定化された各々の自治体の税条例の意味で用いられる場合に大別できる。

前者は，国に対する地方の財源面での自己決定権の確保の意味で用いられることから，「地方分権一括法」に基づく国から地方への権限移譲が「団体自治」のカテゴリーに分類されることと同様，財源面での「団体自治」のカテゴリーに分類することができる。具体的には，「三位一体の改革」に基づく国から地方への税源移譲によって充実された「新たな地方税体系」などの意味で用いられている。

後者は，前者に基づき地方税法によって税源配分された各自治体に対する費用負担面での住民意思の反映の意味で用いられることから，「二元代表制」に基づく自治制度が「住民自治」のカテゴリーに分類されることと同様，財源面での「住民自治」のカテゴリーに分類できる。具体的には，地方レベルでの「租税法律主義」である「地方税条例主義」の意味で用いられている（碓井 1999；119）。

この「地方税条例主義」に基づく地方税法の実定化は，「法定税目の標準税率による実定化」を標準としつつも，地方税法で規定された課税自主権を活用した「法定税目の超過税率による実定化」や「法定外税目の創設」など，自治体が住民の意思に基づき独自に固有の地方税体系を実定化することも可能である。「地方税制」はこのような自治体固有の租税体系の意味で用いられる場合もあり，本章のテーマである地方環境税はこの意味での「地方税制」である。これは，「上乗せ・横出し条例」に基づく自治体独自の行政運営が「住民自治」

のカテゴリーに分類されることと同様，自治体独自の財源面での「住民自治」のカテゴリーに分類できる。

地方環境税は，自治体が独自に環境保全対策の財源調達手段として，課税自主権を活用して自治体固有の税制を構築するものである。したがって，自治体独自の施策面での「住民自治」の実践であると同時に，自治体独自の財源面での「住民自治」の実践でもある。これまでも，各地の自治体では地域固有の財政需要に対応するため，住民の意思に基づき，法人住民税・法人事業税・固定資産税などの超過課税措置が採られてきた。しかし，地方環境税は環境保全対策の財源調達手段という性格を有していることから，自治体固有の行政需要とその費用負担の関係がこれまでの超過課税措置と比べ，より密接に結びついている。とりわけ，水源涵養税は，地域固有の環境行政需要に対応するため，自治体が住民の意思に基づき，自らの行政区域に居住（所在）する住民に新たな負担を求める税制である。したがって，水源涵養税が創設される際には，施策と財源の両面で「住民自治」が強く発揮されることとなった。具体的には，高知県や神奈川県など水源涵養税構想を先駆的に検討していた自治体では，「住民である納税者は費用を負担するだけではなく，負担のあり方を検討し，施策の実施や評価，見直しにも参加する仕組み」である「参加型税制」という新たな理念の下で，施策部局と税務部局が一体となって直接，住民との論議を行った（神奈川県監修 2003）。

現行の地方自治制度は，直接請求や住民監査請求など，直接民主主義的な制度が導入されている。しかし，地方選挙の投票率が国政選挙と比べ低調であることに代表されるように，地方自治に対する市民の関心は希薄であるのが現状である。こうした中にあって，地方環境税は，その導入の可否を巡る自治体と住民との真剣な議論を通じて，自治体レベルでの財政民主主義を実践するとともに，住民の自治意識の高揚や自治体職員の一般市民感覚の醸成など，住民と自治体の双方において「自治」に対する意識改革をもたらす契機となっている（髙井 2005；77-79）。その意味では，地方環境税は，分権型社会における「地方自治を実践する場」を提供するという役割をも果たしている。

参 考 文 献

石弘光（1999）『環境税とは何か』岩波書店。
碓井光明（1999）『要説自治体財政・財務法〔改訂版〕』学陽書房。
碓井光明（2003）「産業廃棄物税のあり方について」『廃棄物学会誌』Vol.14, No.4。
神奈川県監修（2003）『参加型税制・かながわの挑戦―分権時代の環境と税―』第一法規。
金澤史男（2003年）「水源環境税への取組と分権型自治体財政」『参加型税制・かながわの挑戦―分権時代の環境と税―』第一法規。
金子宏（2006）『租税法〔第11版〕』弘文堂。
倉坂秀史（2003）「産業廃棄物税の動向と論点」『廃棄物学会誌』Vol.14, No.4。
神野直彦（2002）『財政学』有斐閣。
髙井正（2005）「森林環境税の論点と住民自治」『都市問題』第96巻第7号。
髙井正（2006）「『政策法務の理論と実践』の有効な使い方」『政策法務 Facilitator』Vol.9。
髙井正（2006）「地方における森林環境税制を巡る議論の動向―神奈川県の水源環境税構想を素材として―」『中央大学社会科学研究所年報』第10号（2005年度）。
地方税務研究会編（2006）『地方税関係資料ハンドブック（平成18年）』地方財務協会。
中里実（2001）「これからの法定外税のあり方」『課税自主権のあり方について』財団法人自治総合センター。
中里実（2002）「地方環境税のあり方について」『税』第57巻第1号。
諸富徹（2000）『環境税の理論と実際』有斐閣。
諸富徹（2003）「産業廃棄物税の理論的根拠と制度設計」『廃棄物学会誌』Vol.14, No.4。

関係報告書

神奈川県地方税制等研究会（2003）『生活環境税制のあり方に関する報告書』（2003年10月）。
環境省・産業廃棄物行政と政策手段としての税の在り方に関する検討会（2004）『最終報告』（2004年6月）。
財団法人自治総合センター（2001）『課税自主権の活用のあり方について』（2001年12月）。
中央環境審議会・総合政策・地球環境合同部会環境税の経済分析等に関する専門委員会（2005）『環境税の経済分析等について』（2005年8月）。

第 5 章
指定管理者制度導入に伴う
第三セクターの変容
―― 財団法人神奈川県公園協会を例にして ――

岩﨑　忠

はじめに

　公の施設は，公共の利益のために多数の住民に対して均等にサービスを提供することを目的として設置されるものであり，その適正な管理を確保することが必要なので，管理受託者については，従来は，その受託主体の公共性に着目し，公共団体，第三セクター（出資団体）等に限定してきたところである。

　しかしながら，近年では，スポーツ施設などの体育施設，美術館などにおいて公的主体以外の民間団体においても十分サービス能力が認められてきており，また一方で，住民ニーズが多様化しており，これを効果的，効率的に対応するためには，民間事業者の有するノウハウを活用することが有効であると考えられるようになった。

　このような社会的背景もあり，平成15年度に地方自治法が改正（平成15年9月2日施行）され，公の施設の管理に民間の能力を活用しつつ，住民サービスの向上や経費の節減等を促し，その適正かつ効率的な運用を図ることを目的として，指定管理者制度が導入された。

　指定管理者制度の創設に伴い，従来の管理委託制度は，廃止されたため，地方公共団体においては，従来の制度に基づく管理受託者であった第三セクター

への対応をどうするかという問題に直面したのである。第三セクターの中には，特定の公の施設の管理受託を目的に設立された団体も多く，そうした団体においては，指定管理者制度自体が，第三セクターの存立の基盤を脅かしたのである。

一方で，第三セクター以外の団体にも指定管理者への途が開かれたことで，競争の可能性が生じ，既存の第三セクターの経営改善へのインセンティブが与えられたのではないかとも考えられる。

本章では，指定管理者制度導入に伴い，第三セクターは変容したのか，変容したとしたらどのように変容したかについて，道路，河川，学校などに比べて幅広い管理業務を指定管理者に任すことができるようになった都市公園の指定管理者選考過程を考察しながら，公園管理業務を活動の中心にしている財団法人神奈川県公園協会を例にして論じることにする。

1．第三セクターの果たしてきた役割

(1) 第三セクター設置の背景と位置づけ

昭和37年に策定された「全国総合開発」に基づく地域開発の要請を受けて昭和40年代から昭和50年代にかけて従来の地域開発やインフラ整備に加え，リゾート開発，都市再開発，産業振興，交通整備，福祉，文化，芸術，スポーツ，国際交流等の新たなニーズに応えるため，各地方公共団体が主導する第三セクターが全国各地に設立するようになった。

「第三セクター」という用語が初めて公式に使われたのは，昭和48年2月の「経済社会基本計画」であるといわれている。この計画の中で，次のように述べられている。

　　社会資本を緊急に整備する必要があること，民間の社会資本分野への進出意欲が高まりつつあることに鑑み，公共投資を拡充するほか，民間の能

力と資本を積極的に活用する必要がある。この場合，純民間事業を活用するのみならず，事業の公共性を確保する必要があるとき，また多大な初期投資を要し，投資の懐妊期間が長い事業に対し，企業の投資決意を行なわせる必要があるときは，公的主体がその経営に参画する公私共同企業いわゆる第三セクターの活用を図ることにする。

このように，当初第三セクターは，「開発型第三セクター」という傾向が強く，第三セクターは，「公共部門と民間部門の両方のメリットを併せもち，公共性の強い事業を実施する企業等民間団体とともに地方公共団体が出資，出えんし，実際の運営に参画する法人である。」と定義されていたようである。

さらに第三セクターの概念は，旧国鉄の財政破綻に伴う国の「第三セクター鉄道」，地方公共団体が全額出資する「地方三公社」（地方道路公社，住宅供給公社，土地開発公社）が含まれるようになったことから，財団法人・社団法人を含む「（広義の）第三セクター」の概念に変わっていったのである（神奈川県自治総合研究センター 1990；40-47，今村 1993）[1]。

(2) 第三セクターに対する社会的要請

第三セクターに対しては，次のような社会的要請があったと考えられる（神奈川県自治総合研究センター 1990；17-39）。

第1に，行政に対するニーズの多様化に伴い，行政の提供すべきいわゆる公共財・サービスと企業によって提供されるべき市場メカニズム作用による私的財・サービスとの中間領域の財・サービスが増加し，これらに対する対応が求められたこと。

第2に，このような中間領域の財・サービスについては，市民生活にとって必ずしも必要不可欠ではなく，受益については，選択の余地があるようなサービスの場合，市場メカニズムの受益者負担による収益性の原則を適用すべきであると考え，行政による直接的対応がなじまないものがあった。

第3に，中間領域の財・サービスに対しては，第三セクターによる予算や事

業執行により企業経営的原理に立つ経済性を重んじた弾力的かつ効果的な事業運営が求められた。

第4に，このような中間的領域の財・サービスについて効果をあげるためには，開発部門については，民間企業との協力，福祉部門については，市民・地域住民との協力が不可欠であったと考えられていた。

(3) 第三セクターに対する公共セクターからの支援

このような社会的要請に応え，設立された第三セクターに対する公共セクター（国，地方公共団体，政府関係機関等）の支援については，財政的支援，人的支援，その他の間接的支援などが行われた（神奈川県自治総合研究センター1990；76-103）。

第1に，財政的な支援である。

出資金・出えん金や補助金（運営費補助，人件費・事業費補助，利子補給），貸付（資金の無利子，低利貸付，土地・建物の無償・低額貸付），債務保証，損失補償などの財政的援助があげられる。

このほか，これに類似するものとして，第三セクター事業を活性化させる，あるいは基盤を安定させることを目的とした事業委託や施設管理運営委託なども行われた。

第2に，人的な支援である。

役員，職員としての現役者及び退職者（OB）の派遣などの人的支援があげられる。

第3に，その他の間接的支援である。

容積率の引き上げや開発許可基準の緩和，市街化調整区域の見直しによる開発規模の要件の緩和，公的融資制度の拡大，税制上の優遇措置など公的規制の緩和，見直し等が行われた。

このように，地方公共団体の支援策は，従来からある制度の中で行われるものがほとんどであったが，国の支援は，内需拡大政策やふるさと創生政策を背景に民間活力をより円滑に活用するように，新たな形による支援制度として，

民間事業者の能力の活用による特定施設の整備の促進に関する臨時措置法（民活法）や総合保養地域整備法（リゾート法），民間都市開発の推進に関する特別措置法などが制定された。とくに，民活法においては，公益性が高い，収益性が低い，初期投資が大きい，投資の懐妊期間が長い，整備のノウハウが少ない等ハイリスク，ローリターンの性格をもつ特定施設の整備を対象とし，第三セクターの活用を積極的に推進した。

(4) 第三セクターの問題点

第三セクターは，このような社会的要請と公共的支援を受けて，設立時の手続の簡便性や事業運営の効率性から増加した（神奈川県自治総合研究センター 1990；104-21）。

まず，第1の理由として，民法あるいは商法上の要件を満たすことにより設立することができること。第2としては，地方自治法などの行政法規による制約を免れることができるため，企業経営原理に基づき経済性を重んじた経営ができること。第3としては，団体の職員につき，地方公務員法が適用されないので特殊な機能に応じた人材の確保に有利であること。第4として，地方公共団体を退職した職員の受け入れ先として利用しうることなどである。

しかし，これらの第三セクター設立には，次のような問題点が指摘されるようになった。第1に，設立に制約がないため，きわめて安易に設立されることが多くなったこと。第2に，行政の直営方式であれば，地方自治法などに定められる議会などの民主的統制や監視を行うことができるが，第三セクターには，このような制度がなく，統制・監視が及ばないこと。第3に，団体の職員の労働条件などに適正を欠く場合があること。第4に，第三セクターの役職が，地方公共団体を退職した職員の天下り先になっているという批判を受けることになったのである。

(5) 第三セクターに対する評価

このように第三セクターは，どのようなサービス，事業を行うものであれ，

地方公共団体が出資し，あるいは，人事や業務面で何らかの関与をしている以上，財政運営に対する影響の考慮，適正な行政の確保，民主的統制の保障などの観点から地方公共団体の統制が考慮され，公共的な色彩が濃くなり，民間企業のもつ効率的，機動的，弾力的経営の色彩は薄れたのである。

2．指定管理者制度の導入

(1) 指定管理者制度の背景

　公の施設の管理については，その設置主体が地方公共団体であること，公共の利益のために多くの住民に対して均等にサービスを提供する役割を担っていることなどの特性に照らして，管理受託者の範囲は，公共団体，公共的団体，地方公共団体の出資法人だけに限られていた。

　しかし，規制緩和，行政の民営化，行政運営の経営手法の導入，PFI の積極的導入などが広く求められてきた。こうした観点から，公の施設の管理のあり方の見直しが提言された。たとえば，総合規制改革会議の中間取りまとめ（平成14年7月23日）及び地方分権推進会議等がその必要性を強調し，さらに「総務省制度・政策改革ビジョン（平成14年8月28日）」の中で制度の見直しが約束された。

　このような提言を踏まえ，地方行政改革の一環として指定管理者制度が積極的に盛り込まれ，平成15年6月に地方自治法が改正された。地方公共団体が設置した公の施設の管理について，これまで地方公共団体の出資法人など特定の団体にしか委託できないとしてきた管理委託制度を廃止して，「法人その他の団体で地方公共団体が指定するものに施設の管理を行わせることができる」とする指定管理者制度が創設された。

　この指定管理者制度の創設により，地方公共団体はもちろんのこと，県が出資している第三セクター，企業をはじめ，NPO 法人，ボランティア団体など様々な民間事業者も指定管理者として公の施設の管理運営が行えるようになっ

た（成田 2005；9）。

(2) 指定管理者制度の特徴

指定管理者制度の特徴としては，次の5点があげられる（成田 2005；10-13）。

① 従来の管理委託制度から指定管理者制度への移行

従来の設置者と受託者との間の契約による管理の委託・受託という関係をやめて，設置者が管理を委ねるのにふさわしい法人を指定し，行政処分の性質をもつその指定を受けた管理者に公の施設の管理を包括的に委ねることとした。

行政処分権や行政強制権を民間を含む指定法人に委ねる制度は，すでに，検査・検定・試験等に関する法律に広くみられるほか，近年では，建築確認の指定確認検査機関または指定認定機関による代行（建築基準法第6条の2，第77条の18～第77条の55），指定車両移動保管機関による違法駐車等の車両の強制移動及び保管（道路交通法第51条の3）などかなり拡大してきている。

② 指定管理者の範囲

指定管理者の範囲については，公共団体，公共的団体，地方公共団体が出資している第三セクターに限ることなく，広く民間の営利法人を含めた法人その他の団体（株式会社，有限会社，NPO法人等）とされた。ただし，地方独立行政法人や単なる個人は指定外とされた。

③ 指定管理者はサービス提供の主体・行政処分の主体

指定管理者は，設置者から広範囲な管理権の委任を受けて，公の施設の管理を設置者に代わって管理やサービスを代行する主体となり，行政処分の性質をもつ使用許可を行うことができるようになった。指定管理者は，その限りでは，行政庁の性格をもつようになった。

しかし，使用料の強制徴収権，行政財産の目的外使用の許可権など，法令上，地方公共団体の長のみが行使できる権限は，指定管理者には委ねられなかった。

④ 公共性を担保するための制度

公の施設の管理を指定管理者に委ねるとしても,「公の施設」というものは,そもそも地方公共団体が設置し,広く住民の利用に供すべき施設であることに変わりがないので,その公共性を担保するために,設置者である地方公共団体には,指定管理者に対する指示・指定取消・業務命令・不服申立ての審理・裁決等の行政監督権を認めた。また,指定管理者の管理業務については,監査委員による監査,包括・個別外部監査人による監査（条例の定めがある場合に限定）の対象になるものとした。

⑤ 手続と基準を条例で明文化

地方分権時代の立法のあり方として,自治事務代表例ともいえる公の施設の指定・管理については,法律による規制は最小限度とし,地方公共団体の良識と自主性を信頼する方が望ましいということから,指定手続,管理の基準,業務の範囲,利用料金の基準等について,条例に委ねることとした。

さらに,指定管理者の管理を委ねる公の施設の名称,指定管理者となる法人または団体の名称,指定管理の期間については,議会の議決を必要とした。

(3) 指定管理者制度の対象

公の施設とは,「住民の福祉を増進する目的をもってその利用に供する施設」(地方自治法第244条)とされ,庁舎や研究機関を除き,地方公共団体が設置する施設の大部分が公の施設とされている。

公の施設は個別の法律で様々な規制があるので,地方自治法によって指定管理者制度が直ちに採用できるわけでなく,学校は,学校教育法において「学校の設置者は,その設置する学校を管理し」とあり,その管理を全面的に指定管理者に行わせることはできないとされている。したがって,学校の施設の警備,清掃,プールや体育館の維持,給食の調理などの業務,学校の時間外の一般開放管理などに限られている。また,道路や河川については,それぞれ道路法,河川法において,道路管理者や河川管理者が定められており,指定管理者が行う業務は,清掃,除草,単なる料金の徴収業務で定型的な行為に限られており,

学校と同様に全面的に指定管理者に行わせることができないのである[2)]。

　都市公園については,「指定管理者制度による都市公園の管理について」(国土交通省都市・地域整備局公園緑地課長通知〔平成15年9月2日＜国都公緑第76号＞〕)により,指定管理者は都市公園法第5条の設置管理許可を要することなく,公園全体または区域の一部(園路により区分される等,外形的に区分されている公園管理者の管理区分が明確にすることができ,公園管理者が包括的管理を行う一定規模の区域)を管理させることができ,都市公園法上に公園管理者が行うことと定められている事務(占用許可,監督処分等)以外の事務(行為の許可,自らの収入とする利用料金の収受,事実行為〔自らの収入としない利用料金の収受,清掃,巡回等〕)を指定管理者の業務としたので,道路,河川,学校に比べて指定管理者の管理業務の範囲が広いのである。

(4) 指定管理者制度と地方自治制度の運用

　指定管理者制度は,多様化する住民ニーズにより効果的,効率的に対応するため,公の施設の管理に民間の能力を活用しつつ,住民サービスの向上を図るとともに,経費の節減等を図ることを目的としている。

　民間活力の活用ということだけであれば,委託業務の拡大やPFIの導入など積極的に取り組んでいるところであるが,指定管理者制度は,これまでの管理の考え方や発想を大きく変えて,指定のプロセスとして民間事業者の幅広い参入や競争原理を働かせ,最小の費用で最大の効果があげられるよう一番適切な事業者を選ぶこととした。

　このような指定管理者制度は,地方分権時代の地方自治制度の弾力化の方向性に沿った地方公共団体の創意工夫が働きやすい制度の一つと考えられる。

3. 神奈川県立都市公園の指定管理者制度の導入状況

(1) 指定管理者制度導入の公園と直営とする公園の考え方

　神奈川県では，より多くの団体の中から，公園利用者へのさらなるサービス向上や利用促進を図ること，さらには，県としての負担も軽減できることから，これまでの(財)神奈川県公園協会に対する管理委託制度[3]をやめ，指定管理者制度を導入することに決定した。

　県立都市公園23公園のうち21公園について指定管理者制度を導入し，残りの二つの県立都市公園（保土ヶ谷公園，三ッ池公園）については，大規模な再整備計画があり，年々計画に沿って整備事業が変わっていくことになるので，一定の代行業務の範囲や代行期間を設けて，指定管理者の募集を行うことは困難であると考え，引き続き直営公園として神奈川県が直接管理することにした[4]。

　このような神奈川県の決定により，公園を維持管理することなどを目的に設立され，これまでに県立都市公園すべてを管理してきた実績を有する(財)神奈川県公園協会も，指定管理者候補の1団体として，指定管理者に応募することになった。

　(財)神奈川県公園協会は，こうした指定管理者に応募するとともに，一方で，組織・執行体制の見直し等経営改善に努めることになった。

(2) 指定期間

　指定管理者の期間については，公園管理の面から管理水準の確保や連続性，さらには地元住民やボランティアとの協働，信頼関係を構築していくことから長期にわたることが望ましかった。また，(財)神奈川県公園協会以外で指定管理者として指定される団体にとっては，公園の規模に応じた人材，機材の確保が必要になることから，指定期間が短期間ではリスクが大きくなるものと予想された。

しかしながら，指定管理者制度導入後，公園管理の最初の指定ということを鑑み，実際に新制度による施設管理を行う中で，なるべく早く見直しを行う機会を設けた方が良いということを勘案し，1回目の指定期間は，平成18年4月から平成21年3月までの3年間とした。

(3) 指定管理業務の内容

都市公園の指定管理業務としては，現在管理委託している植物等の公園施設の維持管理業務や利用者への案内業務，安全管理，利用促進業務のほか，有料施設等の利用承認業務等を代行して行うこととした。

なお，公園内における映画の撮影や集会などを行う際の行為許可権限は，「国民の権利義務の制限になることにかんがみ，慎重に判断を行うこと。」という国土交通省都市・地域整備局公園緑地課長通知（国都公緑第76号【平成15年9月2日】）を勘案し，十分に検討する必要があることから，平成18年度から平成20年度の指定期間中は，都市公園の指定管理者の代行業務としなかった。

(4) 指定管理者の募集・審査・決定の手続

1) 指定管理者の指定手続を条例で規定

公の施設の設置の目的を効果的に達成するため，必要があると認められるときは，条例で定めるところにより指定管理者に当該施設の管理を行わせることができるとされている（地方自治法第244条の2第3項）。

この条例には，指定管理者の指定の手続（申請の方法，指定の基準等），指定管理者が行う管理の基準，指定管理者が行う業務の範囲，利用料金制度の採用の場合はこれに係る事項などを定めることとした。

① 選定基準

指定管理者の管理については，神奈川県都市公園条例及び施行規則に指定の手続等を明確に定め，住民の平等利用が確保されていること，事業計画の内容が施設の効用を最大限に発揮するとともに管理経費の縮減が図られるものであること，事業計画書に沿った管理を安定して行う物的，人的能力を有している

ことなどを選定基準とした。
　② 管理基準
　管理基準については，施設を利用するにあたっての基本的な条件を示し，公園施設の適正な管理の観点から業務運営の基本的事項を定め，業務の範囲について占用許可や監督処分を除いた上で，基本的に従前，(財)神奈川県公園協会に管理委託していた内容とした。

　2) 指定管理者の審査過程の透明化
　神奈川県立都市公園の指定管理者の募集・審査・選考結果については，ホームページで「県立都市公園の指定管理者制度の導入について」を掲載することで，募集から選考結果までの一連の過程の透明化を図った。
　ホームページでは，募集公園名，問い合わせ先，現地（募集）説明会の開催結果，募集結果，審査状況，審査結果などを詳細にタイムリーに報告した。

　3) 指定管理者募集の手続
　平成17年2月定例会の条例改正を受けて，4月には，各公園ごとに募集要項の配布を行い，現地説明会などを経て，募集の受付を行った。
　公募にあたっては，より多くの事業者に参入してもらうために，募集要項配布開始前に，募集を開始することを県公報により公告したり，記者発表などを行い，広く周知した。
　募集要項には，選定にあたっての考え方（審査項目や視点），施設の状況，リスク分担等についてできる限り詳細な情報を記載したうえで，ホームページに掲載した。
　現地説明会では，施設の状況や募集要項の内容を説明する機会を設け，申請を希望する事業者から質問を受け付け，説明会やホームページで回答した。
　申請書類の作成期間にも配慮し，募集要項配布から申請締め切りまでの期間を約40日間とった。
　この結果，19の募集単位に対して27の団体から延べ44件の応募があった。募

集単位ごとの応募状況を見ると，応募が多いところで5応募（茅ケ崎里山公園），少ないところでは1応募（湘南海岸公園ほか5公園）だった。

応募団体ごとの応募数では，11募集単位に応募した団体は，（財）神奈川県公園協会のみで，5募集単位に応募した団体は1団体となっており，多くの団体は1応募のみであった。

応募があった27団体の構成では，単独の法人等によるものが15，残りの12は複数の法人等がグループを組んで応募した。

4）審査・選定

審査については，外部の審査委員からなる県土整備部指定管理者選定審査委員会都市公園部会（以下「都市公園部会」とする）が行った。最終的な指定管理者候補の選定については，部内の選定会議を設置して，候補者の選定を行った。

都市公園部会のメンバー構成は，公園の管理・運営や自然環境保護の分野の学識経験者3名，利用者及びサービスを受ける側の委員1名，経営や財務評価に関する専門委員（公認会計士）1名の合計5名であった。

都市公園部会は，審査全体のスケジュールの確認及び審査基準の審議のために4月に1日開催し，その後，19募集単位で一斉に募集した結果，27団体延べ44の応募があったので，第1次審査の書類審査のために2日間，第2次審査としてのプレゼンテーション・質疑応答のために3日間，審査結果及び総括の取りまとめとして1日，合計7日間開催した。

都市公園の審査については，事業計画の内容を書類で採点する第1次審査と第1次審査を通過した者がプレゼンテーションを行い，その内容を評価する第2次審査に分けて審査した。

① 第1次審査

都市公園部会の第1次審査は，表5-1のような審査基準により行った。まず，形式的な面で条例や募集要項に定める要件に適合しているかどうかという視点から審査を行った。次に，提案内容から管理業務をどれだけ把握し，理解

しているかといった審査を行った。第1次審査は，各委員の配点200点であった。ただし，「経営規模」「事業の継続性・安定性」「信頼性」の各項目の採点結果のうち一つでも0点があるとき，及びその他の審査項目についても一定水準以下の評点があるときは落選とした。

募集単位ごとに，各委員による評点の合計の上位3団体を第1次審査の通過

表 5-1：第1次審査の審査基準及び配点

条例・規則に規定された基準	審査項目	視点
安定した経営規模を有すること	経営規模事業の継続性・安定性信頼性（配点24点）	当該公園の業務を安定確実に行える経営規模の有無，指定期間内に安定的に事業を継続できる財務体質の有無，財務諸表に対する適正なチェック及び開示体制の有無
指定管理業務について，相当の知識及び経験を有する者を従事させることができること 必要な人材を確保することができ，かつ，緊急時に速やかに対応できると認められること	応募者の管理運営体制（配点36点）	応募者の実績，業務を確実に実施できる執行体制，本部と現地の責任体制，緊急時の体制，人材の育成計画
関係法令及び条例の規定を遵守し，適切な管理ができること 住民の平等利用が確保されること 申請者である法人その他の団体の役員等が，都市公園の振興について熱意と識見を有すること		諸規程（個人情報の保護や取扱い，就業，給与，決裁，会計等）の整備
	当該公園の管理運営にあたっての基本方針（配点16点）	施設の設置目的を踏まえた総合的な管理運営方針，本事業への参加意欲
	効果的かつ効率的な利用者サービスの向上（配点124点）	当該公園における特性や課題を踏まえた維持管理の考え方，公園の安全管理利用者への対応，利用促進方策，地域や関係機関との連携，管理運営経費の妥当性
配点計		200点

者とした。第1次審査では，27団体・延べ44応募について審査したところ，第1次審査通過者として23団体・延べ39応募を選定した。

② 第2次審査

第2次審査は，各委員配点200点であり，選定基準は以下のとおりである。

選定基準は，第1次審査通過者を対象に，応募団体から提出された事業計画書の内容等についてプレゼンテーション・質疑応答に基づき，基本方針，管理運営，利用者サービス，県民との協働，管理経費について，「意欲」「創意工夫」「実現性」「効果的」といった視点から総合的評価を行い，第1次審査評点を加算したうえで，各委員による評点の合計点の最上位者を優秀提案者として2位，3位を次点，次次点とした。

平成17年7月29日に第1次審査及び第2次審査における選定結果を総括し，各公園の優秀提案者を決定した。その後，平成17年8月4日に，委員ごと，応募団体ごとの得点や選定理由などについて取りまとめた「審査報告書」が，都市公園部会から神奈川県に提出された。これを応募者に送付するとともに，ホームページに掲載するなど，県民に公表した。

表 5-2：神奈川県立都市公園の指定管理者の募集・選定の過程

平成17年4月25日	募集要項の配布
平成17年4月26日	質問の受付
平成17年5月9日	募集説明会
平成17年5月10日	現地説明会
平成17年5月20日	質問への回答をホームページに公開
平成17年5月30日	応募申請受付開始
平成17年6月6日	応募申請受付終了（27団体・延べ44応募の申請）
平成17年7月5日・7日	第1次審査　44応募の書類審査　23団体・延べ39応募を第2次審査の対象とすることを決定
平成17年7月19日〜21日	第2次審査　39応募のプレゼンテーション及び質疑
平成17年7月29日	第1次審査及び第2次審査における選定結果を総括し，各公園の優秀提案者を決定

(5) 審査結果（優秀提案者名）

都市公園部会の審査の結果（優秀提案者）は，表 5-3（神奈川県立都市公園指定管理者の優秀提案者一覧）のとおりである。また，都市公園部会の審査結果を

表 5-3：神奈川県立都市公園指定管理者の優秀提案者一覧

	募集単位	団体の名称
1	塚山公園	財団法人神奈川県公園協会・県立塚山公園保存会グループ
2	葉山公園・はやま三ヶ岡山緑地	財団法人神奈川県公園協会
3	湘南海岸公園	株式会社湘南なぎさパーク
4	相模湖公園	相模湖観光協会
5	城ヶ島公園	三浦市観光協会・有限会社湯山園芸グループ
6	恩賜箱根公園	財団法人神奈川県公園協会
7	辻堂海浜公園・湘南汐見台公園	財団法人神奈川県公園協会・株式会社オーチューグループ
8	観音崎公園	横浜緑地・西武造園グループ
9	東高根森林公園	横浜緑地・西武造園グループ
10	相模原公園	財団法人神奈川県公園協会・株式会社サカタのタネグループ
11	大磯城山公園	財団法人神奈川県公園協会
12	七沢森林公園	財団法人神奈川県公園協会
13	四季の森公園	財団法人神奈川県公園協会
14	座間谷戸山公園	財団法人神奈川県公園協会
15	秦野戸川公園	財団法人神奈川県公園協会
16	津久井湖城山公園	財団法人神奈川県公園協会
17	茅ヶ崎里山公園	財団法人神奈川県公園協会
18	あいかわ公園	財団法人宮ヶ瀬ダム周辺振興財団
19	相模三川公園	財団法人神奈川県公園協会

応募状況と選定状況から整理すると，表 5-4（神奈川県立都市公園19募集単位における応募，選定の状況）のとおりまとめることができる。

表 5-4：神奈川県立都市公園19募集単位における応募，選定の状況

団体の属性		募集単位	応募団体数	応募延べ44団体 従来団体	応募延べ44団体 従来+新規	応募延べ44団体 新規団体	選定団体19団体 従来団体	選定団体19団体 従来+新規	選定団体19団体 新規団体
（財）神奈川県公園協会			1	11			10		
その他三セクター	（株）湘南なぎさパーク		1			1			1
	（財）宮ケ瀬ダム周辺振興財団		1			1			1
	（社）観音崎自然博物館	19	1			1			0
地元観光協会及びそのグループ			2			2			2
民間企業及びそのグループ			21		3	25		3	2
計			27	11	3	30	10	3	6

＊公園協会と民間企業のグループ
＊民間企業の事業内容の例
・土木，造園工事の設計，施工，監理
・花，種苗の販売
・電気，給排水，ビルメンテナンス
・清掃，警備
・公園遊具の販売，施工

(6) 審査結果にみる都市公園の指定管理者制度の効果

神奈川県立都市公園の審査結果を「サービス向上」と「経費の節減」という点から次のとおり分析することができる。

まず，「サービス向上」という点については，各公園の立地条件や歴史的経緯，施設の特徴などを踏まえた「地域住民などや公園利用者との連携による公園の管理運営」や「ウォークラリーや農体験・茶道教室などの各種催事や体験プログラム等による利用促進」などの積極的提案がなされた。また，「経費の

節減」という点については，都市公園の19募集単位全体で，平成17年度予算相当額13億1,262万円に対して，提案額は11億4,348万円（87%）となっており，約13%の経費節減が見込まれた。

このようなことから指定管理者制度の導入により一定の成果をあげたということができる。

(7) （財）神奈川県公園協会の選考結果

従来管理委託団体であった（財）神奈川県公園協会は，神奈川県立都市公園の導入を踏まえ，組織のスリム化，効率的な運営に取り組み，人的資源等の集中的な投資や効率的な業務実施を考慮して，協会自身の競争力を独自に判断し，21公園の指定管理者募集公園中，16公園に応募した。このうち4公園については，民間事業者との共同事業者の応募であった。その結果，東高根森林公園以外の15公園について指定管理者としての候補者と選定された。

東高根森林公園（平成17年度予算相当額：6,170万円）には，（財）神奈川県公園協会と横浜緑地・西武造園グループの2団体が応募し，横浜緑地・西武造園グループの提案額は，4,501万円であり，節減率（平成17年度予算相当額との対比）は27.0%減であるのに対し，（財）神奈川県公園協会の提案額は，5,754万円であり，節減率は6.7%減であり，金額では約1,200万円の開きがあった。

その結果，経費節減，適切な経費積算という視点で審査が行われた。「管理経費について」の項目では，（財）神奈川県公園協会が110点，横浜緑地・西武造園グループが150点となり，40点差がついた。また，「効果的かつ効率的な利用者サービスの向上」及び「利用者サービスについて」の項目も，（財）神奈川県公園協会が611点，横浜緑地・西武造園グループが671点となり，さらに60点差がついた。

一方，「県民との協働について」の項目は，（財）神奈川県公園協会は156点，横浜緑地・西武造園グループは122点となり，34点差と縮まった。

その結果「表5-5：東高根森林公園の審査結果」のとおり，横浜緑地・西武造園グループ1,541点に対して，（財）神奈川県公園協会は，1,503点となり，経

表 5-5：東高根森林公園の審査結果

	審査項目		審査委員					得点合計
			A	B	C	D	E	
(財)神奈川県公園協会	一次	安定した経営基盤を有すること（配点24点）	24	24	24	24	24	120
		応募者の管理運営体制（配点36点）	30	33	30	30	32	155
		公園の管理運営にあたっての基本方針（配点16点）	14	14	13	14	13	68
		効果的かつ効率的な利用者サービスの向上（配点124点）	88	96	95	91	97	467
		一 次 計	156	167	162	159	166	810
	二次	基本方針について（配点40点）	40	20	30	30	30	150
		管理運営について（配点40点）	30	20	23	30	30	133
		利用者サービスについて（配点40点）	40	30	24	30	20	144
		県民との協働について（配点40点）	40	30	26	30	30	156
		管理経費について（配点40点）	30	20	20	20	20	110
		二 次 計	180	120	123	140	130	693
		計	336	287	285	299	296	1,503
横浜緑地・西武造園グループ	一次	安定した経営基盤を有すること（配点24点）	24	24	24	24	24	120
		応募者の管理運営体制（配点36点）	27	28	36	24	27	142
		公園の管理運営にあたっての基本方針（配点16点）	14	14	15	12	15	70
		効果的かつ効率的な利用者サービスの向上（配点124点）	104	107	119	91	105	526

(財)神奈川県公園協会 一次計 467 → 611

		一　次　計	169	173	194	151	171	858	
二次	基本方針について（配点40点）		30	30	30	20	30	140	671
	管理運営について（配点40点）		30	20	26	20	30	126	
	利用者サービスについて（配点40点）		40	30	25	20	30	145	
	県民との協働について（配点40点）		30	20	22	20	30	122	
	管理経費について（配点40点）		40	30	20	30	30	150	
	二　次　計		170	130	123	110	150	683	
	計		339	303	317	261	321	1,541	

費節減，利用者サービスの向上で高得点をあげた横浜緑地・西武造園グループが優秀提案者として選ばれた。

(8) 指定管理者指定に係る議会議決

　具体的に指定管理者を指定する際には，指定管理者に管理を行わせようとする公の施設の名称，指定管理者となる団体の名称・主たる事務所の所在地，指定の期間について，議会の議決が必要である。

　指定管理者の指定に関する議案は，平成17年9月神奈川県議会に提出され，都市公園については，19募集単位の優秀提案者の選考過程について十分な審議が行われた。

　その結果，優秀提案者が指定管理者として議決されたのを受けて，平成17年10月17日に県は，指定管理者として指定し，10月18日県公報に掲載した。

(9) 協定の締結，年次計画

　指定管理者と県は，指定管理業務を進めていくために必要な事項を定める基本協定書と各年度ごとの事業計画等を定める年度協定書を締結することにした。

① 基本協定書の締結

指定管理業務全般（文書管理・個人情報・情報公開等），施設利用者との手続（行政手続条例等の遵守），指定管理者の経理，リスク分担，モニタリングなどを規定する基本協定書を締結した。

② 年度協定書の締結

管理業務の各年度の業務内容，管理業務の実施の対価として支払われる指定管理料の支払方法などを定める年度協定書を締結した。また，管理業務については，各年度の事業計画・人員配置計画・収支計画に沿って定めることにした。

(10) モニタリング

指定管理者の業務の実施状況を把握することは，公園管理者として重要な事項であるので，サービスの水準やメンテナンスの状況をモニタリングすることについて基本協定書に明示した。モニタリングについては，次の五つである。

① 定期（月例）モニタリング

指定管理者は，実際に行った日々の管理状況に自己評価を加えて日報を作成し，日報を月ごとにまとめて，自己評価を加えた月報を作成し，日報を添付して県に提出することにした。

県は，指定管理者から提出された月報により管理運営状況を確認し，結果を通知することにした。

② 随時モニタリング

県は，月例モニタリング等の結果，必要に応じて施設の立入調査や関係帳簿類の確認による随時モニタリングを実施することにした。

③ 利用者満足度調査によるモニタリング

指定管理者は管理業務のサービス向上を目的として，最低年1回，施設利用者の満足度を調査し，その結果及び結果の対応について報告書を作成し，県に提出することとした。また，県は，調査報告書の内容を確認し，必要に応じて，調査結果を事業計画に反映させることについて指定管理者と協議し，業務改善

に努めることにした。

④　苦情・意見への対応によるモニタリング

指定管理者は，施設利用者等から寄せられる苦情・意見に対して速やかに必要な措置を講じるとともに，その内容について，業務日報に記録し，県に報告することにした。また，県は，苦情・意見への対応結果を事業計画に反映させることについて，指定管理者と協議し，業務改善に努めることにした。

⑤　財務書類によるモニタリング

指定管理者は，年1回，会計年度終了後協定で定める期限まで指定管理業務に係る財務書類（「貸借対照表」「正味財産増減計算書」等）を作成して県に提出することにした。また，県は，指定管理者から提出された財務書類により指定管理業務に係る財務状況を確認し，問題があると認められる場合は，指定管理者と協議し，必要に応じて指導・助言を行い，指定管理者の財務運営の健全化を図ることにした。

(11)　モニタリング結果への対応

神奈川県の五つのモニタリング結果に対する対応としては，次の三つがある。

①　改善勧告

月例モニタリング等の結果，指定管理業務が適切に行われていないことが確認された場合，県は改善が必要な具体的項目等を示した「改善勧告書」により期限を定めて指定管理者に報告することにした。

改善勧告を受けた指定管理者は，改善方法または改善期限を記した「改善計画書」を作成し，県に報告して承認を得ることにした。

②　改善の指示

改善勧告が行われた場合で，提出された改善計画書の期限まで改善が行われないと県が判断した場合は，期限を定めた通知により「改善の指示」を行うことにした。

③ 指定の取消し，業務停止命令

県が定めた期限までに指示に従わない場合は，神奈川県行政手続条例に定める手続により，指定の取消し，または期間を定めて指定管理業務の全部もしくは一部の停止を命じることにした。

以上，神奈川県における指定管理者制度のモニタリング制度の概要についてであるが，指定管理者制度の趣旨を踏まえ，できるだけ指定管理者の自主性を重視し，県からの監視は必要最小限度に抑えることにした。

4．指定管理者制度導入に伴う(財)神奈川県公園協会の変容

(1) (財)神奈川県公園協会の設立

財団法人神奈川県公園協会は，昭和50年3月に第三セクターが多く設立される中，設立された。公園協会の設立目的は，「公園，緑地の円滑な維持管理及び健全な利用増進並びに緑化思想の啓蒙普及を行なうことにより，公園，緑地の一層の充実を図り，もって，快適な県民生活の確保に寄与するため，設立するものである。」と設立趣意書に記載されている。

当時，県立都市公園の数が増え，公園施設の維持管理の適正な管理，公園利用者に対するサービスの向上が大きな課題となっていた。

このような状況の中で，より質の高い公園の管理をめざすため，神奈川県が100万円の出えん金を拠出して公園協会を設立した。

昭和50年の設立当時は，1名の常勤職員と11名の県職員等出向職員であり，7,300万円程度の予算規模であったので，事務所は，保土ヶ谷公園内にある県の出先機関の横浜地区公園管理事務所内に置かれていた。理事長は県副知事，副理事長は県土木部長，事務局長には横浜地区公園管理事務所長が充てられていた。業務の内容は，県から受託する各公園の維持管理が大部分を占め，公園のプール管理なども含まれていた。

また，講習会，展示会，研究会等の開催，刊行物の発行，公園利用推進のた

めの自主事業等も実施した。

一方，収益事業として，各公園の駐車場，売店等の経営があり，この収益事業から生じた収益は，公園利用推進のための自主事業や公園施設の協力事業等に充当されてきた（神奈川県横浜地区公園管理事務所40年のあゆみ編集委員会2000；64-65）。

(2) 公園事業の拡大に伴う組織拡大

設立当時は，保土ケ谷公園，三ツ池公園の2公園であったが，その後公園数は増加し，神奈川県が指定管理者制度を導入する直前の平成17年度には23公園の委託がなされた。

この間，公園協会は，平成7年4月に財団法人神奈川県自然公園協会と合併し，都市公園に加え，自然公園の利用増進にも取り組むこととなり，業務量を拡大した。この業務量の拡大に伴い，平成14年度には，常勤職員62名，非常勤職員114名の合計176名という組織になり，決算額も29億6,000万円台に拡大した。

その後，平成17年度までは，組織規模は業務の効率化に伴い135名に縮小されたが，予算規模はほぼ同程度の数字で推移した。

(3) 指定管理者制度の導入への対応

平成18年4月からの指定管理者制度の導入により，管理する公園は，今までの23公園のうち15公園を指定管理者として管理することになり，業務量が大幅に減少した。

こうした指定管理者制度の導入に伴い，公園協会として次のような取り組みを行い，平成18年度から平成20年度までの「第3次経営改善計画」を策定した。

「第3次経営改善計画」の内容は，以下のとおりである。

「財団法人神奈川県公園協会第3次経営改善計画」
(平成18年度～平成20年度)

① 組織体制のスリム化と雇用形態等の見直し
  ・5つの地区事務所を廃止し，執行権限を基本的に本部に集約した「本部集中型」とした。
  ・業務内容に応じ，特定職員，専門職員を配置。
  ・常勤職員の削減（平成15年を基準に平成18年度まで約5割弱を目途とする。）
    【削減結果：平成15年度（63人）→平成18年度（29人）】
  ・昇級制度を改善し，職務・勤務実績に対応した給与形態とした。
② 人材確保と専門集団としての組織の充実
  ・業務内容に応じた専門職，専門員の公募による確保
  ・職員研修（接遇研修や専門技術，安全管理等の能力向上のための研修）の充実・強化
③ 経営基盤の強化
  ・収益事業の経営改善。（駐車場，売店等の運営を見直した。）
  ・発注業務の集約化，ルーチン業務の本部執行など工事等の執行事務を効率化した。
  ・効率的事務処理方法を構築するための新たな公園管理システムの構築。
  ・入金オンラインシステムを導入し，納金業務の省略化，安全強化を図った。
④ 県民のニーズの多様化に対応するため，管理運営にNPO等との協働のための取り組みを組み込んだ。
⑤ 新たな分野への取り組みとして，都市・自然の「みどり」の創造等調査及び活動への支援を行なうことにした。

　このような経営改善計画に取り組むことで，予算規模は，約27億円から約17億円になり，約4割減額し，また，組織規模も希望退職者を募り，契約更新しないことで常勤職員54名から29名に削減し，人件費も昨年度の約半分の4,400万円に抑制することにした（付録資料5-1「(財)神奈川県公園協会の年度別決算額の推移」，資料5-2「(財)神奈川県公園協会の職員の推移」を参照）（日本経済新聞平成18年4月26日朝刊記事参照）[5]。

(4) みどりの保全管理など総合的な「都市のみどり」事業の拡大・充実

　(財)神奈川県公園協会は，平成18年4月に，土地の所有者等と管理協定を結

び緑地の保全管理を行うほか，緑地施設の整備，市民緑地の設置・管理，緑地の買い入れやそれらの施設や土地の管理を行う「緑地管理機構」[6]の指定を受け，都市のみどりの保全管理など，総合的な取り組みを充実することにした。

(5) 神奈川県の県主導第三セクターから自立化

(財)神奈川県公園協会は，神奈川県からの財政的支援・人的支援・その他支援（債務保証・損失補償等）を受けておらず，また，これまでの累積収支差額も黒字になっており，単年度収支も基本的に黒字で推移し，金融機関等からの借入れも行われていなかった。このような安定した経営状況にもかかわらず，(財)神奈川県公園協会は，収入の多くを都市公園の管理受託収入で占めていたことから，指定管理者制度導入により，その経営状況に多大な影響を受けることが想定されていたため，神奈川県の県主導第三セクターという整理がなされてきた。

しかしながら，(財)神奈川県公園協会は，指定管理者の応募に向けて，県民ニーズに対応したサービス向上への取り組みや地区事務所を廃止し，機能を本部に集中させるなど組織の見直しを行い，常勤職員数を削減するなど効率的で柔軟な法人運営に向けた経営改善に取り組んだ。

その結果，県立都市公園15公園及び山岳スポーツセンターの計16施設を平成18年度から指定管理者として管理することになった。

神奈川県としては，このように環境変化に柔軟に対応できるよう執行体制の整備やみどりの保全事業など新たな業務拡大に取り組んでいることから，今後も県からの支援なく，継続的かつ安定的に法人運営していくことが可能であると判断し，平成18年3月31日に自立した第三セクターとして認定したのである。

5．今後の第三セクターについて

第三セクターを取り巻く環境は，民間との競争原理にさらされる指定管理者

制度の導入のみならず，公益法人制度改革が抜本的に行われるなど大きく変化してきている。

指定管理者制度の導入に対しては，(財)神奈川県公園協会のように，環境の変化に柔軟に対応し，組織の見直し等効率的な法人運営を行い，規模を縮小し存続した法人もあれば，(財)横須賀市公園緑地協会のように平成4年度から受託してきた横須賀市営の公園維持管理を受けることができなくなったことを理由として経営存続不可能と判断して解散した法人もある。

また，今後予定されている公益法人制度改革において，現在ある社団法人・財団法人が，引き続き税制度の優遇措置を受けるためには，法人の公益性が認められる必要があり，仮に法人の公益性が認定されない場合は，税制度上の優遇措置がなくなり，法人の運営に重大な影響を与えることになる。

さらに，「競争の導入による公共サービスの改革に関する法律」いわゆる「市場化テスト法」が成立（平成18年7月7日施行）し，公共サービスを提供する組織や機関をあらかじめ官に限定することなく，官民がオープンな競争（「質」「価格」の両面からの比較）を通じて，納税者に最善のサービスを提供する市場化テストが始動している。

このような環境の変化に対して，第三セクターとしては，その必要性を勘案し，(1)今回の指定管理者制度導入に対する(財)神奈川県公園協会の対応のように，組織の見直し等経営改善を行うことで対応するか，(2)(財)神奈川県公園協会が，平成7年4月に(財)神奈川県自然公園協会と合併し，都市公園に加え，自然公園の利用増進にも取り組んだように，類似の第三セクターと統合し経営基盤を安定化させるか，(3)(財)神奈川県公園協会が緑地管理機構の指定を受けて，「都市のみどり」に事業拡大したように，新しい事業分野を拡大させるか，(4)第三セクターという組織形態を改め，新たに株式会社やNPO法人などの組織形態として設立するか，(5)今回の指定管理者制度導入に対する(財)横須賀市公園緑地協会のように経営存続が難しいことを理由に解散するか，いずれにしてもこのような選択をしなければならない。

このように，かつて，地方公共団体が出資し，公共部門と民間部門の両方の

メリットをもつ団体として第三セクターは設立されたが，国や地方公共団体の財政的支援などの公的支援が行われなくなる中で，制度改正等の外部環境の変化に対して，それ自体の必要性が常に問われ，それへの柔軟な対応が必要になっている。

【追　　記】本稿は2007年4月に脱稿したものである。

1) 日本における第三セクターの歴史及び第三セクターの用語法について，今村都南雄「第三セクターの概念と国会審議」(財)行政管理研究センター・今村都南雄著『第三セクターの研究』中央法規出版，1993年を参照。
2) 「公立学校における外部の人材や資源の活用の推進について」(文部科学省初等中等教育局長・スポーツ・青少年局長通知平成16年3月30日＜15文科初第1321号＞，「指定管理者制度による道路の管理について」(国土交通省道路局路政課長，国道・防災課長，地方道，環境課長通知(平成16年3月31日＜国道政第92号，国道国防第433号，国道地調第9号＞)，「指定管理者制度による河川の管理について」(国土交通省河川局水政課長・河川環境課長・治水課長通知(平成16年3月26日＜国河政第115号，国河環第135号，国河治第232号＞) を参照。
3) 平成18年4月1日改正前の神奈川県都市公園条例第18条は，「次に掲げる都市公園の管理に関する事務のうち，公園施設の運用管理及び維持管理に関する事務は，財団法人神奈川県公園協会に委託する。(1)大磯城山公園 (2)七沢森林公園 (3)四季の森公園 (4)相模原公園 (5)塚山公園 (6)葉山公園 (7)恩賜箱根公園 (8)座間谷戸山公園 (9)相模湖公園 (10)秦野戸川公園 (11)はやま三ヶ岡山緑地 (12)湘南海岸公園 (13)湘南汐見台公園 (14)津久井湖城山公園 (15)茅ケ崎里山公園 (16)城ヶ島公園 (17)観音崎公園 (18)辻堂海浜公園 (19)あいかわ公園」と規定していた。また，東高根森林公園と相模三川公園は，指定管理者制度導入前は，職員を配置し，直営で管理していた。
4) 保土ケ谷公園，三ッ池公園については，再整備計画があり，管理状況が安定しないため，指定管理区域の設定が困難であるという理由から，直営により運営することにしたが，両公園の再整備計画の概略スケジュール，整備内容が固まり，再整備に目途がたったことから，平成21年4月以降，指定管理者制度を導入する予定である。また，指定管理者制度を導入する直前に開園したおだわら諏訪の原公園，導入後に開園した境川遊水地公園についても平成21年4月以降，指定管理者制度を導入する予定である。
5) (財)神奈川県公園協会は，指定管理者制度が導入されることで，経営環境に厳しさが増すことが予想されていたため，平成18年4月から勧奨退職者を募った。勧奨退職者の対象であった職員の中には，勧奨退職を選択しなかったため，

仕事に遅れを出すなど経理業務に支障をきたすとして解雇された職員もいた。この職員は，(財)神奈川県公園協会を相手に地位の確認を求め，横浜地方裁判所に労働審判を申し立てた。(神奈川新聞　平成18年6月16日記事) その後，第2回労働審判（平成18年10月30日）において，合意退職したことで調停が成立した。

6）「緑地管理機構」とは，緑地の整備と管理能力のある公益法人またはNPO法人で，自発的な緑地の保全や緑地を推進するため，都市緑地法第68条に基づき都道府県知事により指定された法人。旧都市緑地保全法改正により創設された制度で，買い入れた土地については，税法上の特別措置がなされる。

参　考　文　献

今村都南雄（1993a）「第三セクターの概念と国会審議」(財)行政管理研究センター・今村都南雄編著『第三セクターの研究』中央法規出版。

今村都南雄（1993b）「第三セクターの変容」『季刊行政管理研究（第62号）』(財)行政管理研究センター。

神奈川県自治総合研究センター（1990）『第三セクターと自治体～21世紀の公共サービスを担うパートナーシップ～』。

神奈川県横浜地区公園管理事務所40年のあゆみ編集委員会（2000）「4　(財)神奈川県公園協会とのかかわり」『神奈川県横浜公園管理事務所40年（1960-1999）』。

成田頼明監修（2005）『指定管理者制度のすべて』第一法規。

付　　　録

資料 5-1：(財) 神奈川県公園協会の年度別決算額の推移

（単位：千円）

年　　度		一般会計	特別会計	合　計
昭和50年度	1975	18,150	55,362	73,512
昭和51年度	1976	17,309	82,468	99,777
昭和52年度	1977	26,255	104,922	131,177
昭和53年度	1978	29,129	121,549	150,678
昭和54年度	1979	43,049	117,577	160,626
昭和55年度	1980	58,992	131,243	190,235
昭和56年度	1981	81,371	187,916	269,287
昭和57年度	1982	117,742	202,978	320,720
昭和58年度	1983	182,303	247,359	429,662
昭和59年度	1984	92,370	250,589	342,959
昭和60年度	1985	104,877	323,927	428,804
昭和61年度	1986	123,448	321,534	444,982

年度				
昭和62年度	1987	181,452	332,041	513,493
昭和63年度	1988	311,596	318,178	629,774
平成元年度	1989	479,138	362,754	841,892
平成2年度	1990	568,730	367,199	935,929
平成3年度	1991	725,158	446,290	1,171,448
平成4年度	1992	1,127,405	483,251	1,610,656
平成5年度	1993	1,219,614	413,988	1,633,602
平成6年度	1994	1,327,500	442,500	1,770,000
平成7年度	1995	1,719,996	675,527	2,395,523
平成8年度	1996	1,725,200	796,859	2,522,059
平成9年度	1997	1,980,027	752,915	2,732,942
平成10年度	1998	2,030,279	689,575	2,719,854
平成11年度	1999	1,953,227	698,671	2,651,898
平成12年度	2000	2,047,895	750,546	2,798,441
平成13年度	2001	2,057,275	675,394	2,732,669
平成14年度	2002	2,144,673	819,179	2,963,852
平成15年度	2003	2,129,191	708,428	2,837,619
平成16年度	2004	2,160,689	725,140	2,885,829
平成17年度	2005	2,099,124	696,857	2,795,981
平成18年度	2006	1,624,078	171,291	1,795,369

(出典)(財)神奈川県公園協会『(財)神奈川県公園協会創立30周年記念誌 公園に行こう』2005年 p.84を一部補足して作成。平成18年度は予算額。

資料 5-2：(財)神奈川県公園協会の職員数の推移

(単位：人)

年度		常勤職員	非常勤職員	合計	派遣等
昭和50年度	1975	1	0	1	11
昭和51年度	1976	3	0	3	13
昭和52年度	1977	3	0	3	13
昭和53年度	1978	3	0	3	12
昭和54年度	1979	8	6	14	2
昭和55年度	1980	10	9	19	11
昭和56年度	1981	10	9	19	10
昭和57年度	1982	11	10	21	10

昭和58年度	1983	11	12	23	11
昭和59年度	1984	10	12	22	11
昭和60年度	1985	10	17	27	11
昭和61年度	1986	12	18	30	11
昭和62年度	1987	12	20	32	0
昭和63年度	1988	16	30	46	0
平成元年度	1989	20	41	61	0
平成 2 年度	1990	21	47	68	0
平成 3 年度	1991	30	51	81	0
平成 4 年度	1992	34	54	88	0
平成 5 年度	1993	40	68	108	0
平成 6 年度	1994	42	70	112	0
平成 7 年度	1995	55	72	127	0
平成 8 年度	1996	59	85	144	0
平成 9 年度	1997	62	87	149	0
平成10年度	1998	63	98	161	0
平成11年度	1999	58	96	154	0
平成12年度	2000	57	102	159	0
平成13年度	2001	59	108	167	0
平成14年度	2002	62	114	176	0
平成15年度	2003	63	106	169	0
平成16年度	2004	63	96	159	0
平成17年度	2005	54	81	135	0
平成18年度	2006	29	74	103	0

（注）派遣等とは，派遣職員（県職員）をさす。
（出典）（財）神奈川県公園協会『（財）神奈川県公園協会創立30周年記念誌　公園に行こう』2005年 p.83に一部補足して作成。

第 6 章
首都圏政策の形成と東京都の都市計画

早川　淳

はじめに

(1) 問題提起

　前世紀もおわろうという2000年12月，東京都は石原都政の総合計画として『東京構想2000』を策定した。50年後を展望した東京の望ましい将来像としての『東京構想2000』を具体化するため，翌01年10月には，都市づくり分野での総合的ビジョンとして「東京の新しい都市づくりビジョン」が策定されている。そこでは，「めざすべき都市像」（第3章）として，東京都のそれまでの政策であった「多心型都市構造」の考え方では，「東京圏全体の広域的な視点に立って，国際競争力を発揮し魅力ある首都への再生を図る圏域の姿を描くことはできない」として，「東京圏全体を視野に入れた集積のメリットを生かす多機能集約型の新たな都市構造」である「環状メガロポリス構造」の構築をめざすという政策転換が明記されている[1]。そこに掲載された図面を見ると，「多心型都市構造」のイメージが東京都の区域内で描かれているのに対し，「環状メガロポリス構造」は都の区域を超えて，概ね首都圏中央連絡道路の範囲で描かれている（図6-1）。区域が異なるこの二つの都市構造のイメージの内容はどのように異なるのであろうか。本章では，この多心型都市構造がどのように形成されたかを検討することで，この政策転換の意味を考える。

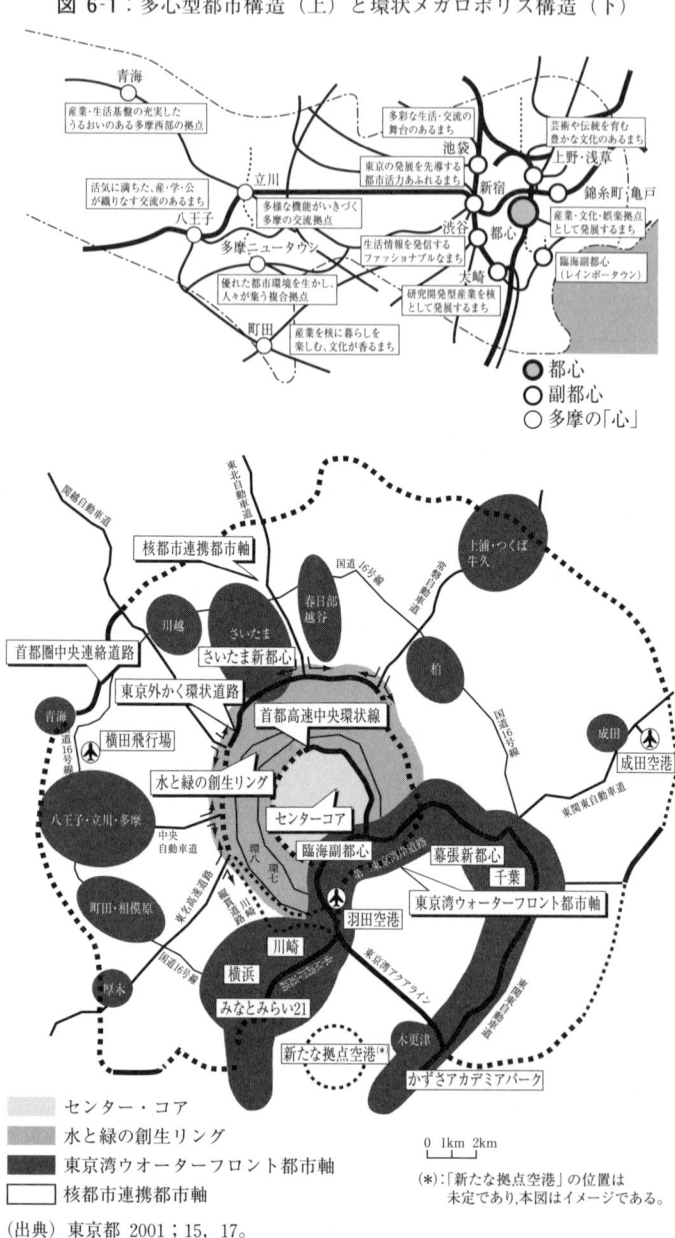

図 6-1：多心型都市構造（上）と環状メガロポリス構造（下）

(出典) 東京都 2001；15, 17．

この「東京の新しい都市づくりビジョン」を踏まえた土地利用のあり方について，都は同時に東京都都市計画審議会に諮問を行い，翌02月3月には同審議会の答申として「東京における土地利用に関する基本方針（東京の新しい都市づくりビジョンを踏まえた土地利用のあり方）」を策定し，用途地域の見直しに着手することとした。そして，同年9月には都内の区市町村に用途地域等の原案の作成依頼を行い，1年後に各区から提出された原案をもとに，04年6月には用途地域等を変更する都市計画決定を行った。このように，都が知事の交代などにより，任意の総合計画を新規に策定し，これを実現する手段として，用途地域の変更（業界では「一斉見直し」と呼んでいる）を行うことは，これまでも繰り返されてきた。

　用途地域の原案作成を都が区市町村に依頼するということは，都市計画法を知る者にとっては奇異に感じるかもしれない。都市計画法第15条には，都市計画を定める者として都道府県が定める都市計画を限定列挙しており，その中に第8条第1項第1号の用途地域は含まれていない。すなわち，用途地域の決定権は市町村にあるはずである。しかし，第15条第5項に「一の市町村の区域を超える広域の見地から決定すべき地域地区として政令で定めるもの」とあり，その政令としての都市計画法施行令第9条に「次に掲げる土地の区域の全部又は一部を含む都市計画区域内の法第8条第1項第1号」と定められている。次に掲げる土地とは，首都圏整備法に規定する既成市街地及び近郊整備地帯等の三大都市圏，並びに政令指定都市の区域があげられている。したがって，都内の区域は首都圏であるがゆえに，東京都が用途地域を定めるということである。さらに都道府県がこの地域内で用途地域等を決定するには，国土交通大臣と協議しあらかじめ同意を得なくてはならない（都市計画法第18条第3項）。この「広域の見地から定める」都市計画とはどのようなものであろうか。この仕組みを通じて，大都市の都市計画に関して，市町村の権限が制限され，国が関与することの正当性はどこにあるのであろうか。

(2) 対象と分析視角

本章は，日本において国が行う首都圏政策の形成過程において，東京都，とくにその都市計画の果たした役割を分析しようとするものである。言い換えると，広域的な空間計画と都の区域内の都市計画との計画間関係及び計画主体としての国と都の政府間関係の二つが分析対象である。

計画間関係と政府間関係を同時に取り上げる意義は何か。筆者の問題意識は，空間計画は本来，その空間のあるべき姿を表し，その実現に向けた道筋を示すものであるが，同時に計画を実現する手段をもたないと画餅に帰すと考えていることである。そのためには，都市計画とその担い手である自治体との最も適切な関係は何かを究明することが必要である。そこでは，計画の範囲と自治体の区域との関係や，計画が描く将来像とその実現手法との関係がどのように結びつくのが最適なのかが問われる。このことを分析することにより，都市計画の実効性を高める大都市制度のあり方を検討することが目的である。

分析視角としては，計画策定機関の構造，計画が描く都市像，その実現手法の三つの変遷をたどることとする。時期区分（＜　＞カッコ内は対応する節の番号）としては，東京戦災復興計画期（1945～50年）＜1＞，首都建設法に基づく首都建設計画期（1950～56年）＜2＞，首都圏整備法の制定と第1次首都圏整備計画期（1956～68年）＜3＞，そして首都圏整備法の改正による1968年の第2次首都圏整備計画の策定＜5＞である。この第2次首都圏整備計画の策定によってほぼ現行の首都圏政策の枠組みが形成された[2]ととらえている。

分析視角の第1の計画策定機関[3]とは，計画の策定や進行管理を行うために設置される機関である。戦災復興期の都市計画東京地方委員会[4]，首都建設法における首都建設委員会，首都圏整備法における首都圏整備委員会があげられるが，ここでは主に，「各省大臣委員会」[5]という特異な国の行政委員会として設置された首都計画の策定機関と知事公選により完全自治体となった東京都の関係を検討する。

第2に，計画が描く都市像と，その変遷をたどることである。最も大きな変

遷は，計画の対象とする都市の範囲である。戦災復興都市計画では，都市像においてはすでにほぼ現在の首都圏の範囲で構想されていたにもかかわらず，実現手法は特別区の区域を範囲とする東京都市計画であった。首都建設法は東京都のみに適用される特別立法であったため，都の区域に限定された。しかし，計画の対象区域を広げざるを得なくなったことにより，首都建設法は廃止され首都圏整備法となり，計画の範囲も50km圏から100km圏へと次第に拡張していった。都市像のコンセプトは，一貫して過大都市抑制であったにもかかわらず，都市化の圧力によりグリーンベルト構想は廃棄され，具体的な分散策も住宅市街地建設と工場や大学の分散というきわめて限られた機能の分散政策にとどまったため，自立した都市は形成されず，結果として東京を中心とする大都市圏のスプロール的な拡大をもたらしたと筆者は考えている。首都圏政策もこの現状を追認する形で巨大都市を肯定し，既成市街地の多心型都市構造に転換した。このような時期に，東京都は，はじめての独自の総合計画として「東京都長期計画」を策定した。国の首都圏政策とは別に東京都が描いた都市像はどのようなものであったのだろうか。

　第3に，都市像を具体化するための実現手法となる土地利用計画の分析である。ここでは，都市像が最も鮮明に反映される都市計画，なかでも用途地域制に焦点を当てることとしたい。まず，都市計画区域は，当時は国が定めるものであったこともあり，1919年の旧都市計画法制定を受けた最初の指定から東京市の区域を超え，1932年の東京市の市域拡張により，むしろ都市計画区域に合わせて東京市という自治体の区域が設定された。直後の1935年の用途地域改正により，東京都市計画区域（ほぼ現在の23区の区域）すべてに用途地域が指定された。後述するとおり，用途地域は太平洋戦争の戦災復興で大きく転換し，1963年の都市計画法全面改正（新法制定）までは国の決定でありながらも，東京都の政策に応じて変更されていく。むしろ，新法制定までは民間の建築行為の規制という都市像実現の手段でさえ国の権限とされており，東京都は国の力なしでは都市像を実現できなかったため，国と都の密接な関係が維持されてきたともいえよう。新法制定以降は，東京都は長期計画の改定のたびにその実現

手段として用途地域を改正している。用途地域指定を見ることで，都の描く都市像の具体的な姿が鮮明となるともいえよう[6]。

以上三つの分析視角により，首都圏政策の形成とそれとの東京都の都市計画の関係を分析するが，その評価については，この時期に国や都に多数設置された制度改革検討機関による制度改革構想を通じて検討してみたい。当時の首都圏問題は，まさに計画主体，計画区域及びその区域区分，計画実現手法の三つの視点から活発に議論されていた。地方制度調査会は，1960年に「首都制度の改革に関する行政部会中間報告」や62年には「首都制度当面の改革に関する答申」を行っている。これに先立ち東京都では，1956年に都政調査会を設置し，62年には地方制度調査会答申の1月前に「首都制度の改革に関する答申」を行った。さらに国では，1961年に臨時行政調査会を設置し，翌年5月，当時の行政管理庁政務次官の岡崎英城が首都制度問題を取り上げるよう勧告したことを契機に首都制度改革論議は最高潮に達した。これを受け，臨時行政調査会は「首都行政の調査に関する特別部会」を設置し，同部会はきわめて短期間で調査審議をおえ，翌年「首都行政に関する報告」を提出し，これをもとに臨時行政調査会の意見第1号として「首都行政の改革に関する意見」を内閣総理大臣に提出した。この報告及び意見は，制度改革論としては実現しなかったものの，それまでの首都圏制度を総括したうえで，現行の首都圏政策が形成される一大転機を促したものであった。

本章では，まず上記の時期区分ごとに分析を進めたうえで，この首都制度改革論議を検討することにより，上記三つの分析視角において国と都の関係がいかに変容したかを分析してみたい。

1. 戦災復興計画における過大都市抑制策とその挫折

(1) 東京都の戦災復興計画

日本ではじめて首都という言葉が法律の名称に使用されたのは，1950年制定

の首都建設法であった。首都建設法制定の直接の契機は，東京都議会が国に宛てた請願であった。憲法第95条の規定による都民の住民投票の結果では，賛成102万5,790票，反対67万6,550票で，賛成率は60.3％にとどまった（東京都 1965；203）首都建設法について，東京都議会が請願を行うに至った経緯を見ることから，首都行政の出発点における東京都のスタンスを分析してみよう。

　太平洋戦争の終結後の1945年11月，内閣総理大臣の直属機関として戦災復興院が設置され，同年12月30日には「戦災地復興基本方針」[7]が閣議決定された。同方針の前文には「復興計画ハ産業ノ立地，都市農村ノ人口配分等ニ関スル合理的方策ニ依リ過大都市ノ抑制並ニ地方中小都市ノ振興ヲ図ルヲ目途ト」することが掲げられていた。

　戦後いち早く[8]「帝都再建方策」[9]を打ち出し，戦災復興に取り組んでいた東京都は，ほぼ同時期に「帝都復興計画要綱案」をまとめた。この復興計画は，「全国115の戦災都市のなかで，政府の戦災復興基本方針を最も忠実に，大胆に，そしてロマンティックに採用した」（越沢明 1991；203）と評されている。

　「帝都復興計画要綱案」が描く都市像及びその実現手法について，東京都の20年史（東京都 1965；777-79）の資料編に掲載された1945年12月22日づけのものをベースに，のちにこの要綱案をもとに，「各方面の意見を取り入れ数回にわたる都市計画東京地方委員会で九分通り決定をみたもの」として『東京百年史』（東京都 1972；155-58）に掲載された「帝都復興計画概要案（以下，概要案）」（おそらく46年4月頃公表されたもの）で補足しながら検討しよう。

　まず都市像は「方針」の中で描かれている。帝都の性格は政治の総中心であることはいうまでもないが，文化と経済の中枢たることも必要と考えられる。しかし，過去における弊害の発生の最大原因である「過大綜合都市」たることを防止するため，帝都に直接必要ない機能，とくに工業のある部分は地方に分散することによって，過大集中を避けることに重点を置く必要がある。将来の帝都は，以上の性格を保有しつつも，保健上快適で，観光価値を有するとともに文化創造に適応し，ある程度生鮮食料の自給力を有する必要がある。以上の方針で帝都の復興を図るためには，東京都の区域を対象とする計画だけでは到

底困難なので，関東地方ことに帝都衛星都市圏内に計画を及ぼし，帝都や各都市の収容人口を決定する必要があるとともに，帝都の内部においては各都心を分散し生活圏単位を構成させ，交通単位を適当に配置し，建築物については都市の景観に留意するとともに空地を保有させ，農地の確保と相まって食料自給に貢献させ，さらに工業文化娯楽中心等としても計画するものとする。

　実現手法は「要領」として，箇条書きされている。まず要領の一つ目は，「帝都を中心とする地方計画」であり，帝都を中心とした半径40km圏内の各衛星都市に帝都内に必要ない諸施設を分散収容し，都市間交通を整備し，各都市と帝都との中間区域を農業地域として確立する「第1次計画」，区域を関東地方全面に及ぼし，臨海・水郷・高原・山岳等の景園地を指定し，帝都内の教育機関で適当なものは圏内の都市に収容し，河川改修や運河建設による農産物輸送や東京港機能の奥地誘導を図り，水戸・宇都宮・前橋・高崎・甲府・沼津の各都市の既存疎開工場を転換再起させ帝都に流入する人口の阻止に資する「第2次計画」，帝都に隣接する市川・川口・川崎・横浜は，各市それぞれに住宅地の整備を図るとともに，各都市間に農業地域や緑地帯を造成し，連担を防止する措置を講じる「京浜都市計画」の三つ（「概要案」では「第2次計画」に「このほか京浜地区の農業地域及び緑地帯を造成して住宅地の整備を行う」と記述され，二つとなる）からなる。

　残り全部が「東京都市計画」であり，以下の8項目からなる。第1に「人口計画」であり，「帝都における将来の職業構成・居住面積・食料自給率・交通状態より考慮し，300万人を最も適当とし，最大500万人（「概要案」では，「帝都人口の理想的目標を，昭和5年当時の職業構成のうちから商，工業に大削減を加えた350万人におき，自然増加として500万まで幅をもたせる」と，すでに増大している）とした。第2に「土地利用計画」であり，緑地地域・工業地域・商業地域・住居地域・混合地域からなる「用途地域」，空地を菜園として利用することにより食料自給に資するため，都心に向かい敷地割合（1割から7割まで）と階数（1階から7階）の増加を図る「容積地域」，建築物の用途形態意匠その他の特別の制限を課す「特別地区」として，行政地区（「概要案」では「公館地区（行政地

区)」)・文教地区・消費観興（「概要案」では「消費歓興」）地区・医療地区・交通運輸地区（「概要案」では「港湾地区」）を指定することとした。第3が施設計画であり，幹線街路・補助街路・細部街路・高速度道路・高速度鉄道からなる「街路」，緑地帯・公園緑地からなる「緑地施設」，水道・下水道の改良，電線・ガス管等の地下埋設を図る「供給施設」の三つであった。第4が以上各項の実施のため，細部の土地利用具体化計画をたてるとともに，土地形状の整理を行う「土地区画整理」であった。第5から第8までは，工業（工業別生産額・工場規模数及び工具数），産業（産業別生産額），農業（主要農産物年生産額・耕地面積・農業戸数・農民団体及び加盟員数），文化（学校生徒数・重要図書館数・寄席数等の文化施設）といった産業・文化計画であった。

(2) 東京戦災復興計画に基づく都市計画

これらの戦災復興計画に基づき，法定計画としての都市計画は，1946年3月に東京復興都市計画道路，4月に東京復興都市計画土地区画整理事業，9月には東京都市計画防火地域と東京復興都市計画公園がいずれも戦災復興院から告示（東京都 1965；419）されている。戦災復興計画としての「東京都市計画用途地域」も，同年8月に戦災復興院より告示され，翌月に施行された（図 6-2）。また，「要綱案」にあった「特別地区」については，46年8月に都市計画東京地方委員会から特別用途地区案として指定案が答申された。当時は特別用途地区が法定化されていなかったため，東京都独自の計画として行政指導により実現を図るものとし，東京都告示により「公館地区」が皇居周辺・四谷見附一帯に，「文教地区」が東大・早大・慶大・東工大とその周辺に，消費歓興地区が銀座・上野・浅草・王子・池袋・新宿・渋谷・五反田・大森・錦糸町に，「港湾地区」が城東地区から品川区にかけての臨港地帯に指定された（財団法人都市計画協会 1991；109）。

「帝都復興計画」は，「東京における明白な政策意図を持った初めての都市計画であり，用途地域制もそれを受けて立案」された（堀内 1978；80）といわれている。すなわち，戦前の用途地域指定は都市計画区域全域を散漫に市街化す

るものであったのに対し，市街地に適した場所のみを集約的に市街化し，その他の地域は農業地域として残し，都市内においても生鮮食料品の自給を図った。このため，工業地域は大幅に縮小され，住民生活の利便のため商業地域は分散された。1946年11月に東京都建設局がまとめた「東京復興都市計画概要」（堀内 1978；77-79）では，このときの用途地域指定について次のように解説している。従来低湿地に密集していた住宅を山の手の高台に誘導し，地盤も弱く交通にも支障の多い丸の内，京橋，日本橋方面に偏在している商業地を四谷・新宿方面に分散し，工業地域については隅田川・中川・荒川・東京湾沿岸その

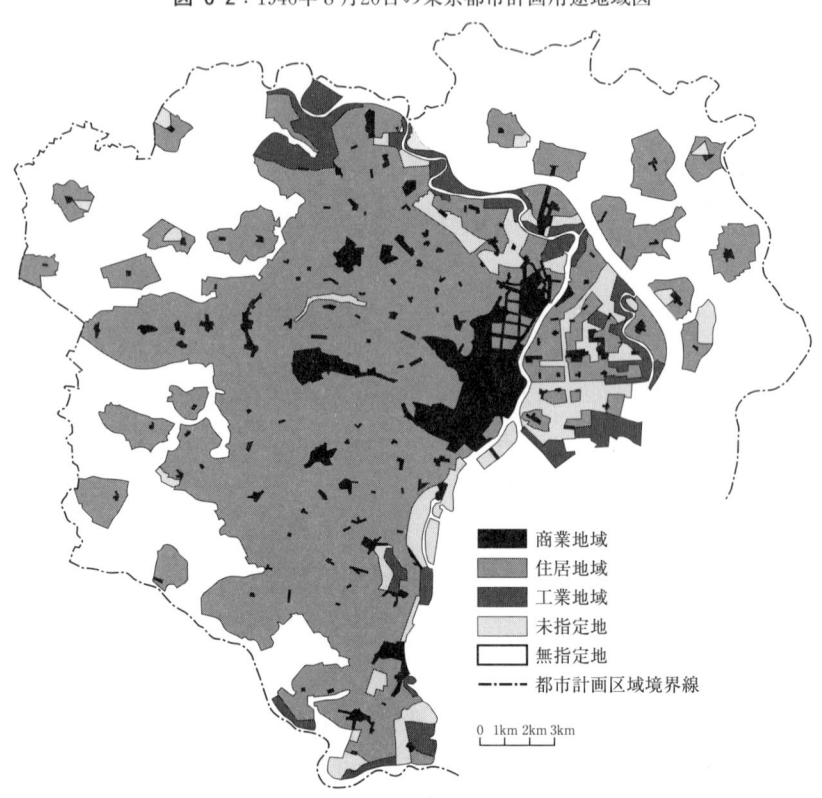

図 6-2：1946年 8 月20日の東京都市計画用途地域図

商業地域
住居地域
工業地域
未指定地
無指定地
都市計画区域境界線

0 1km 2km 3km

（出典）堀内 1978；付図。

他の水路沿いに配置し，大集団の工業地を廃止した。また，消費中心を大森・五反田・渋谷・新宿・池袋・王子・錦糸町等にも育成し，これらを副都心とすることを企図するとともに，日常生活の中心地を概ね1kmごとに配置し，生活圏の構成を図ったのであるとされている。

また，このときの用途地域指定は，「戦前以来の指定とは全く異なっていた」(石田編 1992；146-49) といわれている。最も大きな違いは，東京都市計画区域である区部内の外周部さらにそれを山手線や幹線街路で網の目状につなぐ区部の33.9％にあたる地域について，同月制定された特別都市計画法第3条に規定された「緑地地域」として指定するため「無指定地域」[10]としたことである。

この緑地地域に指定されると，地域内に建てられる建物は農林水産畜産用施設やこれに付属する住宅，または建ぺい率10％以下の1・2戸建て住宅だけに限定される。石田頼房によると，この緑地地域は戦前の「東京緑地計画」[11]のグリーンベルトの流れをくみ，戦時中の防空法に基づく防空空地をそのまま受け継ごうとしたものであった (石田編 1992；149)。越沢明によると，この「緑地地域」によって東京の市街地を人口15万人単位，面積1平方kmのブロック (隣保圏) に分割し，もって当時の35区を再編[12]し，それまでの地縁関係を壊してデモクラシーを実現するための市民の結合を図ろうとしたものであった (越沢 1991；207)。「緑地地域」は，自作農創設を目的とする戦後農地改革が一段落したことにより[13]，1948年7月に区部外周5,448坪に指定された (財団法人都市計画協会 1991；113)。

東京都市計画地方委員会は，1946年の用途地域指定を議決した際に，六つの建議を行っている (堀内 1978；82-83)。その後の首都圏政策にも影響を与えていると思われる，三つ目から六つ目までを紹介しておこう。三つ目は「人口抑制のため，国土計画を樹立し，人口，産業の配分計画を建て特に専門学校以上の学校の分散が実現できるようにしてほしい」。四つ目は，「隣接県の市町村で都と一体をなしている区域については，行政を一体に行なうために行政区域を変更して都の区域にしてほしい。区の区域も生活圏を構成することを考えているので再検討してほしい」。五つ目は「隣接県下における施設計画と都の施設

計画を同一方針のもとに樹立しなければ効果がないので調整できるよう適切な方法を講じてほしい」。最後が「復興のため多額の国庫補助を考えてほしい」ということであった。

(3) 東京戦災復興計画の挫折

　戦災復興都市計画が大きな転機を迎えたのは，1948年12月の合衆国政府の「経済安定9原則」の指令にはじまる「ドッジ・ライン」と呼ばれる経済安定政策を契機として，49年6月に「戦災復興都市計画再検討に関する方針」[14]が閣議決定されたことである。その主な内容は，第1に，復興計画については，交通，防災，保健上必要なる限度に既定計画を改変して，建築物等の計画制限を緩和するものとするとして，①幅員のはなはだ大なる街路（概ね30メートル以上）は，その実現性並びに緊要度を勘案して適当に変更すること，②公園緑地は，児童公園，運動場に重点を置き，既定計画を適当に変更する。帯状の緑地は，がけ地，荒蕪地等で建築敷地として不適当な地域，河川，水路等の沿岸地で，公衆保健，消防水利上空地を必要とする地域並びに密集市街地内でとくに防火帯を必要とする地域等に選定することとした。第2に，戦災都市における建築制限の緩和として，その適用を土域区画整理事業区域に限るものとした。第3に，復興事業は，速かなる収束を図るものとして，①土域区画整理は，罹災区域中交通，消防，防火上とくに憂慮される区域に限り施行すること，②戦災の比較的軽少な都市または事業実施の困難な都市については，事業実施の方法を別途に考慮し，復興事業の範囲を圧縮する。とくに事業が進捗している都市に対しては，特別な財源措置を考慮して復興事業の促進に資することなどを定めた。第4に，土地区画整理施行区域内において換地予定地の指定を終了したもの，または工事施行中のものについては，原則として既定方針により施行するものとした。第5に，この方針に基づき検討を加えた復興事業は，これを5カ年以内に完了しうるよう予算措置を講ずるものとした。この方針に基づく事項を速かに調査審議するため，建設省に戦災復興対策協議会が設置され，9月に再検討5カ年計画の答申を行った（財団法人都市計画協会編

1991；114)。要するに，戦災復興事業については，この時点で着手されているものに限定しようというものであった。

　これにより，東京の戦災復興は，土地区画整理事業面積で6.8％，公園緑地整備事業面積で38.6％，60m以上の幅員の街路事業路線数では0％に減少され，全国一の縮減幅となった（石田 1987；271-73)。東京の戦災復興事業が遅れており，結果として計画がこれほどにまで実現できなかった事情については，次のようにまとめられる。

　第1に，リーダーシップの不在があげられよう。GHQは，戦災復興は敗戦国にふさわしくなく復旧でいいという姿勢であり，戦災復興院総裁の小林一三（阪急グループ創始者）は，戦災復興事業は国の事業とすべきでなく，地方自治の観点から自治体執行とすべきと考えたが，当時の安井誠一郎都知事は復興事業の実施については熱意に欠けていた。戦災復興院幹部が都と国の共同体制を勧めたが，安井知事は都独自で執行するとして，これを断った（越沢 1991a；213)。

　第2に，安井知事が復興事業に専念できなかった理由でもある東京の特殊な混乱状況である。「すなわち，窮迫した東京都民の衣食住の確保，伝染病の流行や風水害の発生，占領軍のための施設の接収や設営，自治体警察の発足や六三制教育の実施，戦災による公共施設の復旧，こうした一連の応急対策を実施することが，都政にとって先決の課題であった」（高木 1974；155)。多くは他の戦災地にもあてはまろうが，GHQが置かれたのは東京の特殊事情である。また，1955年に東京都建設局計画部長に神奈川県庁から招かれた山田正男（後の初代首都整備局長）によると，復興事業の手法にも問題があった。第1に，区画整理の交渉に手間どっている間にバラックが建ち並んでしまったこと。第2に，東京の下町は関東大震災の復興事業ですでに区画整理をおえ土地が細分化されており，さらなる区画整理による減歩を地主が承諾しなかったこと。第3に，戦時中の建物疎開で広げた空地の大部分を公共施設用地にせず，元の地主に返してしまったことであった（御厨編 1995；325)。

2. 首都建設法の制定過程における東京都の役割

(1) 首都建設法制定に賭けた東京都の窮状

　当初の計画の大幅縮小という追い詰められた状況の中，東京復興の起死回生をかけて望まれたのが首都建設法の制定であった[15]。東京都が首都建設法の制定を要請した意図については，町村敬志が端的に指摘しているところによれば，資金不足や各種アクター間の利害対立のため容易に進まない戦災復興事業に対し，「首都」という切り札を使って国家予算を東京へと優先的に導入しようとした試みであった（町村 1994；57-58）。

　『都政十年史』によれば，当時の東京都の窮状は，以下の三点とされている（東京都 1954；266-69）。

　第1に，「都の施設や事業が一応整い，復興ができたと思っても，それを上回る人口増加によって，施設や事業の不足をきたし，都の実施すべき事業量はますます増加して行く」という財政需要の増加にもかかわらず，財政収入が増加しないこと。この原因は，「増加人口の大半が担税力の低い人達」であり，「この収入欠陥を補うために起債が特に認められるものでもない」ことであった。

　第2に，「主として制度の改廃，占領軍の行政指導，その他首都としての特殊事情などが原因」の「財政需要の異常な増加」であった。例として，六三制実施によりおびただしい中学校教室の建設が必要となったことや，都心地帯の建物はすべて耐火建築を要求されたことなどがあげられている。

　第3に，「住宅の建設と小・中学校の建設および道路の整備の三大事業」をはじめとする戦災復興事業に国庫支出金は40％弱，都債は20％弱という「復興に要した経費と国の援助の消極性」であった。「要約すると首都の戦災復興にたいする国の援助は，震災復興に比していちじるしく少ない。自治体としての首都東京が独力で復興を成就するには限界がある以上，より多くの国の積極的

援助が期待されるのであった」と記されている。

このような状況認識により，東京都が首都建設法の制定を要求した理由は，①「人口750万を有する東京都の特殊性が考慮されなければならない」こと，②「戦後のいちじるしい東京への人口集中に着眼されなければならない」こと，③「日本の首都としての中心的機能をあわせて発揮しなければならない」こと，④「首都の国家的性格からかえりみて，国の特別の援助とか特殊な権能を付与しなければならない」ということであった（東京都 1954 ; 269）。

このような東京都の意向は，首都建設法が制定される過程で換骨奪胎され，実際に制定された首都建設法は安井知事による後の回想では「死文に終った」[16]とまで表現されるほど裏切られる結果となった。

(2) 首都建設委員会と東京都の関係

東京都議会が1949年12月21日に衆参両院議長宛てに全会一致で行った請願は，首都建設法制定であり，参考として全6条からなる首都建設法案[17]が添付されていた。これを受け，翌年3月に国会で議員提案された全13条からなる首都建設法の特徴は，冒頭の3条に表れている。第1条は，「この法律は，東京都を新しく我が平和国家の首都として十分にその政治，経済，文化等についての機能を発揮しうるよう計画し，建設することを目的とする」とあるように，東京都のみの特別立法であることである。第2条は，「東京都の区域内において施行せられる重要施設の基本的計画であつて，東京都における都市計画及び都市計画事業並びに前条の目的を達成するため必要な施設の計画及び事業の基準となる首都建設計画」を策定することである。第3条は，首都建設計画を策定する機関として，「国家行政組織法第3条第2項の規定に基いて，総理府の外局として首都建設委員会を設置する」としたことである。都議会案では，首都建設審議会という国家行政組織法第8条機関を想起させる名称をとっていたのに対し，明確に3条機関としての行政委員会制度を採用した。

首都建設委員会の組織は，建設大臣を委員長とし，衆議院議員のうちから衆議院の指名した者1名，参議院議員のうちから参議院の指名した者1名，東京

都知事，東京都議会議員のうちから東京都議会の指名した者1名，学識経験者4名の計9名であった。伊藤正次による行政委員会の分類によると，発足当時の首都建設委員会は国務大臣を委員長とする総理府の外局である「総理府大臣委員会」であり，1954年の警察法改正以降の国家公安委員会を典型とする（伊藤 2003；28-32）。しかし，委員長は首都建設法第6条で「建設大臣たる委員をもって充てる」と明記されており，きわめて建設省に近い存在だったといえる。実際首都建設委員会は，1952年7月の首都建設法の改正により，建設省の外局となり，1956年6月に首都圏整備委員会として総理府外局に復帰するまで，「各省大臣委員会」という本委員会1例しか存在しない（伊藤 2003；32）特異な行政委員会であった。

　東京都が最も切実に求めていた財政的援助はどうなったかといえば，第13条に「特別の助成」として「国は，首都建設計画に基く都市計画事業の用に供するため，必要と認めるときは，その事業の執行に要する費用を負担する公共団体に対し，普通財産を譲渡することができる」と規定されるにとどまった。実は，憲法第95条の住民投票を要する特別立法は，首都建設法制定前年の広島平和都市建設促進法や長崎国際文化都市建設促進法の制定をはじめとして前後に多数制定されており，その多くは「特別の助成」という規定を設けており，「国有財産法第二十八条の規定にかかわらず，その事業の執行に要する費用を負担する公共団体に対し，普通財産を譲与することができる」と書かれるのが通常であった。無償が前提の「譲与」に比して，有償を含む「譲渡」とされたことは，首都としての特別扱いどころか，他都市よりも後退した扱いといわざるを得ない。この点について，地方自治法第261条第2項の規定に基づく内閣総理大臣から東京都知事宛通知[18]の国会審議の概要に言い訳が書いてある。すなわち，本法案はなぜ広島・長崎の特別法のように譲与としなかったのかという質問に対し，「広島，長崎の特別法は単に国有財産法第28条についての制限緩和規定であるが本法案はかかる制限なしに拡げたので，東京都としては，この際たとい有償譲渡をうけても東京を首都として建設しようという積極性の現れであるとの答弁」があったというのである。都からの要請で立法化したことが

仇となったのではないだろうか。

　実際に首都建設委員会委員の発令があったのは，1951年3月13日であった。その構成は，委員長に建設大臣野田卯一，委員に衆議院議員鈴木仙八，参議院議員黒川武雄，東京都知事安井誠一郎，都議会議員上条貢，学識経験者として高野直治，次田大三郎，小林中，阿部美樹志の4名の計9名であった（東京都都民室首都建設部 1952b；83）。3月21日には事務局が設置され，4月5日の首都建設委員会訓令第1号で正式に位置づけられた（東京都都民室首都建設部 1952a；2）。

　東京都においても，首都建設委員会をバックアップする組織が整えられた。まず1950年9月26日には，都知事を委員長とし，全局長を委員とする「東京都首都建設連絡委員会」を設置し，翌年9月27日には，知事室を都民室と改称し，そこに首都建設部を設置した（東京都都民室首都建設部 1952a；91-98及び東京都1997；138-47）。首都建設部設置の経緯は，「従前首都建設に関する事務は，この事業の性格が都市計画を根幹とするものであるため，主として建設局都市計画課が担当主管しておつたものであるが，その仕事は企画の一体性と，対内外的な連絡調整を含み，綜合的に運営せられることがより適切であるとの見地から昨夏7月総務局文書課において暫定的に所掌する処となつたのであるが，9月27日都民室開設とともに，改めて首都建設部へその事務を移管せられることとなつた」（東京都都民室首都建設部 1952；2）とのことであった。

　首都建設委員会の活動はどのようなものであったか。1956年3月22日に第1回定例委員会を開催し，委員会議事規則，事務局組織規定，委員長代理選任を決めた後，5月9日の第3回より「首都建設計画として取上げるべき問題」を検討しはじめ，7月25日の第6回では首都建設5カ年計画都案を審議し，翌8月11日の第7回では首都建設5カ年計画委員会案を作成している（東京都都民室首都建設部 1952b；105）。その後は主に首都建設計画を事業ごとに逐次審議している。

　第6回委員会で審議された都案にこの時点での都の将来像が現れている。このときの都の「首都建設計画の説明の概要」によると，区部の将来人口を750

万人と推定し,「特に東京都が責任もって推進すべき事業」として, ①「都市形体の整備」として区画整理, 道路, 公園, ②「交通施設の整備」として地下鉄道, バス, 自動車専用道路, 駐車場, ③「貨物輸送施設の整備」として港湾, 運河, 舟航河川の整備, ④「都市衛生施設の整備」として上下水道, 在来下水の改修, 清掃施設, ⑤「都民の食・住生活の整備」として市場・屠場, 住宅供給, ⑥「教育・文化施設の整備」として学校施設とくに六三制施設の整備, 図書館・美術館・博物館, 体育及び娯楽施設, ⑦「社会福祉施設の整備」として老・幼者の保護施設, 生活困窮者の保護施設, ⑧「防疫・医療施設の整備」として伝染病院, 結核病院, 精神病院その他医療施設, ⑨「防災施設の整備」として低湿地対策施設, 河川防災, 火災防止施設, 治安確保施設があげられている。

　首都建設5カ年計画とは, このうち区画整理, 道路整備, 公園, 河川修理, 在来下水改良, 低地対策, 塵芥処理, 上下水道, 港湾, 社会福祉施設, 庶民住宅, 耐火建築助成, 六三制整備, 市場, 屎尿処理について5カ年の事業費を見積もったものであった。さらに2分の1の国庫補助率を見込んでいたように, 多分に予算要求的色彩の強いものであった。しかし, 1955年の3年目の統計で, 全体の進捗率は28％, そのうち国庫補助率は20％にとどまり, 29％を都債, 43％を一般都費でまかなわなければならない状況であった（佐藤竺 1965a；131）。石田頼房によれば,「首都建設基本計画は, 戦災復興都市計画の構想が当初持っていたようなマスタープランとしての性格は全くなく, むしろ, 戦災復興都市計画実施の過程で, 各事業計画がマスタープランから離れてバラバラの性格になったものをほとんどそのまま受けついだものである」（石田 1987；275）とされている。もう一つ, 戦災復興計画との大きな違いは, 戦災復興計画は理念としては現在の首都圏に相当する広域的な構想をもっていたものの, 具体的な施策としては東京都市計画に依拠せざるを得なかったため, 東京都市計画区域, すなわち23区の区域に対象が限られていたのに対し, 首都建設基本計画は都全域に対象を広げていた。しかし, 首都建設5カ年計画は, 4年目でも40％程度の達成率しか得られなかった。なぜ, この程度の予算措置しか得ら

れなかったかについて，1952年日米間で，占領軍の所在地を移転し，民有地の接収状態を解除するため，日本政府の費用負担で相当量の施設建設を行うという「在日駐留軍再配置計画」が合意されたことにより，300億円にのぼる財政負担があったことが指摘されている（江藤・八塚 1986 ; 105）。

(3) 首都建設計画の都市像とその実現手法

　首都建設委員会が描いた都市像はどのようなものであっただろうか。首都建設法の廃止に至る，都の区域を超えた首都圏の構想を描いたのは，ほかならぬ首都建設委員会であったことは，よく知られている。1954年1月22日の第39回首都建設委員会では，首都圏の構想策定の基本方針について審議をはじめ，6月までに，①首都の適正人口について，②首都圏人口の適正配置について，③首都圏工業の適正配置について順次取り上げていった（東京都都民室首都建設部 1954 ; 4-5）。そして，9月からは素案をまとめはじめ，翌55年6月に「首都圏の構想素案」（東京都 1965 ; 783-86所収）を公表するに至る。この素案は，「東京都区部の人口及び産業を一定限度に抑制してその過大都市化を防止し，首都周辺に衛星都市を育成開発して首都圏の秩序ある発展を可能ならしめることを目途とし，この計画を樹立する為の基本要綱」を定めるものであった。前半は「首都圏内の人口配分について」であり，前提条件として計画の基準年次を1950年，目標年次を75年とし，目標年次における首都圏内人口を1,804万人とした。そのうえで，このまま推移すれば，東京都区部の人口は1,181万5千人となるのに対し，人口配分計画では首都圏内人口は変わらず，区部人口を848万人に抑制し，300万人以上を首都圏内の周辺都市地域へ誘導しようとする圏域内分散論の考え方に立っていた。ここでいう首都圏とは，都心から概ね50kmの範囲であり，それをさらに15km以内の内部市街地，25km以内の近郊地帯，50km以内の周辺地帯に三区分した。この構想の最大の特徴となったのは，「内部市街地を囲む地帯で内部市街地の連担的発展を断切るため」設けられた近郊地帯であり，グレーターロンドン計画[19]におけるグリーンベルト構想を導入したもので，その後の首都圏整備計画にも引き継がれるものとなる。また，近郊

地帯外部の周辺地帯では、「既存都市を核とし適当な間隔に衛星都市を育成」し、そのために「積極的に立地条件を整備して工業を導入」することとしたことであった。

この時期は用途地域にも、一大変革要因が生じたときであった。首都建設法が制定された1950年通常国会では、これまでの市街地建築物法が廃止され、代わって建築基準法が制定された。この改正の最も大きな特徴は、建築が許可制から確認制に変わり、建築の自由が原則となったことであったが、用途地域としては、①準工業地域の新設、②特別用途地区の制度化、③建ぺい率の変更（堀内 1978;89-91）であった。準工業地域は従来の未指定地域を名称変更したもの、特別用途地域は東京都が法律によらず実施しているものを制度化したものであった。建ぺい率の変更では、住居地域では従来60％以下であったものを新たに敷地面積から30m²を控除したうえでの60％以下に変わった。このため、浅草付近など戦前は商業地域であったが、戦災復興計画の職住近接思想により住居地域に指定変えされていた小宅地の多い地域は、30m²控除が厳しすぎたため、再び商業地域へ戻ることを余儀なくされた。

建築基準法に基づく用途地域の変更は、1950年12月1日には告示された。建築基準法施行前後の用途地域の比率は、表 6-1 のように変更された（図 6-3）。

表 6-1：建築基準法施行前後の東京都市計画用途地域面積比較

施行年月日 種別＼面積	1949年5月1日 ha	%	1950年12月22日 ha	%
住 居 地 域	23,241	41.6	25,217	45.2
商 業 地 域	3,430	6.1	7,980	14.3
未指定地域準工業地域	5,118	9.2	5,702	10.2
工 業 地 域	5,114	9.2	3,990	7.1
緑 地 地 域	18,934	33.9	12,959	23.2
計	55,837	100.0	55,848	100.0

（出典）堀内 1978, p.91.（告示年月日を施行年月日に改めた。）

第 6 章　首都圏政策の形成と東京都の都市計画　219

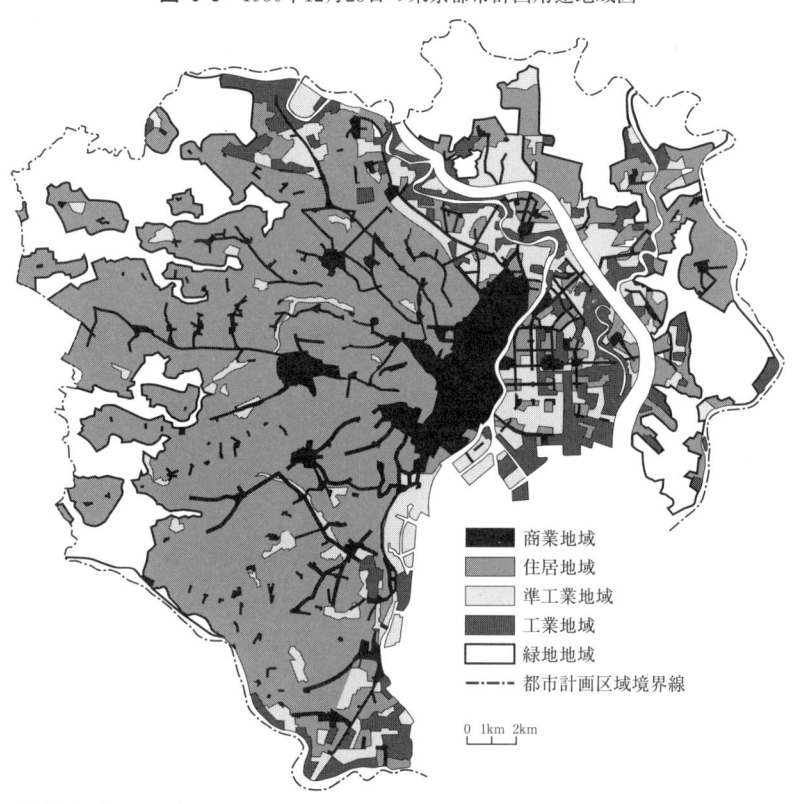

図 6-3：1950年12月25日の東京都市計画用途地域図

凡例：
- 商業地域
- 住居地域
- 準工業地域
- 工業地域
- 緑地地域
- ―・―・― 都市計画区域境界線

0　1km　2km

（出典）堀内 1978；付図。

3．首都圏政策の形成と東京都の都市計画の乖離

(1)　首都建設から首都圏整備への転換

　上記「首都圏の構想素案」が公表された1955年には，当時の与党であった日本民主党内に首都圏整備特別委員会が設置され「首都圏整備法案要綱」が作成され，11月10日の同党総務会で決定された。この法案では，首都圏の区域を東京・神奈川・千葉・埼玉の1都3県とし，首都建設委員会に代わって首都整備

庁を設置し，①首都圏整備計画，②工業の適正配置，③衛星都市，④地域外にわたる陸上交通事業の運営に関する施策の立案及びその実施に関する事項を所掌させようとするものであった。同年の保守合同により自由民主党に引き継がれた同法案要綱は，12月には「首都圏整備法要綱案」となり，1965年度を目標に10年間で首都圏の建設を進め，初年度として調査費を含む1億3,990万円の予算が予定されていた。政府は行政改革と財政難を理由に難色を示したものの，翌56年3月の閣議決定を経て，4月20日に可決成立，6月9日に公布された[20]。

「首都圏の整備に関する総合的な計画を策定し，その実施を推進する」ことを目的とした首都圏整備法が首都建設法と異なる点は，第1に首都圏の範囲及び区分にある。すなわち「首都圏」を「東京都の区域及び政令で定めるその周辺の地域を一体とした広域」としたことである。この規定に基づき，1957年の政令第333号で指定された首都圏の範囲は，東京都の区域及び東京駅を中心とする半径100〜120kmの範囲（神奈川県・埼玉県・千葉県の全域及び茨城県の約80％，栃木県の約47％，群馬県及び山梨県の一部）で，面積は26,187km^{2}であった（首都圏整備委員会 1959；1-3）。そのうえで，首都圏を，①東京都及びこれと連接する枢要な都市を含む区域のうち政令で定める市街地である「既成市街地」，②既成市街地の秩序ある発展を図るため緑地地帯を設定する必要がある既成市街地の近郊で政令で定める「近郊地帯」，③既成市街地の周辺地域内の区域で首都圏整備委員会が指定する「市街地開発区域」の三つに分類された（図 6-4）。

第2に，首都建設委員会を「発展的に解消」[21]した首都圏整備委員会の設置である。同委員会は，国家行政組織法3条機関として，再び総理府の外局に設置され，委員長は国務大臣であった。所掌事務は，必要な調査や調整が加わったものの，首都建設委員会と変わらず，首都圏整備計画の「作成」及び「実施を推進」することであった。最も首都建設委員会と異なったのは，委員長を除く委員の数を4人と半分に減らし，2人以上を常勤とし，専任性を高めたことであろう。国会での提案理由では，「権威のある科学的合理的な計画を策定し，これが強力な推進をはかりますため」[22]と説明されている。このことによ

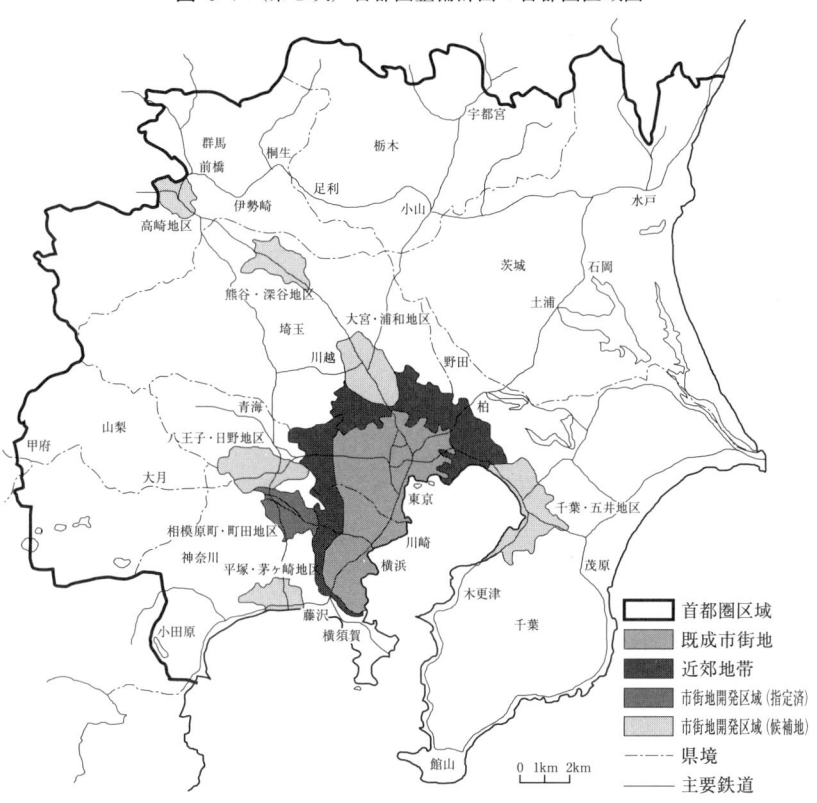

図 6-4：（第 1 次）首都圏整備計画の首都圏区域図

（出典）首都圏整備委員会 1960。

り，首都建設委員会には入っていた国会代表や東京都代表は委員ではなくなり，代わりに委員会が任命する45人以内の委員で組織される「首都圏整備審議会」の中に，新たに首都圏の範囲に繰り入れられた「関係都県の知事及び議会の議長16人以内」といった形で関与することとなった。構成員からすれば，首都建設委員会は首都圏整備審議会に移行し，新たに常勤の首都圏整備委員会が設置されたものともいえよう。首都圏整備委員会は，1955年6月9日づけで，建設大臣馬場元治を委員長に，常勤委員として次田大三郎と西畑正倫，非常勤委員として工藤昭四郎と島田孝一の総勢5名で発足した。

第3に，首都圏整備委員会が，首都圏整備審議会等の意見を聴いて定める首都圏整備計画である。首都圏整備計画は，首都圏内の人口規模，土地利用その他整備計画の基本となるべき事項を定めた基本計画，①宅地，②道路，③鉄道等の交通施設，④公園・緑地等の空地，⑤水道等の供給及び処理施設，⑥河川・水路及び海岸，⑦住宅等の建築物，⑧学校等の教育文化施設，⑨その他政令で定めるものに関する整備計画，そして整備計画の実施のために必要な毎年の事業計画の三段階となっていた。

　第4に，首都圏整備計画に基づく事業の実施に関し，様々な手法を用意し，これらの手法について具体的な内容を別の法律で定めることとしたことである。まず，既成市街地への産業及び人口の集中を緩和するため，既成市街地周辺に工業都市または住宅都市を発展させることを目的とした市街地開発区域の指定である。市街地開発区域内における宅地の造成等必要な事項は別に定めることとされ，1958年4月に首都圏市街地開発区域整備法（のちに「首都圏の近郊整備地帯及び都市開発区域の整備に関する法律」に改正）が施行された。次に，既成市街地への産業及び人口の過度の集中を防止するため大規模な工場その他人口の増大をもたらす原因となる施設を制限する必要がある既成市街地内の区域を工業等制限区域とすることである。この区域内における施設の新設または増設の制限に必要な事項と，この区域そのものを指定するため，1954年4月に首都圏の既成市街地における工業等の制限に関する法律（以下，工業等制限法という。2004年に廃止）が施行された。

　市街地開発区域は，1958年8月に相模原・町田地区，八王子・日野地区，大宮・浦和地区と順次指定され，法改正により「都市開発区域」に名称が変更されたものを含め首都圏に23箇所指定された。また工業等制限法は，1958年3月の首都圏整備委員会告示で，制限区域は既成市街地のうち東京都区部・武蔵野市・三鷹市に限定した。また，制限施設も工場の作業場と大学・各種学校の教室のみであり，それも新設のみの制限であり，既存のものの増設には適用しないなど，きわめて限られたものであった（首都圏整備委員会 1960；104-15）。

(2) 首都圏基本計画の都市像

　1958年7月4日に策定された首都圏基本計画は，いかなる都市像を描いていたか。首都圏の構想素案と第1次首都圏基本計画とで最も異なるのは，首都圏の区域であった。首都圏の区域については，首都圏の構想素案においては都心から概ね50km圏とされていたのが，首都圏整備委員会事務局案で70km圏，さらに首都圏整備委員会の審議において，北関東・山梨の各県からの強い要望が考慮され，100km圏にまで拡大されることとなった（三大都市圏政策形成史編集委員会編 2000；13）。目標年次を1975年とし，目標年次の首都圏の総人口を2,660万人と想定し，放置しておくと既成市街地の人口は1,430万人となってしまうのに対し，既成市街地の適正収容人口を1,160万人とし，その差270万人を市街地開発区域で吸収することとした。

　また，首都圏を既成市街地・近郊地帯・周辺の地域に三区分することは，首都圏の構想素案のとおりであるが，その後の各種立法措置などを踏まえたものとなった。各地域の具体的計画の概要は以下のとおりである（首都圏整備委員会 1960；1-3）。

① 既成市街地

　東京都区部，三鷹市及び武蔵野市については，人口増加の原因となる大規模な工場，大学等の新設または増設を制限し，分散困難な産業及び人口の増加に限り考慮する。これに伴う人口密度及び土地利用形態を適正にするため，都心機能の分散，建築物の高層化，宅地の高度利用，オープン・スペースの確保を図り，交通施設などの公共施設を整備する。横浜市・川崎市・川口市については，既成の市街地の整備を図るほか，とくに工業用地の新規造成を図るなど工業立地条件を総合的に整備する。

② 近郊地帯

　景勝地，風致地区その他の自然環境を保全し，既成市街地に不足する公園緑地を補充するとともに，空地を十分に有する公共施設用地を確保して既成市街地及び市街地開発区域の共同の利用に供し，さらに優良農地を保全して既成市

街地への食料供給の確保を図る。また，この地域では大規模な集合住宅は建設しない。なお，この地域の農地の改良や営農の振興を図るため適切な措置を講じる。

③　周辺の地域

既成市街地より分散する人口及び産業を吸収してその定着を図るため，適当な間隔に既成都市を核として市街地開発区域を指定し，その育成を図る。市街地開発区域は，工業立地条件及び住宅等を総合的に整備し，原則として工業都市として発展させる。この場合において，当該市街地開発区域と既成市街地及び他の市街地開発区域相互を結ぶ道路その他の交通施設の整備を図ることにとくに留意するものとする。

当時の首都圏政策の特徴が，グリーンベルトと衛星都市であるという点では，この時点では，首都建設計画との連続性が保たれていた。

首都圏基本計画は，以上のとおりであったが，これに基づく整備計画は基本計画の各論として定められた。その大部分は，既成市街地に関する重要施設の整備計画であり，①建築物高層化計画，②公共住宅，③宅地，④主要な鉄道軌道等，⑤下水道，⑥東京港港湾，⑦公共空地，⑧義務教育施設，⑨上水道，⑩道路の各整備計画及び低地対策計画であり，首都圏全体については，重要連絡幹線道路整備計画があるだけであった。

(3)　首都圏整備計画と東京都市計画の乖離

しかし，この時期の用途地域指定は，首都圏整備計画とはまったく反対の方向性をもっていたといっても過言ではない。まず，戦後一貫した傾向であった工業系地域の増加は，1962年までは継続した。1958年までの用途地域変更は，その大半が「中小工業の発展が著しく，その将来の発展に対処するため」との理由により実施された。戦災復興計画の理念から離れ，東京区部における工業の発展も是とし，それを阻害しないように用途地域の変更が行われたことが明らか（堀内 1978；93）であった。とくに都条例により特別工業地区（2002年の工業等制限法廃止とともに廃止）が指定されるようになってから，住居地域を準

工業地域に変更し，そこに第2種特別工業地区を指定する場合が多くなった。工場は1960年頃からようやく交通難，用地用水難から区部外へ移転がはじまったことにより，62年5月の用途地域変更から工業系地域の縮小が可能となった。「この過程は，工業の集中自体を何ら規制できない用途地域制の基本的性格を示している」（堀内 1978；94-95）といわれている。

　もう一つの矛盾は，緑地地域の縮小であった。緑地地域は，1949年に初指定された後，自作農創設区域決定後行われた第1回用途地域変更では拡大したものの，50年の第2回変更以降は，土地区画整理事業が実施された区域や駅至近の区域が住居地域に変更され，55年の第5回変更では広い範囲にわたり縮小された。緑地計画は，上位計画である首都圏整備計画からはグリーンベルト構想の一環としてその存続が強く要請されながら，地域制としては，その建ぺい率がまったく守られない状況となり，その取り扱いについて56年に東京都都市計画審議会に設置された公園緑地調査特別委員会において検討されることになった（堀内 1978；97-98）。

　同委員会が58年に提出した報告によると，区部人口を首都圏整備計画のとおり860万人に抑えるものとして必要な市街地面積を算出し，今後市街化すべき区域を選定区域とすることとした。しかし，60年には選定区域内でも土地区画整理の可能性のない区域が明らかになり，逆に選定区域外でも土地区画整理事業の実施を希望する区域が現れ，都では62年には新しい取り扱い方針が提案された。この新しい取り扱いとは，まさに首都圏基本計画の人口配分計画から出たものであった。すなわち，1970年の区部人口を980万人としながらも，既成市街地の収容人口を860万人としたため，差の120万人を緑地地域に110万人，埋立地に10万人を収容するとしたことであった。緑地地域に110万人を収容するためには，当時の緑地地域約9,600haのうち，約7,000haを住居地域とし，さらに緑地地域内の土地区画整理にあたっても，従来は20％の公園を確保していたものを，区域の市街化の状況によっては，8％にまで引き下げることとしたことであった。

　さすがに，この取り扱い方針は，首都圏整備委員会の反対によりまとまらな

かったが，このとき以来，緑地地域は土地区画整理事業の促進策として利用され，のちの市街化調整区域のように一時的に市街化を抑制するための地域制にまったく性格を変えてしまった（堀内 1978；99）。さらに緑地地域は人口流入による違反建築が常態化していることもあり，区画整理などを行いながら順次解除する方針となり，1969年に新都市計画法（以下，新法という）による市街化調整区域の指定に先立ち，残存する地域全部を「土地区画整理を施行すべき区域」に指定し，かつ区画整理実施中以外の区域を建ぺい率30％・容積率50％の第7種空地地区に指定して廃止された（森村道美ほか 1996；13-14）。そこで東京都は地域制としては上記の空地地区をかけたうえで，戦前より工業地域であって現に工場の多い区域を準工業地域としたほかは住居地域に指定換えした。1970年の新法施行によって，東京都が緑地地域を運用していた考え方が市街化調整区域として採り入れられるとされていたものの，結局東京区部は河川区域を除いて全域市街化区域に指定されることとなった（堀内 1978；112-14）。

　かくしてグリーンベルト構想は，もとより違反建築により骨抜きになっていたうえに，制度的担保がなくなり挫折した[23]。

4．首都制度改革論と首都圏政策の見直し

(1) 都と国の対立の顕在化——都政調査会と地方制度調査会——

　上記「首都圏の構想素案」が公表された1955年には，東京都も都制度自体の見直しを開始した。同年12月22日の都議会では，理事者提案の「都政審議会条例」が，「都政調査会条例」として修正可決され，翌年1月12日に知事の附属機関として都制調査会が設置された。設置理由は，第1に政府の地方制度調査会において都制と密接な関係をもつ府県制問題が論議されはじめ，都としても独自の案をたてる必要が生じたこと，第2に急激な人口増加などにより都の行政を都市的機能との関連において再検討し，独自に東京都のあるべき姿を打ち出す必要が生じたことの2点であった（東京都 1965；242）。都制調査会は56年

3月31日の第1回総会において,知事から「都の行政およびその合理的運営方策について」諮問を受け,当時首都建設委員会委員でもあった次田大三郎を会長として調査研究を開始した(東京都 1995;234)。都制調査会は当初,特別区制度の合理化に取り組み,57年にはほぼ成案を得ていた。しかし,前年10月に発足した第4次地方制度調査会が57年10月17日に採決を行い,道州制案ともいうべき「地方制案」を可決し,「首都制度については,別途考究するものとし,『地方』の設置に伴い,現行特別区の存する区域については,基礎的地方公共団体を設ける等必要な調整を講ずること」とした答申を行った。これにより都制調査会が検討してきた特別区制問題は,首都制度全般の観点から検討しなおす必要が生じた。同年12月11日の都制調査会第10回総会において,新たに「現行東京都制に全般的な検討を加え,将来の地方制度のあり方からみて,大都市および首都としての東京の地位および制度を確立する必要があると認められる。よって首都制度の要綱について貴会の意見を示されたい」という諮問第2号が行われ,都政調査会は首都制度改革の根本問題に取り組むことになった(東京都 1965;243)。

これに対し,1959年10月1日,第5次[24)]から「首都制度改革」と「地方自治の基本問題」という二つの議題を引き継いで発足した第6次地方制度調査会は,当初第4次で決定した「地方制案」に基づく根本的な首都制度改革を取り上げる予定であったが,途中にわかに方針を変更した。「地方制案」に対する世論の批判が厳しかったこともあり,同年11月自治庁の藤井行政局長が「地方制下の首都制度実現は困難であるから,地方制実現以前の首都制度改革について答申を得たい」と同会に要請したからであった。こうして「当面の」首都制度改革に焦点を切り替えることになった第6次調査会は,任期中に十分意見をまとめることはできず,結局任期満了日の1960年9月30日に「首都制度の改革に関する行政部会中間報告」を提出するにとどまった(東京都 1965;294)。この中間報告では,東京都が直面している主要な,しかも早急に解決を図るべき問題として,① 全国的規模において人口及び産業の集中を抑制する措置,② 首都圏整備に関する権限のあり方と統一した連繋のある行政,③ 水不足とく

に工業用水の確保のための都外への水源の探求，④交通事情の悪化の対策，⑤地価の上昇による用地取得の困難をあげ，これらの問題を解決するためには，現行制度の手直しや運用改善では限界で，「首都としての東京に関する現行制度に，相当思い切った再検討が必要である」と述べていた（東京都企画報道室調査部 1982；36-38所収）。

しかし，1960年10月に発足した第7次地方制度調査会でも首都制度は活発な討論が交わされたものの，再び結論は次期に持ち越された。翌61年10月からの第8次地方制度調査会の審議期間中に，首都制度改革論議は百家争鳴の時代を迎えることとなった。

首都制度の改革案を最初に提示したのは，先の「諮問第2号」を受けてから6年近く審議を続けてきた都制調査会であった。この間，諮問を行った都知事も，3期12年務めてきた安井知事から，1959年4月の選挙で，国際オリンピック協会（IOC）委員であった東龍太郎知事に交代し，同年6月には内務官僚から内閣官房副長官を歴任していた鈴木俊一（のちの都知事）が副知事に就任しており，諮問を受けた都制調査会も次田会長が，東京大学教授の田中二郎会長に交代していた。かくして都政調査会は，1961年2月14日に「首都制度当面の改革に関する答申」，同年9月8日に最終答申として「首都制度に関する答申」を提出するに至った。この間の経過について，最終答申の前文に記載されているところによると，当初の諮問第1号については1956年当時の地方制度を前提としていたが，諮問第2号については，第4次地方制度調査会のいわゆる「地方制」案との関連における首都制度のあり方の検討が求められ，さらに60年2月の「知事代理鈴木副知事書簡により，三転して根本的首都制度の検討と併行して，当面の改革に関する答申を求められる等，諮問自体の前提条件に変化があったことが大きな理由」であった（東京市政調査会首都研究所 1963；158-72所収）。同答申は，東京の当面する問題を，①行政の質量の複雑膨大化，②法制上における特殊性の考慮の欠如，③行政及び公共事業における総合調整の欠如，④行政の広域化に伴う対策の欠如，都の行財政及び実行力の欠如としたうえで，答申にあたっての基本的な考え方を第1に「都は，地方自治制度の一

環として，完全な自治体でなければならない」，第2に「都は『首都たる大都市』の特殊な機能を適切に発揮すべき体制を整備しなければならない」とした。そのうえで，都の区域と性格は現行どおりとし，都の組織における「トップマネージメントの強化」，「下部機構」として特別区[25]及び市町村，「広域行政処理に関する措置」として，「都の主導権を認めた連絡協議会」の設置，「国の都に対する配慮」として，首都圏整備委員会への首都圏整備事業に関する予算の一括計上[26]や都知事の首都圏整備委員就任などについての措置を提言した。

都制調査会答申の20日後の10月1日，第8次地方制度調査会も都政調査会答申と同じ名称の「首都制度当面の改革に関する答申」を決定した[27]。この答申は，東京都の「問題の抜本的解決を図るためには，さきに当調査会が答申した地方制度の改革に関する答申の実施とも関連して首都の性格，区域，組織，権能等について根本的な検討が必要と考えられるが，首都の公共施設の整備その他都行政の行詰り状況を打開する必要性の緊急であることをかんがみ，とりあえずここに，当面執るべき措置について答申する」（東京都企画報道室調査部 1982；39-45所収）ものであった。内容は第1に「都及び特別区の制度の合理化」として「都の事務を大幅に特別区に移譲し，都は，総合的な企画立案，大規模な建設事業，なかんずく首都にふさわしい公共施設の整備，特別区及び市町村の連絡調整等の重要な事務に専念すること」[28]，第2に「首都行政及び首都整備に対する国の配慮」として，首都の公共施設の整備を強力に推進するため，各省に分散している権限を一つの機関にまとめ，政府の施策を迅速に決定できるよう，臨時に国の行政組織の特例を考慮すべしとし，首都の公共施設の整備に関する総合的な計画としての「首都整備計画」を作成すること，第3に「東京への人口及び産業の過度集中を抑制するための措置」として，「全国的視野から新産業都市の建設，低開発地域の開発及び大都市の再開発並びに首都の区域からの工場，事務所，大学等の分散とこれを受け入れる都市の建設を強力に促進すべき」ことを提言した。

そもそも第4次地方制度調査会答申が首都制度について「別途考究する」と

した理由は，同答申の「地方」制が国と府県の中間団体という性格をもち，東京都は廃止することになるため，特別区の存する区域には市町村にあたる自治体がなくなることにより，違憲の疑いがあることを解消する必要があったからであった。したがって，東京都以外の当時の5大市に適用されていた大都市制度とは異なる首都制度を検討する必要があった。このため，① 東京は首都としてどのような特殊性をもつか，② 東京の特殊性は他の地方団体と異なる特別の制度を必要としているかという「東京の特殊性」論が争点となった（高木1960参照）。

(2) 臨時行政調査会の設置と首都圏政策の転換

上記二つの答申が長年の審議の結果，ようやく成案を得たものであったのに対し，もう一つ，ダークホースのように現れ，一気に首都制度改革について抜本的改革案をまとめた機関があった。1961年11月9日に総理大臣の諮問機関として設置されていた臨時行政調査会（以下，第一臨調という）であった。この三者の関係について，佐藤竺は「この両者（都制調査会答申と第8次地方制度調査会答申のこと—筆者注記）には重大な点でいくつかのくいちがいがあり，その結論については，結局当時緊急課題としてこの問題をとりあげようとしていた臨時行政調査会に下駄をあずけるかっこうとなった」（佐藤 1965b；176）[29]と述べている。

第一臨調は，発足当初から首都制度を取り上げたわけではなかった。しかし，1962年5月9日に当時の行政管理庁政務次官の岡崎英城が調査会に出席し，いわゆる「岡崎私案」を提出してから，猛然と首都制度改革に取り組みはじめた。「岡崎私案」は，まず東京の当面する根本問題は，① 大都市地域の行政区域を超えた成長，② 人口と産業の集中による都市機能の行き詰まり，③ その解決にあたる適正な規模と性格の行政主体の不存在にあるとし，この行き詰まり打開の方向として，都心再開発・衛星都市の建設・集中抑制と機能分散を基本的考え方とした。そのうえで，これを担う広域行政主体について次の三つの私案を示した。

一つ目は「首都圏省設置要綱」であり，首都圏大臣を長とする首都圏省を設置し，東京都・千葉県・埼玉県・神奈川県の区域内で都市計画などを主務大臣の権限で行う。内部部局は大臣官房のほか，計画局・衛星都市開発局・市街地整備局・交通局 4 局とするものであった。二つ目は「首都圏庁設置要綱」であり，国務大臣たる首都圏庁長官を長とする首都圏庁を，総理府の外局に設置し，首都圏整備計画の作成・決定・実施の推進を行う。内部部局は長官官房のほか，計画局・衛星都市開発局・市街地整備局・交通局の 3 局とするものであった。三つ目は，首都圏庁長官が東京都長官を兼務し，全般的な企画・調整・管理に関する事務及び全都的見地に立った統一的に処理する事務を行い，他の事務は区市町村に移譲するというものであった。いずれの案によっても，首都圏整備委員会は廃止され，三つ目の案では東京都知事も廃止するという大胆なものであった（東京市政調査会首都研究所 1963b；150-56所収）。

　この「岡崎私案」を受け，第一臨調は同年 9 月に「首都行政の調査に関する特別部会」を設置することとし，同部会はきわめて短期間で調査審議をおえ，翌年 1 月に「首都行政に関する報告」を提出し，これをもとに同年 8 月には第一臨調の意見第 1 号として「首都行政の改革に関する意見」を内閣総理大臣に提出した。この意見は，「国の設定すべき統合調整機関」として「首都圏庁（仮称）」構想を含んでおり，上記特別部会の部会長であった蠟山政道の名をとって「蠟山構想」とよばれたものであった。

　この特別部会の「首都行政に関する報告」は，それまでの国の首都圏政策を総括する質的にも量的にも最も包括的な調査研究であった。この報告の結論では，政府に対し，首都圏の広域的計画を樹立するため中央機関として強力な統合調整機関を設定し，首都圏計画を樹立するにあたって各省・地方公共団体・民間団体の協力参加を得るため民主的な評議機関を設置しなければならないことを含む10の勧告が示されている。この報告をもとに，具体的な提言を行ったものが，「首都行政の改革に関する意見」（東京都 1965；769-72所収）であった。この「意見」では，第 1 に調査の結果，問題の所在として，複雑多岐にわたる行政需要の拡大，首都行政における責任の所在の不明確，住民の首都行政に対

する理解と協力の欠如，首都行政の特殊及び緊急性に対する国の配慮の欠如をあげている。第2に，勧告にあたっての基本的な考え方については，地域総合整備計画の必要性，水・交通・道路・住宅・港湾・公害・低地対策の応急措置の実施，強力な計画・調整機関の設置，地方自治の尊重とした。第3が勧告であり，①首都圏庁の設置と評議会の附置，②必要な関連措置からなっていた。

①は，各省庁の分立割拠行政を強力に調整し，とくに上記「応急措置」に関して暫定的に強力な権限を与える首都圏庁を設置する。首都圏庁の管轄区域は東京都・埼玉県・神奈川県・千葉県・茨城県・栃木県・群馬県・山梨県の1都7県とする。その所掌事務は，現行のような既成市街地・近郊地帯・市街地開発区域のみに限定されない首都圏計画の立案・調整・実施の推進や人口及び産業の集中抑制と分散の推進，新市街地の整備に関する事業の指導であった。また，財政投融資を含む国の関係予算の編成にあたっては，首都圏庁長官が認証することとし，首都圏計画に関連するものについては臨時特例的に首都圏庁予算に一括計上する，各省大臣は，地方債の起債枠の策定や補助金の配分等にあたって首都圏庁長官と協議する，といった調整権限を付与する。また，首都圏庁の所掌事務のうち首都圏計画の策定など重要なものに議決権をもつ評議会を国家行政組織法第8条機関として設置する。評議会の議長は，首都圏庁長官を充て，委員数は現行と同程度とし，委員の互選により常任委員会を置くこととする。

②では，関係機関の事業計画の策定にあたって首都圏計画を尊重すること，首都圏計画の策定に関係ない都市計画の決定などには知事の権限を強化するなど地方自治の強化，地域住民の行政参加に関する方策や調査研究の推進からなる必要な関連措置を勧告した。

上記，都制調査会及び第8次地方制度調査会答申が，ほぼ現行どおりの微温的改革案にとどまったのに対し，第一臨調はなぜこれほど大胆な改革案を提示できたのであろうか。大原光憲は，「地方制度調査会答申は『地方』制案を前提とした官治的な首都制度を狙い，都制調査会は，都の段階での自治を守りながら，政府に対していろんな要求を出していくという形態をとった。」，「両答

申とも,基本的には,まだ,政府の所得倍増政策に基づく総合的開発方式としての首都圏整備という立場をとっていない点では軌を一にした。これらの答申には,首都制度についての「岡崎私案」や臨時行政調査会答申のように,広域行政主体を強化して「道路・河川・鉄道・水・港湾・住宅・公害」問題を緊急に解決しようという政策にもとづく首都行政の改革という視点はなかった」(大原 1969; 17-18) と述べている。

5．巨大都市肯定論と多心型都市構造

(1) 巨大都市肯定論に基づく首都圏政策への転換

　実際にこの時期,首都圏政策は大きな転換を迎えていた。この大転換を一言で表せば,巨大都市肯定論の台頭(石田 1987; 297-303)であった。これを牽引したのは,第一臨調特別部会の報告が出た1962年2月に建設大臣の私的諮問機関として設置された「大都市再開発問題懇談会」であった。同懇談会が翌年3月に提出した『第一次中間報告書』では,「東京に必ずしも立地することを要しないものは,これを他の地域に移転,分散し,首都として必要な政治,経済,文化等の中枢管理機能を中心として再編成すべき」(大都市再開発問題懇談会 1963; 1-2) という中枢管理機能都市をめざし,「再編成にあたっては,都心にある現在の諸機能を,機能に応じて東京の市街地又はその周辺において再配置し,多心形の都市構成への転換を図る」という効率的な多心型都市構造へと転換することを提言した。首都圏整備委員会のOBによりまとめられた『三大都市圏政策形成史』でも,「この提言は,東京への集中の問題に対し,グリーンベルト等により都市の規模を直接規制しようとするのではなく,機能の分散を図りつつ地域全体の活力を向上させ,快適で機能的な大都市整備を行うことを目指しており,その後の首都圏の地域構造の基本的な考え方の原型をなすものとなった,第2次首都圏基本計画はこの報告書の影響を受けつつ作成されていくことになる」(三大都市圏政策形成史編集委員会編 2000; 22)とされた。これ

を受け，首都圏整備委員会も63年5月に首都圏基本問題懇談会を設置し，多心型都市構造を実現するための交通対策等が議論され，翌年6月には「既成市街地周辺地域の土地利用」について報告を行った。この報告では，近郊地帯のあり方について「首都発展のエネルギーの影響を近郊地帯のみにより遮断しようとする構想は実情にそぐわない」として「近郊地帯を含めた50km圏までの地域を一体として総合的に土地利用構想を樹立して，計画的な市街地の開発とともに，大規模に緑地を確保して自然環境を保全すべき」という近郊地帯見直し策を提言している。

かくして，首都圏政策は大幅な見直しが行われ，ほぼ現在の首都圏政策の枠組みができあがる。第一段階として，1960年首都圏整備法が改正された。この改正では，①近郊地帯を廃止し，新たに既成市街地周辺に近郊整備地帯を設け，既成市街地周辺部の無秩序な市街化を抑制し，計画的に市街地を整備し，あわせて緑地の保全を図り，②従来の市街地開発区域を都市開発区域と改称し，工業都市，住宅都市としての機能に加え，研究学園，流通その他の性格を有する都市としても育成できるようにするとしたものであった。これに伴い，①新たに首都圏近郊緑地保全法が制定され，②首都圏市街地開発区域整備法は首都圏の近郊整備地帯及び都市開発区域の整備に関する法律に改正された。

見直しの第2段階は，首都圏の区域の拡大であった。上記第一臨調の勧告を受け，1965年12月自民党関東国会議員総会において，首都圏域を拡大し，茨城・栃木・群馬・山梨の全域を入れることが決議された。かくして当該4県からも強い要望があるという理由で，66年政令第171号をもって1都7県全体が首都圏の区域として指定された。

見直しの第3段階が1968年10月5日の第2次首都圏基本計画の策定であった。第2次基本計画は，上記1都7県の区域全部を区域とし，既成市街地，近郊整備地帯，都市開発区域の三区分とした（図6-5）。計画の目標年次は1975年と変わらないが，想定人口は首都圏全域が区域の拡大により増加しているのは当然としても，既成市街地と新たに近郊整備地帯を加えた想定人口を約2,500万人とした。第1次計画での首都圏全域の想定人口とほぼ同数であり，

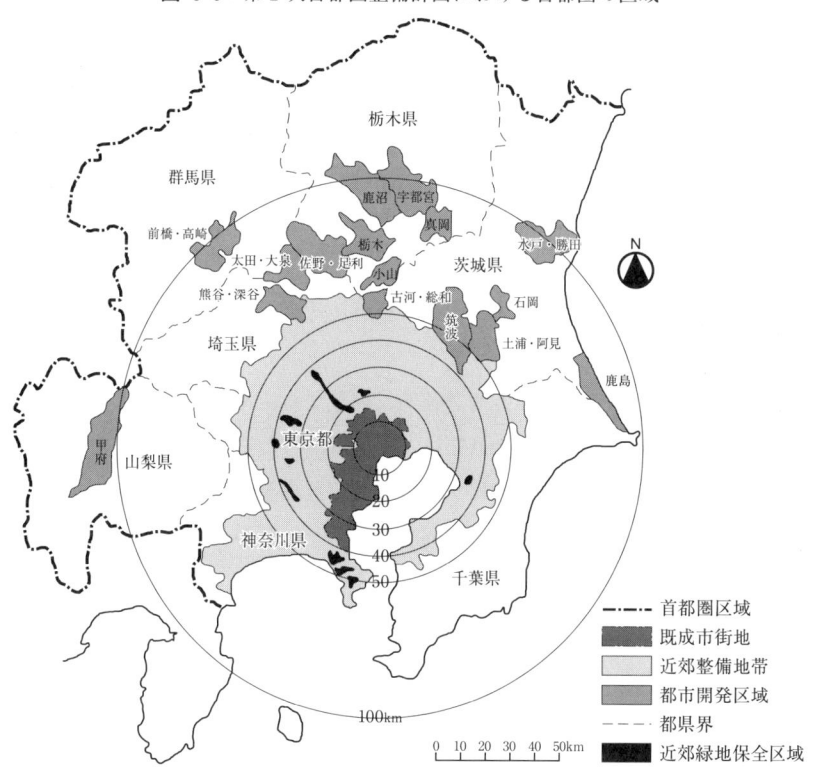

第 6 章　首都圏政策の形成と東京都の都市計画　235

図 6-5：第 2 次首都圏整備計画における首都圏の区域

(出典) 首都圏行政研究会 1969。

人口抑制による目標人口という設定はなくなったともいえよう。

　計画内容としては，新たに就業人口の産業構成や所得といった経済政策が導入され，大規模事業の実施として高速道路網や高速鉄道網，市街地改造といった項目が追加された。土地利用構想としては，既成市街地及び近郊整備地帯には都心，副都心等や流通業務地の配置，周辺開発地域には広域的都市開発区域や研究学園都市の整備が加わった。最後に社会資本の整備として，整備計画に規定されてきた諸施設の整備が位置づけられた。

(2) 国の首都圏計画と東京都の長期計画の分離

　最後に，この首都圏政策の転換に対する東京都の対応（東京都 1995；184-88）を検討しておこう。都は1959年4月の東知事就任のほぼ1カ月後の5月26日のIOC総会で，第18回オリンピック大会の東京開催が正式決定されたことを受け，オリンピック会場としての都市基盤整備に邁進していくことになる。東知事は，「過大都市の悩み」を真正面から取り上げ，交通難打開対策・環境衛生対策・上水道対策・住宅対策等9項目の重点施策を掲げ，それを実現するための執行体制の整備に着手した。

　1960年4月には都行政を総合的計画的に推進するための「脳下垂体」[30]としての企画室を設置した。同年7月には，都市計画などフィジカル・プランニングの一元化を図るため首都整備局を設置した。首都整備局という名称については，首都圏整備委員会から都市計画局とすべきだという非公式の圧力に反して決定[31]したものであった。

　もう一つ都行政の総合的計画的推進のために行われたのが，1963年2月の「東京都長期計画」の策定であった。都が策定したはじめてのこの長期計画は，61年から70年までの10カ年を計画期間とし，各年度の行政運営についての長期的な観点からの目標を示すものであった。首都圏整備計画が都市構造や物的施設の整備に関する計画にとどまったのに対し，都長期計画は，社会福祉・公衆衛生・中小企業政策といった都民生活に関わる事項を広く含んでいた。東京都ははじめて，国の首都圏政策に頼らず，独自の総合的計画を策定することができたのであった[32]。

　東京都長期計画は，「人口及び産業の抑制分散対策」をあげ，「都への人口集中を防止するとともに，過大化した既成市街地の人口を分散し，都市施設とバランスのとれた適正市街地を構成するよう措置する。このため，既成市街地内における工場学校等の新増設を抑制し，その分散をはかり，一方，市街地開発区域を整備してこれらを吸収させる」ことを「施策の重点」の筆頭に置いていた（東京都 1963；8）[33]。「計画の背景」としても，1960年策定の「国民所得倍

増計画」及び62年策定の「全国総合開発計画」があげられ，もう一つ改訂作業中の「首都圏整備計画」については，「都民の生活の安定と福祉の向上をはかるため首都圏整備計画の改訂を期にこれに照応して，この長期計画を策定したものである」（東京都 1963 ; 17-25）とした。

　東京都の立場を最も鮮明に表しているのは，「計画の性格と基本的方向」として「最近首都の性格，機能等首都制度のあり方についていくつかの改革案が論議されている。しかし，それらはいずれも中央集権的色彩が濃厚であり，地方自治を侵害するものといわなければならない。」したがって「計画策定の前提条件」として「① 都は首都として存続するものとする，② 都の区域は変更されないものとする，③ 地方行財政制度は，おおむね現行どおりとし，重大な変更はないものとする」としたことであった。以後，実際にも現在まで首都移転も都の区域の変更も行われず，「東京都長期計画」は総合計画としては1968年の美濃部都政による『東京都中期計画』の策定まで都政の基本指針となった。

おわりに

　以上，戦後から1968年までの首都政策の形成過程を見てきたが，最後に首都圏政策と東京都の都市計画の関係をまとめておこう。戦後に東京戦災復興計画として一体となってはじまった両者は，当初は特別区の区域を対象とした国の政策であった。当時の東京都長官は国の官吏であり，都市計画決定権限も国にあった当然の帰結ともいえる。しかし，知事公選による東京都の完全自治体化後に，都の要望で制定された首都建設法により，都の区域全体を対象とした国の首都政策と特別区の区域を対象とする東京都市計画は分離された。さらに首都建設委員会の構想により国の首都政策の対象が都の区域を越えた首都圏政策となることにより，国の政策と都の政策も分離することとなった。このことにより大都市の行政需要に一元的に対応しようとすればするほど，国の政策と都の政策は乖離し，東京都の特別扱いはますます困難となり，かつ国の政策も本

来都などの自治体の区域にこだわらない，それより狭い範囲であるべき首都政策という性質を失い，大阪や名古屋と同じく大都市圏政策へと変貌していった。1974年の国土庁設置とともに首都圏整備委員会が大都市圏整備局に吸収されたのは，首都圏政策の必然的帰結であった。

　しかし，決して首都圏政策の課題が解消したわけでないことを示すものとして，1967年に東京都と東京市政調査会が共同して，東京都の当面する諸問題について意見を求めるため招聘した，ロンドン大学名誉教授ウイリアム A. ロブソン教授が翌年提出した『東京都政に関する報告書』を紹介しておきたい。

　まず首都圏整備委員会については，「弱い存在で実績は少ない。委員長は別として，委員は何の代表でもない。委員の2人は元県知事，1人は経済学者，もう1人は元国家公務員である。委員会は開発及び財源に関して何の権限も持っていない。計画に関してすら，委員会は東京都ならびに首都圏内各県で立案された計画の取りまとめ以上のことをほとんどしていない」（ロブソン 1968；12-13）としており，首都制度に関する諸改革提言で議論された問題がまったく改善されなかったことがうかがえる。

　また首都制度に関する諸改革提言については「私は，委員会にかえてさらに強い機関を設置しようとするいくつかの案を聞いている。そのうちの1つは，もっぱら首都圏の計画および開発を行なう独任制の大臣を置くべきという案である。他の1つは，運輸，通産，文部，厚生，大蔵および建設の各大臣で構成し，建設大臣が委員長を務める閣僚委員会にこの仕事をやらせるという案である。これによれば，各省の調整はかなりの程度可能となるであろうが，こうした機関は東京についてもまた日本全体についても，地方自治にとって大きな脅威となるであろう」（ロブソン 1968；13）としてしりぞけている。

　これに対しロブソン教授による改革提言としては，東京都ならびに周辺7県の代表からなる合同協議会（joint council）を創設し，この協議会に全域にわたる都市計画，開発規制，幹線道路，下水道などを所管させるべきとしている（ロブソン 1968；13, 105）。東京都が招聘したということを割り引いても，実際に改革提言が実現しなかった大きな論拠となったのは，東京都の地方自治で

あったことは明らかである。実際に首都圏政策はその後，広域行政の一つとして，事務の共同処理方式や連絡調整会議による自治体間の水平的連携が主流となっていく。1963年に国会提案され，65年に成立した地方行政連絡会議法や1都3県（東京・神奈川・埼玉・千葉）の公害防止協議会や地盤沈下対策連絡協議会など府県を超える広域行政も行われた（佐藤俊一 2006；194-98, 222-23）。もとより，大都市の行政需要は港湾や河川・水道といった分野によって区域も異なり重層的に存在するため，一元的な機関で処理することは非現実的であった。

　さらに都市計画制度について，ロブソン報告は，「主要な欠陥は，土地の利用，あるいは開発に対する有効なコントロールが欠けていることである。この結果首都圏整備局が作成する意欲的な計画も，ほとんど役に立たない。なぜならば，ある一定規模以上の工場や大学施設を除けば，この計画を無視しても罰せられないし，事実無視されている。その他のすべての種類の建設に対して現実に施行されている唯一の取締り，建築規制に関するものである。この建築規制は建築基準法に関するもので，用途地域制もそれに含まれると考えられるが，現実にはゆるやかで，不満足な形でしかなされず，計画基準に適合しないものに対する制裁は行なわれていない」（ロブソン 1968；23）。この点について，土地利用規制を強化するために導入されたのが，1973年の都市計画法の全面改正による市街化区域と市街化調整区域の区域区分であった。緑地地域が市街化調整区域のモデルとなったといわれるが，実際には特別区の区域では市街化調整区域は隅田川の川面などに指定されたのみで，全域が市街化区域となったといっても過言ではなく，グリーンベルト構想は継承されなかった。さらにこの区域区分を担保するものとして導入されたのが開発許可制度であったが，対象においても許可基準においても不十分であり，制度の趣旨である大都市の膨張（スプロール）の防止すら実現できなかった。

　首都圏整備計画が実効性をもたなかった要因は，グリーンベルト構想の挫折にみるように，用途地域等の土地利用規制の担保がなかったことにあることが明らかとなった。首都圏整備計画に反する用途地域の指定を行ったのは，東京

都ではなく建設省であった。当時の都市計画法旧法では，用途地域等の都市計画は主務大臣が決定するものであり，緑地地域の廃止は国が決めたのである。しかし，建築規制の権限は，機関委任事務であったとはいえ，建築主事を置く特定行政庁である東京都にあった。さらに，グリーンベルト廃止の要因は，違法な建築すら規制できなかった都の規制制限の弱さにあった。要するに，地域制は絵に描いただけで，実際は経済活動を規制することはできず，現状追認となっただけである。

　すなわち，首都圏政策の挫折の原因は，計画策定機関と実施機関が乖離していたことと，実施機関の規制権限が十分でなかったことにある。土地利用規制の実効性を高めるためには，計画策定機関と規制機関を一致させ，さらにそこへ土地利用規制権限を法令により授権することである。もちろん，自治体，とくに基礎自治体への計画策定権限と土地利用規制権限の授権が望ましいと考えている用途地域等の決定は区市町村が行うべきだと考えているが，そのことは本章の範囲を超えるので，本書第7章を参照していただきたい。

　本章の結論としては，一自治体，とくに都道府県の区域を超える広域的都市計画を実現するためには，戦災復興都市計画から臨時行政調査会の報告に至るまで望まれていたような，国の権限の強化という方向性はまったく誤りであったことである。国の役割は，首都圏庁などという特定の地域に限った機関の設置や政策を実施することでなく，東京の過大都市化を抑制するためには，全国の地方都市を振興することであった。首都圏政策が常に流入人口の増大という現実の追認になったことをみれば，流入した人口を衛星都市に分散する前に，流入しないですむような国土政策と経済政策の方が重要であった。そのうえで大都市問題の対策は自治体に委ね，地元の自治体が必要に応じて広域連携し，十分に権限をもった自治体の水平的な連合により処理すべきであろう。

　　1）　東京都は，2009年7月に「東京の新しい都市づくりビジョン」を改定し，「東京の都市づくりビジョン」と名称も変更した。その第3章「めざすべき都市像」では，多心型都市構造の図版は削除され，「環状メガロポリス構造」への政策転

換という記述はなくなった。新たに「より身近な圏域においては」「コンパクトな市街地への再編」という再転換がなされている。
2）　首都圏政策の源流は，1924年のアムステルダム会議の影響による戦前の主に防空計画にあるが，本章では紙幅の都合上，戦前については扱わない。戦前の東京大都市圏政策については，石田1987，参照。また，戦後の首都圏政策のアウトラインについて，最近のものとしては，三宅2007,参照。
3）　石田頼房は，「計画組織」という用語で同様の対象を研究している（石田1987；233-46）。
4）　都市計画東京地方委員会については，すでに別稿（早川 2004）で検討したため，本章では触れない。なお，都市計画委員会は，1949年の都市計画法改正により都市計画審議会に変更された（田中ほか 1966；46）。
5）　戦後改革期に設置された国の行政委員会の全体像と首都建設委員会の特殊性については，伊藤2003に詳しい。
6）　あるべき都市像とその実現手法として用途地域制については，森村道美ほか1996を参照。そこでは，より限定的に「市街地像」という用語が使用されているが，それは東京都区部を対象としているためであり，ここではより広域かつ一般的なものとして都市像という言葉を用いている。
7）　原文は，国立国会図書館ホームページの議会官庁資料室に全文掲載されている（http://www.ndl.go.jp/horei_jp/kakugi/txt/txt 00699.htm）。
8）　源川2007によると，都では，戦時中の1945年4月頃から西尾寿造長官を会長とする帝都改造委員会が設けられ，帝都改造要綱案が検討されていた。同案は，大規模空襲に対する復興や防空のためのものであったが，その内容は旧東京市の区域の目標人口を200万人，外堀内の人員・工場は疎開させ，居住の生活単位を構成し通勤も生活区域近くに設定することなどが定められていた。生活単位としては住居地は数町内会を1区画とし，学校・配給所・中心公園等を配置，さらに各町内会を単位に「街廊群」を形成し内部に町民広場を設けるものとした。町民広場は500坪以上で，神社・仏閣があればこれを包含し，周囲幅11m以上の道路で囲むこととし，各「街廊」で1隣保班を組織し，隣保班ごとに隣保広場などの公共施設を設けるものとされた。この計画の立案が石川栄耀都市計画課長を中心としたグループであったことは，戦後の戦災復興計画との連続性をうかがわせるものである。石川栄耀が描いた戦災復興の都市像については，中島ほか2009のとくに第5章「東京戦災復興計画の構想と実現した空間」に詳しく述べられている。
9）　「帝都再建方策」の具体的内容は，「都内の住宅は敷地75坪に1戸あて建設」とするものであった（東京都 1972；152）。すでに後述する石川栄耀の「東京復興都市計画論」の構想が現れている。
10）　「無指定地域」は，当時の市街地建築物法による住居地域・商業地域・工業地域の三区分のいずれにもなじまないため，戦前以来指定されていた「未指定地域」とは異なる。「未指定地域」は，このときも「無指定地域」とは別に指定（?）さ

れており，1950年の建築基準法制定により，準工業地域に変更されていく。

11) 「東京緑地計画」の内容とそれに基づく様々な諸施策については，真田2007参照。
12) 高木鉦作によれば（高木2005；84），当時の東京都都市計画課は，都市計画上の観点から11区への再編案を作成していたとのことである。
13) この背景には，「都市に人口が戻り，市街地周辺農地は近い将来市街化することが予想されるに至り，市街地周辺農地を農地として買収すべしという主張と，都市用地として利用すべしとする主張」の対立があった（堀内 1978；85）。
14) 原文は，国立国会図書館ホームページの議会官庁資料室に全文掲載されている（http://www.ndl.go.jp/horei_jp/kakugi/txt/txt 00975.htm）。
15) 山田正男は，「東京都の信用じゃ金もないし，何にも進まないから，石川栄耀が運動して首都建設法というものを作ったんだと思う」と回想している（山田 2001；35）。
16) 安井知事の回想記の「死文に終った『首都建設法』」という項では，以下のように記されている（安井 1960；107-08）。

　　「せっかく意気込んだ計画（首都建設緊急5カ年計画のこと─筆者注）が，なぜこんな不本意な結果に終ってしまったかというと，決して私自身の責任を回避するわけではないが，こっちで思ったほど国の力がかりられなかったためだった。

　　もともと，「首都建設法」の条文にはちゃんと，国は首都建設の実施にできるだけ協力し，援助を与えなければならないとうたってあるのだから，われわれが初めからそれを期待した計画をたてたのは当然であるし，別に欲張りすぎたわけではないのだ。

　　しかし，実際には，援助はほとんど期待にはずれてしまった。私の方からいえば，「首都建設法」は死文も同然だったのだ。もちろん，肝心の国の財政が，面倒をみられるほどの余裕がなかったということもあるだろうから，いちがいに国を責めるわけにもいかないが，やはり根本には，東京を全国の他の府県と同じ目で見て，首都としての特別な性格なり機能を認識しようとしなかったところに，国の大きな誤りがあったのではないかと思う。」

17) 首都建設法は，法案の段階では，「東京都の区の存する区域を新しく再建しようとする」「首都整備法案」，「重要施設の総合調整をはかる基本計画」だけを策定しようとする「国都建設法案」，北海道開発法による北海道開発庁と同様の機構を設置しようとする「首都建設庁案」の三案があったとされている（佐藤竺1965a；120）。
18) 1950年4月28日づけ。東京都都民室首都建設部1952b；35-42所収。
19) グレーターロンドン計画は，イギリス保健省に1937年に設置された常設ロンドン地方計画協議会に，アーバークロンビー教授が1944年に提出した報告書である。内容は，菊竹1952に紹介されている。
20) 以上の経緯については，佐藤竺1965a；142-43。

21) 1956年3月23日衆議院建設委員会における馬場建設大臣の提案理由説明による。
22) 同上。
23) 山田正男は「グリーンベルトを都市計画法で規制することに無理があるものだから，首都圏整備計画に乗り換えてから，首都圏整備計画の中で近郊地帯の規制の法律を作ろうとしたんだね。作ろうとしたんだけれど，三多摩の連中がバスを数十台連ねて，大反対をやられて，何もできなかったということでしょうね」と回想している（山田 2001；49）。
24) 1958年8月に設置された第5次地方制度調査会では，700億円の減税を地方税で実施することが審議されたため，翌9月25日の都議会第3回定例会では，国の首都制度及び地方税財政制度改革の企図に対応し，その調査を行うため「地方制度調査特別委員会」の設置を決めた。同特別委員会は翌59年3月6日に都議会議長宛てに「首都制度についての報告」を行い，14日の第1回定例会では議長から都議会に報告された。この「首都制度に関する報告」は，「首都の国家的性格を理由として，首都を国の出先機関，又は中間的団体とすることは憲法上許されない」としたうえで「首都を完全な地方自治団体とし，さらに現在国の事務とされているものを大幅に都に移譲し，それに伴う自主財源を強化し，巨大都市としての首都が，都民の協力のもとに，円滑に，行政を遂行できるような制度を樹立することが必要である」と主張した。また，首都の区域について，都と埼玉・千葉・神奈川の3県が密接な共同生活圏をなしているという理由で，「首都の区域は，東京都の区域よりは広く定められるべく，しかし首都圏の区域では広すぎる。(中略)東京都を中心として，これと共同生活圏をなしている区域をもって，首都の区域とすべきであろう」とした（東京都 1965；244）。
25) 本答申においては，特別区は完全自治体ではなく制限自治体としながらも，当時廃止されていた区長直接選挙を求めていた。
26) 首都圏整備事業計画に対する予算の一括計上について，予算説明書に㉒と表示された特別枠の優先措置として実施された。この点につき，山田正男は「㉒が第一と，その方針がはっきりと確立していた。（中略）首都建設法の時はそうなっていなかったんでしょう。第一，予算が確保できないんだもの。首都圏整備法になってから，学校の復旧だとか，義務教育ね。それだけだったかな，都市計画そのものでないものがまぎれこんだんで，却って良かったんでしょうね」と回想している（山田 2001；50-51）。
27) 両答申の詳細な比較検討については，高木1963参照。
28) 都制調査会答申と同様に，特別区の性格は制限自治体で，区長は直接選挙としていた。
29) なお三つの答申の詳細な比較については，川西1966；441-508参照。
30) 医師であった東知事による，1960年第2回定例都議会での表現（東京都 1965；272）。
31) 当時の鈴木副知事の回想によると，首都圏整備委員会からは「都市計画局」の

名称とするよう頼まれているが,「話がつかないまま押し切っ」たとのことである（鈴木 1997；195）。
32) 東京都が長期計画を策定した背景には,1950年の国土総合開発法（2005年に国土形成計画法に全面改正）制定をきっかけとした府県の総合計画づくりの流れもあったとも考えられる。ただし,他の府県では「総合開発計画」という名称が圧倒的であったのに対し,東京都だけがシンプルな「長期計画」という名称であった（全国知事会 1990；3 参照）。
33) なお,当時の都知事の東龍太郎も次のように回想している。「その中心の課題は,申すまでもなく,人口と産業が過度に集中することを抑制し,できればこれを分散する。また市街地の再開発をやる,と同時に,この新しく市街地として開発をしなければならないような区域というものを整備する,同時にすでに立ちおくれております生活環境をよくするためにいろいろな都市政策,水道,下水道は申すべくもなく,道路,住宅等を含めまして,そういうものを整備する,なおその上に中小企業に対する対策と,それから社会福祉及び教育というふうな面にもわたりまして,長期計画なるものを策定いたしました。」（東 1978；109）。

参 考 文 献

（著書）
石田頼房（1987）『日本近代都市計画史研究』柏書房。
石田頼房編（1992）『未完の東京計画』筑摩書房。
石田頼房（2004）『日本近代都市計画の展開』自治体研究社。
伊藤正次（2003）『日本型行政委員会制度の形成』東京大学出版会。
大河原春雄（1992）『東京の都市計画と建築行政』鹿島出版会。
大原光憲（1969）『都市問題と住民運動』中央大学出版部。
川上秀光（1990）『巨大都市東京の計画論』彰国社。
川西誠（1966）『広域行政の研究』評論社。
越沢明（1991a）『東京都市計画物語』日本経済評論社。
越沢明（1991b）『東京の都市計画』岩波書店。
財団法人都市計画協会編（1991）『近代日本都市計画年表』。
佐藤竺（1965a）『日本の地域開発』未来社。
佐藤竺（1965b）『現代の地方政治』日本評論社。
佐藤俊一（2006）『日本広域行政の研究』成文堂。
真田純子（2007）『都市の緑はどうあるべきか　東京緑地計画の考察から』技報堂出版。
三大都市圏政策形成史編集委員会編（2000）『三大都市圏政策形成史』ぎょうせい。
首都圏行政研究会（1969）『首都圏整備』首都圏行政研究会。
首都圏整備委員会（1959）『首都圏整備　首都圏整備委員会報告2』。
首都圏整備委員会（1960）『首都圏整備　首都圏整備委員会報告3』。
首都圏整備委員会事務局（1965）『新らしい首都行政のあり方』。

首都圏整備研究会（1991）『首都の建設と首都圏の整備』。
鈴木俊一（1997）『回想・地方自治五十年』ぎょうせい。
全国知事会（1990）『地域政策と府県』。
大都市再開発問題懇談会（1963）『大都市再開発問題懇談会第一次中間報告書』。
大都市制度史編さん委員会編（1984）『大都市制度史』ぎょうせい。
高木鉦作（2005）『町内会廃止と「新生活共同体の結成」』東京大学出版会。
田中二郎・俵　静夫・原龍之助（1966）『新都市計画論』評論社。
東京市政調査会（2005）『東京圏の広域連携―その到達点と将来像―（都市調査報告11）』。
東京市政調査会首都研究所（1962a）『東京の政治および行政の展開』。
東京市政調査会首都研究所（1962b）『東京改造に関する論説・政策の研究』。
東京市政調査会首都研究所（1963a）『東京の政治および行政の展開（続）』。
東京市政調査会首都研究所（1963b）『首都制度改革意見の推移』。
東京都（1954）『都政10年史』。
東京都（1963）『東京都長期計画』。
東京都（1965）『都民と都政の歩み―東京20年』。
東京都（1972）『東京百年史（第6巻）』。
東京都（1995a）『都政50年史（通史）』。
東京都（1995b）『都政50年史（事業編Ⅰ）』。
東京都（1995c）『都政50年史（事業編Ⅲ）』。
東京都（1997）『東京都職制沿革』。
東京都（2001）『東京の新しい都市づくりビジョン』。
東京都企画報道室調査部（1982）『都制に関する主な答申・助言等（その1）』。
東京都知事本部（2003）『首都圏の広域行政～広域連携の必要性を考える～』。
東京都都民室首都建設部（1952a）『首都建設問題の経過概要』。
東京都都民室首都建設部（1952b）『首都建設問題の経過概要』（資料編）。
東京都都民室首都建設部（1954）『首都建設問題の経過概要』（資料編第3集）。
東郷尚武（1993）『東京改造計画の軌跡』東京市政調査会。
東郷尚武編（1995）『都市を創る―シリーズ東京を考える⑤』都市出版株式会社。
中島直人・西成典久・初田香成・佐野浩祥・津久見崇編著（2009）『都市計画家石川栄耀』鹿島出版会。
星野光男（1974）『東京改革の視点』東洋経済新報社。
堀内亨一（1978）『都市計画と用途地域制　東京におけるその沿革と展望』西田書店。
町村敬志（1994）『「世界都市」東京の構造転換』東京大学出版会。
御厨貴編（1994）『都政の50年―シリーズ東京を考える①』都市出版株式会社。
御厨貴編（1995）『都庁の仕組み―シリーズ東京を考える③』都市出版株式会社。
源川真希（2007）『東京市政　首都の近現代史』日本経済評論社。
森村道美・米田　亨・寺西弘文・大方潤一郎・中出文平・小泉秀樹（1996）『東京

都区部に描かれた市街地像とその達成のための地域地区等の適用に関する考察』財団法人第一住宅建設協会・財団法人地域社会研究所。

安井誠一郎（1960）『東京私記』都政人協会。

山田正男（2001）『東京の都市計画に携わって―元東京都首都整備局長・山田正男氏に聞く―』財団法人東京都新都市建設公社まちづくり支援センター。

ロブソン，ウイリアム　A.（1968）『東京都政に関する報告書』。

（論文）

東龍太郎（1978）「東京都政の過去と現在及び前途」同『独善独語』金剛出版。

江藤俊昭・八塚憲郎（1986）「政治・行政的中枢管理機能」東京自治問題研究所『中枢管理機能都市東京』所収。

菊竹倉二（1952）「1944年大ロンドン計画書」日本都市計画学会『都市計画』第1号・通巻1号所収。

紺野　明・広瀬盛行（1960）「東京都における用途地域指定の変遷」日本都市計画学会『都市計画』第3号・通巻29号所収。

鈴木俊一（1963a）「首都制度改革のねらいは何か」『自治研究』第39巻第1号所収。

鈴木俊一（1963b）「首都圏庁案」『自治研究』第39巻第5号所収。

鈴木俊一（2001）「東京都の首都圏問題」『鈴木俊一著作集』第3巻，所収。

高木鉦作（1974）「首都圏政策と東京改造構想」『國學院法学』1974年3号。

高木鉦作（1963）「首都制度に関する二つの答申(1)～(4)」『都市問題』第54巻第3-6号。

中島忠能（1964）「首都「東京」の特殊性についての一研究(1)」『自治研究』第40巻第3号所収。

長浜政寿（1964）「広域行政・首都圏」『ジュリスト』No.311，1964年12月1日所収。

早川淳（2004）「都市計画の決定体制―都市計画東京地方委員会の研究―」『中央大学社会科学研究所年報第8号』。

原口一次（1957）「首都圏とその行政問題」日本行政学会編『行政研究叢書1　地方自治の区域』勁草書房。

町田保（1952）「戦後の都市復興計画」日本都市計画学会『都市計画』第1号・通巻1号所収。

三宅博史（2007）「東京大都市圏政策の変遷とその課題」。

三宅博史・五石敬路『膨張する東アジアの大都市』国際書院。

臨時行政調査会特別部会（1963）「首都行政に関する報告(1)～(2)」『自治研究』第39巻第3・4号所収。

蠟山政道（1963）「首都行政の改革問題―その基本的調査について」『自治研究』第39巻第1号。

第 7 章
神奈川県における土地利用コントロールのあり方
――広域的課題と即地的課題が交錯する土地利用の調整をめぐって――

出 石　　稔

は じ め に

　第1次分権改革[1]に先立つ1998年の都市計画法施行令の改正により，都市計画制度の中心をなす用途地域の決定権限が都道府県から市町村に移管された。しかしながら，神奈川県全域を含む首都圏の市区町村では，市区町村の区域を超える広域的見地からその権限が都県に留保された[2]。また，神奈川県では，市街化調整区域内の良好な自然環境の確保等をめざし，1996年に「神奈川県土地利用調整条例」を制定し，県土の計画的土地利用の誘導を図っている[3]。こうした国及び神奈川県の方針は，神奈川県内における土地利用を広域的課題ととらえ，その調整を県が担うことを想定していると思われる。

　他方，実際の土地利用は，そこに暮らす住民の生活環境の視点からとらえる必要がある。住環境の悪化，中心市街地の空洞化，工場跡地の遊休地化，景観や自然環境の混乱などのほか，事業者と地域住民間の紛争への発展など，土地利用は即地的課題として基礎自治体である市町村がそのコントロールを担うことが求められる。

　神奈川県内の市町村，とりわけ中核市及び特例市は，高い行政能力を生かし，県から移譲された多くの権限を適正に行使するとともに，まちづくり条例を制定するなど，良好な土地利用に向けての様々な施策を展開してきた[4]。し

かし，後に述べるように，地方の中小都市と都市計画権限の逆転現象が生じているほか，県の政策や事務の重複・競合を招くなど，県内市町村では土地利用調整システムが輻輳し，ともすれば混乱を来している環境下にある。

さらに，いまだに県と市町村が分権改革以前の上下関係に置かれているような事務執行の例も残されている。

本章では，土地利用コントロール上の法定制度と都道府県や市町村の独自制度の現状と課題を確認し，首都圏の一角を占める神奈川県における県と市町村（とくに中核市・特例市）の土地利用調整に関わる権限のあり方を考察する[5]。

1. 本章の射程

本章で対象とする「土地利用の範囲」は，開発行為などの土地利用行為そのものの種類，あるいは，マンション・大規模店舗・工場・スポーツレクレーション施設などの建築物の用途や土地利用の内容といった狭義の土地利用行為にとどめず，このような土地利用が周辺地域に少なからず影響を及ぼすことに着目し，自治体がコントロールすることが想定される領域にまで拡大する。

すなわち，本章で述べる土地利用とは，①土地利用行為の種類（開発行為など），②建築物等の用途（大規模店舗の立地など），③土地利用に係る地域環境の整備（景観，緑地など），④土地利用に係る施設・設備等の設置（バリアフリーなど）を含む概念として定義づける。

また，土地利用のコントロールは，都市計画制度，法定許認可制度による規制（権力行政），条例に基づく自治体独自の規制（権力行政），望ましい土地利用への誘導（指導行政），条例や要綱，あるいは現場での事実行為としての土地利用の事前・事後における事業者と住民の調整（狭義の調整行政）など様々な方法により実施されている。

そこで，土地利用の「コントロール・調整」の意義は，次の3点により整理したうえで，本章の射程を定めて論ずるものとする。

①「許可制等による規制」，「行政指導による誘導」及び「住民・事業者等の

関係者間の利害調整」の各視点
　②「計画規制」及び「個別事業調整」の視点
　③「都市的土地利用」に限定（「自然的土地利用」は本章では言及しない）

2．都道府県と市町村の役割分担についての整理

　都道府県及び市町村は，ともに，「地域における事務」をつかさどり（地方自治法2条2項），自主的かつ総合的に地域における行政を実施することを使命とする（同法1条の2第1項）。

　そして，市町村は基礎自治体として都道府県の事務以外の事務全般を処理し（同法2条3項），都道府県は市町村を包括する広域自治体として「広域」，「市町村に関する連絡調整」，「一般市町村の処理が不適当」のいずれかに該当する事務を処理することとなる（同法2条5項）。つまり，地域における事務（地域における行政）は，市町村を優先とし，市町村が処理することが困難であったり，不都合であったりするものについて都道府県が処理するという，「補完性の原則」に基づいている。

　しかし，この関係は相対的なもので，首都圏のように市町村の能力が高い地域と地方の過疎地域などのように道府県が主導的位置を有する地域とではおのずと事務分担の範囲が異なってこよう。

　したがって，首都圏，とりわけ，規模・能力が大きな指定都市，中核市，特例市を多く抱える神奈川県の場合は，市町村は，自己完結的・一体的に事務処理することで地域住民の福祉増進をめざす性向が強いと考えられる。他方，県も多様な行政課題に対応することや，市町村により異なる地域特性を踏まえつつ総合調整を行おうとしているように思われる。その結果，県と市町村がそれぞれ処理しようとする事務にかなりの重複が生ずる可能性がある。

　地方自治法は，「都道府県及び市町村は，その事務を処理するにあたっては，相互に競合しないようにしなければならない」（2条6項）とし，都道府県及び市町村に調整を求めている。

事務の競合については，土地利用の調整においては顕著な問題であり，近年取り組みが進められるまちづくり条例・土地利用調整条例などに顕在化している。現在では，補完性の原則に基づき市町村が自治の担い手の第1の主体として制度設計を行っていくべきことについて，共通理解がなされているといってよいが，土地利用の調整については，なお議論がある。土地特性は，起伏に富んだ谷戸や斜面地を有する地域，森林を形成する地域，農山村・漁村地域，工業地帯，幹線道路沿線などのように，一市町村内にとどまるものはなく，連たんして複数の市町村にまたがる場合が少なくない。土地利用の調整は広域的調整を要する行政分野であるといえる。他面，土地利用は住民の生活環境に密接に関わる問題でもある。自らが住まい，学び，働き，消費をするための住宅，事業所，商業施設などの施設の立地とともに，生活活動そのものには関わらなくとも，たとえばマンション建設といった近隣の土地利用が生活環境に及ぼす影響も少なくない。したがって，この側面からみると，すぐれて身近な市町村の役割に属する行政分野であるともいえよう。

　この論点は，以下に述べるように，法的仕組みにも現れている[6]。

3．複雑にねじれる法定土地利用調整制度の構造（現状と課題）

(1) 法定土地利用計画の策定状況

1) 法定土地利用計画の構造

　土地利用の調整は，土地についての基本理念や土地に関する施策の基本事項を定める土地基本法（平成元年法律第84号）[7]を頂点に，様々な法令に基づき行われている（図7-1）。

　土地基本法は，基本理念として，土地についての公共の福祉優先（2条），適正な利用及び計画に従った利用（3条）などを掲げ，基本的施策として，国及び地方公共団体に対し，土地利用計画の策定（11条），土地利用計画に沿っ

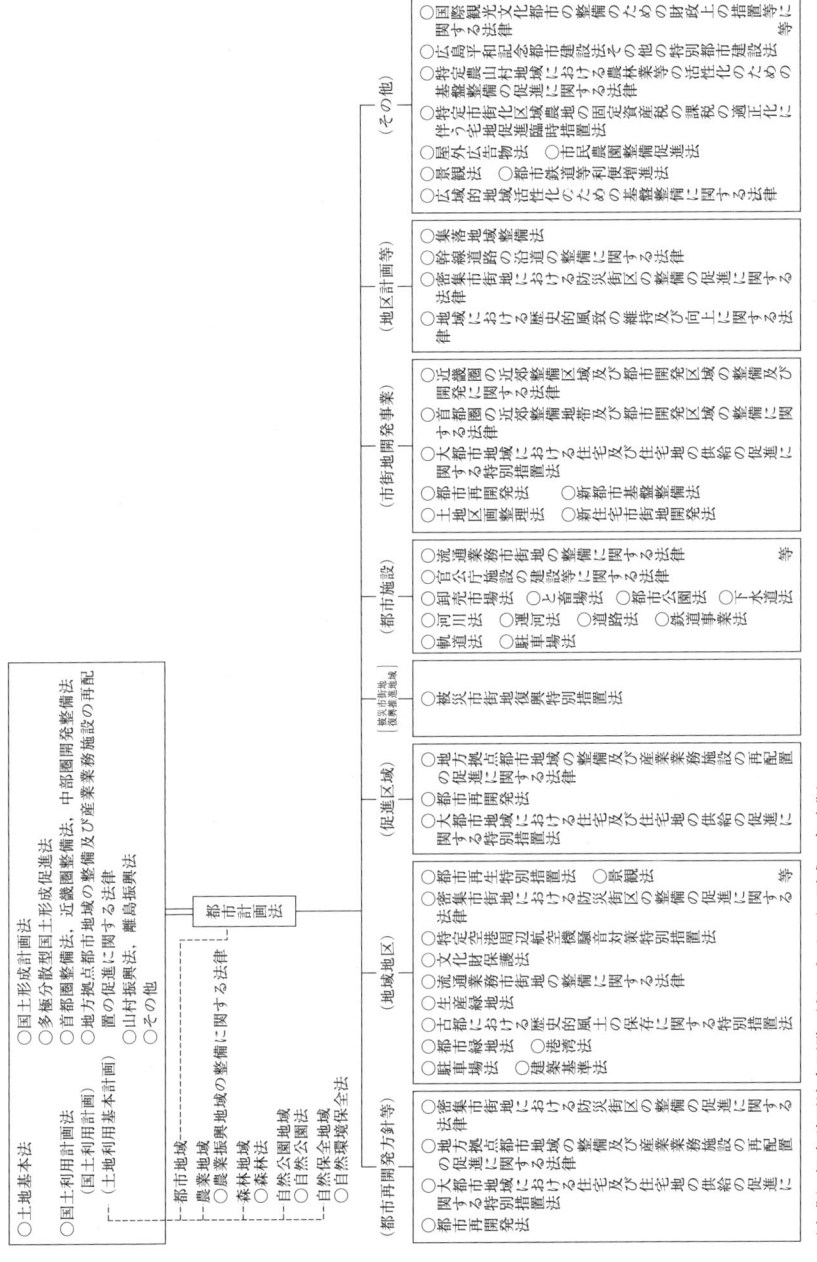

第7章　神奈川県における土地利用コントロールのあり方　251

図 7-1：土地利用関係法令の体系図

土地利用基本計画体系：
- ○土地基本法
- ○国土形成計画法
- ○国土利用計画法　○多極分散型国土形成促進法、国土形成計画法、中部圏開発整備法、首都圏整備法、近畿圏整備法、地方拠点都市地域の整備及び産業業務施設の再配置の促進に関する法律
- （土地利用基本計画）　○山村振興法、離島振興法
- ○その他

都市計画法へ：
- 都市地域
- 農業振興地域の整備に関する法律
- 森林地域　○森林法
- 自然公園地域　○自然公園法
- 自然環境保全地域　○自然環境保全法

都市計画法の区分：

（都市再開発方針等）
- ○都市再生特別措置法
- ○大都市地域における住宅及び住宅地の供給の促進に関する特別措置法
- ○地方拠点都市地域の整備及び産業業務施設の再配置の促進に関する法律
- 等

（地域地区）
- ○都市再生特別措置法
- ○都市集客特別措置法　○景観法
- ○特定空港周辺航空機騒音対策特別措置法
- ○文化財保護法
- ○生産緑地法
- ○密集市街地における防災街区の整備の促進に関する法律
- ○古都における歴史的風土の保存に関する特別措置法
- ○都市緑地法　○港湾法　○建築基準法
- ○駐車場法
- 等

（促進区域）
- ○大都市地域における住宅及び住宅地の供給の促進に関する特別措置法
- ○地方拠点都市地域の整備及び産業業務施設の再配置の促進に関する法律

（被災市街地復興推進地域）
- ○被災市街地復興特別措置法

（都市施設）
- ○流通業務市街地の整備に関する法律
- ○卸売市場法　○と畜場法　○都市公園法
- ○河川法　○運河法　○道路法　○下水道法
- ○軌道法　○駐車場法　○鉄道事業法
- 等

（市街地開発事業）
- ○近畿圏の近郊整備区域及び都市開発区域の整備及び開発に関する法律
- ○首都圏の近郊整備地帯及び都市開発区域の整備に関する法律
- ○大都市地域における住宅及び住宅地の供給の促進に関する特別措置法
- ○都市再開発法　○新都市基盤整備法
- ○土地区画整理法　○新住宅市街地開発法

（地区計画等）
- ○集落地域整備法
- ○幹線道路の沿道の整備に関する法律
- ○密集市街地における防災街区の整備の促進に関する法律
- ○地域における歴史的風致の維持及び向上に関する法律

（その他）
- ○国際観光文化都市の整備のための財政上の措置等に関する法律
- ○広島平和記念都市建設法その他特別都市建設法等
- ○農山漁村地域における農林漁業等活性化のための基盤整備促進法
- ○特定市街地住宅地等臨時措置法に伴う固定資産税の課税の適正化
- ○景観法　○都市鉄道等利便増進法　○都市農民園整備促進法
- ○屋外広告物法
- ○広域的地域活性化のための基盤整備に関する法律

（出典）都市計画法令要覧（ぎょうせい）平成20年度版。

た適正な土地利用の確保を図るための土地利用規制措置や土地利用計画にかかる事業の実施（12条）を求めている。

次に，国土利用計画法（昭和49年法律第92号）は，国，都道府県，市町村が，それぞれ国土利用計画（全国計画・都道府県計画・市町村計画）を定めることとしている（4条〜8条）[8]。また，同法は，都道府県に対し，都市地域・農業地域・森林地域・自然公園地域・自然保全地域に区分して土地利用基本計画を作成することを求め，策定にあたっては，市町村の意向が十分に反映されるよう措置を講ずることも，併せ規定している（10条）。

さらに，都市計画法（昭和43年法律第100号）は，都市計画区域内について，都道府県に対し，都市計画区域の整備，開発及び保全の方針（一般に「都市計画区域マスタープラン」と称する）を都市計画として定めることを求めている（6条の2）。他方，同法では，市町村は，都市計画に関する基本的な方針（一般に「都市計画マスタープラン」と称する）を，当該市町村の基本構想（地方自治法2条4項）及び前述の都道府県が定める「整備，開発及び保全の方針」に即して定めることとしている（18条の2）。

このように土地利用に関する法定計画もまた，国，都道府県，市町村間で輻輳していることがわかる。土地利用については，取りも直さず，全国的視点，

図 7-2：土地利用に関する計画の関係図

	国	都 道 府 県	市 町 村
土地基本法	土地利用計画策定（基本理念・基本的施策） ＝個別法に基づく計画策定の根拠		
国土利用計画法	国土利用計画 全国計画（義務）→	国土利用計画 都道府県計画（任意）→ 土地利用基本計画	国土利用計画 市町村計画（任意）
都市計画法		整備、開発及び保全の 方針（都市計画区域マ スタープラン）（義務）→	基本的な方針 （都市計画マスタープラン） （義務）

広域の視点，地域の視点のそれぞれの関心事であるということの証左といえよう（図7-2）。

2）神奈川県における法定土地利用計画の策定状況
　ここで，神奈川県内の自治体における上記計画の策定状況についてみてみよう。
　神奈川県では，国土利用計画法に基づく県計画（「神奈川県国土利用計画」）及び土地利用基本計画（「神奈川県土地利用基本計画」）がすでに策定されている。また，都市計画法に基づく整備，開発及び保全の方針（「神奈川県都市計画区域マスタープラン」）も同様に策定済みである。
　一方，神奈川県内の市町村では，国土利用計画法に基づく市町村計画は，山北町や相模原市の一部の区域のみで定められている。両市町で計画が定められている地域は，都市計画区域外及び都市計画区域内であるが市街化区域と市街化調整区域の区分がされていない非線引きの区域である[9]。
　逆に県内すべての市は，その全部ないし一部が都市計画区域内に位置することから，都市計画法に基づく都市計画に関する基本的な方針（都市計画マスタープラン）を策定しており，なかには，独自のまちづくり条例などと連携し，効果を高めようとする取り組みもみられる。
　法の趣旨などにかんがみると，国土利用計画法に基づく国土利用計画（市町村計画）は，自然的土地利用なども含んで策定することになるが，都市計画法に基づく都市計画マスタープランは，専ら都市計画の視点で定められる。したがって，神奈川県内の取り組み状況を敷衍すると，都市計画区域内では，都市的土地利用（ただし，市街化調整区域も含まれることなどから，都市内の緑地確保や農林漁業的土地利用も対象となる）の方向性を定めた都市計画マスタープランがある以上，これとは別に土地利用計画を定めることは，屋上屋を重ね，かえって両計画の関係の整理等が困難となることから，都市計画マスタープランに基づき土地利用を整序することとする趣旨であると考えられる。
　次に，市町村の都市計画マスタープランは，前述のとおり，都道府県の整

備，開発及び保全の方針，神奈川県の場合は神奈川県都市計画区域マスタープランに即して策定されることになる。すなわち，県計画は上位計画ということになる。他方，市町村の都市計画マスタープランは，議会の議決を得た基本構想にも即する必要がある。

具体的にみると，都道府県，市町村のそれぞれの計画策定を定めた規定が設けられた時期が前後したこともあり[10]，実際の策定は，市町村の都市計画マスタープランが先行するケースが少なくなかった[11]。

そのような経緯から，神奈川県内に限らず，市町村都市計画マスタープランは，基本構想をはじめとする総合計画を受けた当該市町村内における分野別基本計画の側面の方が強い状況にある。つまり，都市計画に関する広域計画と狭域計画の連携が図られているとは必ずしもいえないのである。さらに付言すると，神奈川県では，各市町村の都市計画マスタープランの内容を引く形で，県都市計画区域マスタープランが構成されている。加えて，前述するように，神奈川県内では，国土利用計画法に基づく国土利用計画を市町村ではほとんど策定しておらず，同法に基づく土地利用計画の連携も図られていない。

なお，都市計画法13条1項では，都市計画区域に定められる都市計画は，「国土形成計画，…（中略）…その他の国土計画…（中略）…に適合」するように求めている。国土利用計画法に基づき国，都道府県，市町村が定める計画はこの規定に基づく上位計画となると考えられる[12]。他方，都市計画法に基づく市町村都市計画マスタープランも同様に，市町村が都市計画を定めるうえでの基本事項となる。この点からも，土地利用計画の広域的射程と地域的射程の両面を有することがわかり，神奈川県で錯綜していることがみてとれる。

(2) 都市計画権限の構造

1) 首都圏における都市計画決定権限のねじれ

次に，都市的土地利用を整序する機能を担う都市計画のうち，土地利用の規制や誘導を適正に行うための根幹的役割を担う「用途地域」[13]を例にあげ，都道府県と市町村における決定権限を考察してみたい。

土地特性やそれを踏まえた土地利用の実態には一定の連たん性があることから，都市における将来に向けた土地利用のあるべき姿を示し，計画的に土地利用を誘導するために定める用途地域も，おのずと広域に及ぶ。したがって，用途地域の決定は広域事務として都道府県が決定することとされていた。

　他方，上記の視点は，市町村の境界部分にはあてはまるといえようが，必ずしも土地特性や土地利用の状況が複数の市町村に連たんして一様であるとは限らない。そして，土地利用上の課題を熟知しているのは当該市町村であり，市町村民への影響が最も大きいのである。このように用途地域は市町村固有の土地利用上の課題に対応する都市計画として市町村が決定すべきと考えられることから，冒頭に述べたとおり，1998年に都市計画法施行令を改正することで，従来県にあった決定権限が原則として市に移譲された。

　しかし，首都圏の既成市街地や近郊整備地帯に指定された市町村においては，市町村の区域を超える広域の見地から決定すべき都市計画として用途地域の決定権限が引き続き県に留保された。この措置は，地方分権一括法の制定による都市計画法の改正（2000年4月施行），さらなる権限移譲が実施された2000年の法改正（2001年4月施行）のいずれにおいても変更されていない。

　なお，内閣府に設置された地方分権改革推進会議が2002年10月30日に提出した『事務・事業の在り方に関する意見─自主・自立の地域社会を目指して─』で，都市計画の在り方について，「地方公共団体からの要望を踏まえつつ，制度改正（2001年4月）から5年以内を目途にその定着状況について速やかにフォローアップを行うこととし，その結果に応じて見直しを検討する」とし，加えて，都道府県と市町村の都市計画制度に係る役割分担の在り方について，上記フォローアップを実施し，その結果に応じて見直しを検討する際に，「三大都市圏の中核市のへの権限移譲について，都市機能の集中実態，他の事務の移譲状況，地方自治制度上の位置づけ等を踏まえて検討する」こととした。

　しかしながら，これを受けた検証においても国土交通省は，従来の方針を堅持している。

　これに対し，全国市長会や中核市連絡会（現中核市市長会）では，強く反論

をしている。とりわけ，一定の規模と行政能力を有することから，都道府県の権限に属する事務の一部の移譲を受け，与えられた権限をもって基礎自治体としての住民福祉の充実を図っている中核市は，次の点からこの問題を重視し，少なくとも三大都市圏の用途地域の決定権限を中核市へ委譲することを再三要望している[14]。

① 三大都市圏においても，他の地域と異なることなく様々な土地特性があり，個々の地域ごとに土地需要も複雑多様化しており，市町村境界ではともかく，市区町村内部の状況を十分承知していない都府県が広域的見地からのみで用途地域の決定等を行うことは，困難といわざるを得ない。

② 都または県が用途地域の決定等を行う場合，一市区町村のみの必要に応じた対応が困難なことから，実際に用途地域の決定等まで相当の期間を要し，土地利用上の課題に即応できない状況にある。むしろ大都市圏だからこそ，基礎自治体である市区町村が土地利用の現状や課題，将来展望を踏まえたうえで，地域の実情に即したきめ細かな対応をすることが不可欠である。

③ 三大都市圏以外では，規模の大小にかかわらずすべての市町村に用途地域の決定等の権限が与えられているのに対し，一定規模以上の規模及び行政能力を有する中核市が，三大都市圏に位置することをもってこの権限をもつことができないのは相当ではなく，自治制度と実際の権限にねじれ現象を生じている（図7-3）。近隣都市と調整を取りつつ，適正に用途地域の決定等を行っていくことは十分可能である。

ただし，三大都市圏内の都市計画決定権限については，現在取り組みが進んでいる地方分権改革推進委員会の第1次勧告で，「市」決定（都府県同意不要）とするよう摘示された[15]。今後の第2次地方分権改革[16]での取り扱いが注目される。

2) 神奈川県における都市計画決定手続の事務

このように，開発圧力が高いという現状から，広域調整を要するとして県に留保された神奈川県内の用途地域の決定であるが，その事務はどのように行わ

図 7-3：用途地域の都市計画決定権限をもたない中核市

三大都市圏	該当都府県	該当中核市
首都圏 （既成市街地・ 　近郊整備地帯）	東京都	（八王子市）
	埼玉県	川越市
	千葉県	船橋市・柏市（松戸市）
	神奈川県	横須賀市・相模原市（藤沢市）
	茨城県	
近畿圏 （既成都市区域・ 　近郊整備区域）	京都府	
	大阪府	高槻市・東大阪市 （吹田市・豊中市・枚方市）
	兵庫県	尼崎市・西宮市
	奈良県	奈良市
中部圏 （都市整備区域）	愛知県	岡崎市・豊田市
	三重県	（四日市市）

＊（　）は中核市候補市。
（出典）筆者作成（2009年4月現在）。

れているのだろうか。

　神奈川県では，概ね5年に一度，市街化区域と市街化調整区域の区分の見直しに併せて用途地域の見直しを実施しており，その際は県が方針を定め，それに沿って市町村が原案を作成するという流れがある。県内の統一基準で行うというこの趣旨は，広域事務としてわからなくはないが，神奈川県の場合，用途地域に関する土地利用上の課題は，相当の地域偏在がある。代表的な例を述べれば，準工業地域は，もともと多種多様な用途の既存建築物が建ち並んでいる地域に指定されることが少なくない。したがって，建築物の立地規制も他の用途地域に比べて緩くなっている。その結果，この準工業地域にパチンコ店やショッピングセンターの立地が進んでいる地域がある[17]一方で，良好な低層住宅街が形成されている地域もある。こうした良好な住宅街に高層マンションの建築計画が持ち上がっている地域もある。

　用途地域の変更を要する土地利用上の課題が生じた場合は，県は，当該市町村からのアクションがあって初めて動くことになる。だが，実際には県の都市

計画審議会に付議するという手続や三大都市圏内にあっては国土交通大臣の同意が必要[18]ということもあってか，県当局の動きは鈍い。他方で，都市計画決定・変更に係る原案は，図面等を含めて当該市町村が作成することとなる。このような手続をみる限り，広域という理由が見出せるかには疑問を抱かざるを得ない。

さらにいえば，一連の手続に要する期間は相当に及び，本来的に臨機応変に対応すべき土地利用の課題に対応が困難であり，土地利用という趣旨から回復困難な障害が生ずるおそれも想起できる[19]。

(3) 景観法による景観規制の枠組み

(1)で述べた都道府県と市町村で輻輳する土地利用調整に関わる計画，(2)で述べた首都圏などにおける都市計画決定権限の都県と市町村の分担の不合理のように，土地利用政策には広域性と即地性の交錯がある。

一方で，2004年に制定された景観法は，これらと比較して，市町村優先の法制度であるといえる。景観はすぐれて地域の個性が反映されるものであり，同法はそれを前提にして市町村が景観政策に取り組むことができる仕組みとなっている[20]。

景観法7条1項に基づき都道府県，指定都市，中核市のほか，都道府県知事の同意により，市町村は「景観行政団体」になることができる。景観行政団体は，都市，農山漁村その他市街地または集落を形成している地域やこれと一体となって景観を形成している地域に，「景観計画」を定めることができ（8条），計画区域内において，良好な景観の形成を確保するために，建築物の建築等の届出を求め，勧告等により一定の規制・誘導を行う。加えて，条例を定めることで，建築物等のデザインや色彩について変更命令を発動することも可能となった。

また，より積極的に良好な景観の形成を図るための地区について，すべての市町村は「景観地区」を都市計画として定めることができる（61条）。景観地区内において建築物の建築等をしようとする者は市町村長の認定を受けなけれ

ばならず，市町村は，建築物等のデザイン，色彩，高さ，敷地面積など景観上の視点から総合的に規制をすることがきる。

ただし，市町村が景観行政団体にならない場合は，当該市町村の区域について，都道府県が景観行政を担うことになる。この点については，市町村が対応できないとか，景観行政を担う意思がないような場合に都道府県が担うということであれば，市町村優先の原則から外れるものではなく，適切な対応といえよう。

首都圏における景観行政団体の動向をみると，神奈川県と東京都が対極的な対応をとっていることがわかる。

神奈川県は，県，指定都市，中核市を除く29市町村のうち，16市町村がすでに県との協議・同意を経て景観行政団体になり，景観行政に取り組んでいる。一方の東京都は，いまだ都以外に景観行政団体の指定を受けた自治体は5市区にとどまる[21]。市町村の景観行政への取り組みをサポートする姿勢をみせる神奈川県と，自らが中心になって景観行政を担おうとする東京都の姿勢の違い[22]が顕著に現れている。

(4) 都市計画法及び建築基準法に基づく土地利用規制権限

1) 開発許可と建築確認

次に，法に基づく土地利用規制権限から，都道府県と市町村の関係をみてみよう。

まず，都市計画法29条に基づく開発許可権限は，都道府県知事，指定都市・中核市・特例市の市長のほか，事務処理特例条例（地方自治法252条の17の2）に基づき開発許可権限の移譲を受けた市町村（事務処理市町村）の長も有することができる。つまり，制度上は全市町村が開発許可事務を行うことができることから，この事務なり権限は広域事務のカテゴリーではないとの整理ができよう。

一方，建築基準法6条に基づく建築確認の権限は，都道府県及び人口25万人以上の市に置かれる建築主事が有する（4条1・5項）。これに加えて，その他

の市町村でも，知事の同意を得て建築主事を置くことができる（4条2・3項）。すなわち，建築確認事務についても，すべての市町村が処理することができ，広域事務とは位置づけられないだろう[23]。

　もっとも，ここでは土地利用の規制として代表的な開発許可と建築確認をあげたが，どちらも，高度な専門性を有する事務である。理論上は市町村が処理できるとはいえ，小規模自治体では，組織体制の整備や人材の確保がままならない場合が少なくない。したがって，実際には，法定権限を有する市以外には，比較的規模の大きな市が移譲を受けるにとどまっている[24]。

2）　風致地区条例と風致地区内の行為規制

　都市計画法は，都市の風致を維持するため，風致地区を定め（8条），自治体の条例で建築等の規制をすることができることとしている（58条）。「風致地区内における建築等の規制に係る条例の制定に関する基準を定める政令」によると，風致地区条例の制定権は県及び指定都市にあり（2条），同風致地区条例に基づく許可権者は県知事，指定都市の市長のほか，中核市及び特例市の市長とされている（3条1項）。

　そうすると，中核市及び特例市では，独自の風致地区条例を設けることができないが，県の風致地区条例に基づいて規制権限（許可権限）を直接もつことになる。これに対し，中核市や特例市に比較し規模・能力が小さいと考えられる一般市が，県の事務処理特例条例[25]により風致地区内の規制に係る事務処理権限を得た場合は，市町村が処理する都道府県の条例・規則に基づく事務に関し，市町村独自の条例を制定することができるとされる[26]。その根拠は，地方自治法252条の17の3（条例による事務処理の特例の効果）の趣旨のとおり，事務処理特例条例に基づき処理する事務は「市町村の事務」と解されるためである。

　この解釈は，総論としては地方分権の趣旨に適うものであり，都道府県と市町村を対等・協力関係に置くものとして理解できる。しかし，実際の許認可等の現場における事務執行や職員意識の実態などから，疑問点や課題があるとい

わざるを得ない。

　明らかな矛盾点として，風致地区内の許可について法定権限を有する中核市及び特例市では自前の風致地区条例ではなく，都道府県の風致地区条例を執行するのにとどまるのに対し，事務処理特例条例によると，条例制定と風致地区の許可権の執行を一体的に行うことができ，市町村の自主性・自立性が増すことになる。中核市・特例市制度の創設の趣旨からすると，逆行しているのではなかろうか。

　なお，風致地区については，分権改革に伴う2000年の都市計画法改正により，10ha未満の小規模風致地区については，市町村に地区の都市計画決定，条例制定，許可のすべての権限が移譲された。しかし，移譲された範囲が十分ではなく，実際に市町村で活用されている例は少ない。地区計画制度や景観地区制度と同様に，すべての風致地区の指定，条例による規制を，本来的に市町村の権限とすることが求められる[27]。

(5) 市町村経由事務

1) 経由事務における都道府県と市町村の関係

　次に，土地利用調整に関する法令等に基づき，都道府県が処理する事務の一部を市町村が担う仕組みとして，「経由事務」があるが，同事務についての都道府県と市町村の関係をみてみよう。

　地方自治法の改正により，補助執行制度（都道府県の権限に属する許認可等について，事前審査し意見を付して進達するなど，都道府県の事務を市町村が内部的に補助する仕組み）は，廃止された。これに対し，事務処理の効率化や身近な市民サービスの確保という観点から，都道府県の許認可等であっても市町村が申請の受付を行う経由事務は存続し，個別法や事務処理特例条例に相当数盛られている[28]。

　ところで，経由事務は，行政手続制度上明確な整理がなされていない。都道府県の許認可の経由事務であるわけだから，申請に対する処分の手続の一部と考えるのが妥当だろう。しかし，そうした場合，経由事務に係る標準処理期間

をどのようにとらえるのだろうか。行政手続法（6条）や行政手続条例によれば，標準処理期間とは，「申請がその事務所に到達してから当該申請に対する処分をするまでに要すべき標準的な期間」であるが，この期間が経由事務に関しては，明確になっていない。経由事務について市町村が行う，①申請受付，②形式審査，③都道府県への経由は，行政手続制度上のどの規定が適用されるのだろうか。「申請」とすれば，市町村では処分までは行わないので，標準処理期間が設定できない。他方で，神奈川県の場合，従来，県が設定していた市における処理期間（経由期間）を一律削除している。経由事務が市町村の事務に位置づけられたからである。市町村への申請書の提出を「届出」と解すれば，市町村が都道府県へ送付したことをもって都道府県の事務所へ到達したことになり，そこから標準処理期間がスタートするという考えになろうか。その場合，市民の申請を市町村が都道府県へ代理提出することになり，市町村の裁量で申請期日が変わってしまう。いずれにしても，市町村が経由事務として処理する期間の法的位置づけが欠落している。

　事務処理特例条例に基づき市町村が処理する事務は，当該市町村の事務となることから，市町村の行政手続条例が適用になる。しかし，経由事務については，標準処理期間に限らず，都道府県行政手続条例，市町村行政手続条例，あるいは行政手続法のいずれが適用になるのかもまた，不明確である。「経由」という行政手続の意義も表されていない。たとえ神奈川県のように市町村行政手続条例が適用になることを明らかにしたとしても，許認可権限を有しない市町村の行政手続条例を機械的に適用するのは困難である[29]。

　経由事務のメリットは理解できるが，都道府県は経由事務という方法で都道府県と市町村の機能分担をするのではなく，対等な役割分担のもと，許認可事務一式を市町村に移譲するか，あるいは都道府県が自ら一貫して執行すべきであり，本来的に経由事務は廃止することが望ましいと，筆者は考える[30]。

2）　国土利用計画法に基づく土地利用行為の届出事務

　土地利用分野における法定市町村経由事務として，国土利用計画法23条に基

づく土地取引の届出事務がある。一定規模以上の土地取引が行われた場合，都道府県知事宛てに届け出る必要があるが，その受付及び添付書類などの形式審査を市町村が行うというものである。市町村長は，この届出を県へ経由する際，意見を付することができる。

土地取引の動向（価格・利用目的）等の把握，適正な取引という観点から，広域事務として都道府県が担当する意義は理解できる。市町村を経由することについては，届出者の利便という点のほか，市町村が大規模な土地の取引を承知しておくこと，今後の土地利用行為の可能性を察知するとともに，当該土地取引の後に予定される土地利用について市町村が意見を付して都道府県へ送付し，都道府県を通して土地利用についての一定の配慮や措置を届出者に求めることなどといった効果や役割が期待できる。つまり，広域的視点と即地的視点の融合が図られた制度といえよう。

これに対して，経由事務のみではなく，本体の届出事務自体を市町村に移譲する動きが一部にあるようである。

1)で述べたように，筆者は経由事務は極力廃止し，執行を一元化すべきという考えを持っているが，この土地取引の届出を市町村へ移譲するのは，都道府県と市町村の事務分担の趣旨からすると，理解に苦しむ。なぜならば，土地取引の経由事務にはそれ自体に意義があり，都道府県，市町村，届出者にそれぞれ効果をもたらしているからである。加えて，土地取引の動向を把握し，取引価格の監視を行うことで，土地の安定供給，適正な取引の促進を図るという側面は，明らかに広域の見地から行われるべきものであって，市町村がその役割を担うことは困難である。真に市町村が必要とする土地利用の調整における権限が十分ではない一方で，現在の社会経済情勢上にかんがみ課題とはなっていない部分については市町村へ移譲するという事務の見直しには，疑問を呈さざるを得ない。

4．自治体の独自条例による土地利用調整（現状と課題）

ここでは，神奈川県を例に挙げ，同県が定めている土地利用調整条例と市町村が独自に取り組む土地利用に関する条例との関係を整理し，現状と課題を述べてみたい。

(1) 県による市街化調整区域内の土地利用調整（神奈川県土地利用調整条例）と市町村の対応（市町村条例制定の際の適用除外の取り扱い）

市街化調整区域内の土地利用においては，高度成長期における開発促進の流れから，自然環境の破壊，農林漁業への悪影響などを抑えることが不可欠であった。神奈川県は，従来行ってきた土地利用方針に基づく土地利用における公共の福祉の優先，自然環境の保全を図りながら，計画的な土地利用，個別の開発計画の誘導をさらに強化し，国土利用計画法に基づく国土利用計画及び土地利用基本計画に即し，1996年に「神奈川県土地利用調整条例」を制定した。当時としては，県土の保全という広域課題に対応する画期的な条例として評価できる。

これに対し，近年，市街化調整区域のみならず，市町村の区域全域に及ぶ土地利用を調整する趣旨から，市町村が土地利用調整条例やまちづくり条例を制定する動きが，分権改革による条例制定権の拡大と呼応する形で進んでいる。このような条例の中には，県の土地利用調整条例と同様の効果が望めるものも見受けられる。

ところで，神奈川県土地利用調整条例は，その19条に次のような規定を設けている。

> （市町村条例との関係）
> 第19条　市町村が開発行為等に関して制定する条例の内容が，この条例の趣旨に則したものであり，かつ，この条例と同等以上の効果が期待できるものと知事が認めるときは，この条例は，当該市町村の区域における開発行為等については，適用しない。
> （以下略）

　この規定によれば，もし市町村が県条例を上回る効果を期待できる条例を制定した場合は，その区域では市町村条例を優先することになる。まさに分権的な規定として注目される[31]。しかし，具体的に適用除外の手続は定められておらず，いくつかの自治体で適用除外の試みを行ったようであるが，県条例のすべての項目に照らして市町村条例の規定が同等以上でなければ適用除外は認められないという県当局の見解から，現在に至るまで，県条例の適用除外を受けた例は存在しない[32]。

　神奈川県は，同条の「開発行為等に関して」，「この条例の趣旨に即したものであり」，「この条例と同等以上の効果が期待できる」という諸要件の認定にあたって，「市町村自治の尊重の趣旨から，市町村条例の個々の規定にこだわるべきものではなく，市町村条例がその基本的な内容において，これらの要件を具備しているかどうかを実質的に検討すべきである」としている（神奈川県土地利用調整条例逐条解説）。ここに土地利用調整に関する市町村の取り組みに対する県の柔軟な考え方が表されていると理解できるが，現実の運用は条例制定時の考えから乖離しているとも思える。

　以下に，神奈川県の場合の論点をあげてみよう。

1)　県条例優先か市町村条例優先か

　土地利用の調整は本来的に基礎自治体である市町村が担うべきであり，どのような土地利用の調整を行うかは，各市町村の判断に委ねるべきという考え方

もできよう。したがって，都道府県条例と同等あるいは強化するだけではなく，その市町村が抱える状況によっては緩和する場合も都道府県条例の適用除外を認めることもあってもよいと考える。

確かに，地方自治法2条16項及び17項には，都道府県条例に違反する市町村の行為は無効となる旨が規定されている。しかし，都道府県条例と市町村条例との関係は，ともに地域自治を担う対等な自治体が地域の事務に対して制定する条例である以上，法令と条例との関係とは異なるのではないだろうか[33]。

2) 県知事の一方的な判断による適用除外

県条例以上の効果を求める場合でも，県が一方的に認定するのではなく，市町村が条例を制定した場合，県と市町村が協議のうえ県条例の適用関係を決めることが望ましく，そのことを県条例に明記すべきではないか。たとえば，広島県環境影響評価に関する条例第47条は，以下のように適用除外を規定している。

> （市町条例との関係）
> 第47条　市町が対象事業に関し環境の保全の見地から環境影響評価に関する条例を制定した場合において，当該市町の区域内における対象事業に関するこの条例の規定の適用については，当該市町の長と知事とが協議して定めるものとする。

なお，横須賀市では，土地利用調整関連条例の制定に向けた取り組みを進めていた2004年に，知事と三浦半島地域の市町長で構成する三浦半島首長懇談会の席で，県土地利用調整条例の適用除外についての協議システムの導入を，市長が直接知事へ提言した。しかし，その後の県内部の検討の結果，協議が地方自治法上の関与にあたるので，取り入れることはできないという結論だった。この考えには疑問が残る。地方自治法上，協議を行うことは認められ，協議の方式（250条）にのっとり，適正に行うことが求められるはずである。

知事が適用除外を認めるかどうかを一方的に決定する神奈川方式と両者協議とする広島方式を比較した場合，神奈川方式はむしろ手続的公正に欠けるという側面があるのではないか。さらに加えれば，県が市町村とまったく調整を行わずに適用除外を決めることは考えられないことからも，手続を明確にすることが望ましいと考える[34]。

3) 広域事務として制定した県条例を適用除外して市町村条例に委ねることの是非

とくに市街化調整区域内の大規模土地利用行為に関する調整については，県土の均衡のとれた秩序ある利用と保全を図るための広域的な事務と考えられる。一方で，土地利用はまちづくりへの即地的課題でもあり，市民生活に直接影響を及ぼすことから，地域に密着した市町村の事務でもある。

この二つの側面をもつ土地利用調整を県と市町村が調整しつつ適正に執行していく必要がある。しかし，効率性や土地利用者の利便等を勘案すると，同様の制度をもって二重行政を行うことは好ましくなく，まちづくりや市民生活の視点から対応する必要性を見出す市町村が条例を制定し，一元的に役割を担うべきであろう。その際，市町村が個別の場面で関係市町村や県と連絡を取り対応する中で広域性を補っていくことが不可欠である。この限りにおいて，県はその市町村への県条例の適用を除外することが可能となろう。

(2) 他の土地利用調整制度との調整・連携

前述のとおり，神奈川県土地利用調整条例は，市街化調整区域内の土地利用を広域的に整序するために制定されたものである。一方で，土地利用と密接に関連し，市町村行政とも連携が求められる県条例として，「神奈川県環境影響評価条例」，「神奈川県土砂の適正処理に関する条例」，「神奈川県みんなのバリアフリー街づくり条例」等がある。これらの運用にあたっては，県土地利用調整条例が行政手続の端緒となり，各制度の前裁きをなす機能を果たし，その効果が発揮されているところが少なくない。

したがって，市町村が県の土地利用調整条例の適用除外を受け独自の土地利用調整をする場合であっても，これらの県条例に基づく制度との調整や連携が必須となる。

たとえば，環境影響評価条例は，土地利用調整条例以上に広域的機能を有するものであることは論をまたず，一般的に都道府県が事務執行を行っている。この際，土地利用調整全般を市町村が完結的に処理できるようにするならば，ここでも，市町村が環境影響評価条例を制定し，県条例の適用除外を受けるべきであろうか。規模も能力も県に匹敵する指定都市においては，こうした土地利用に関わる一元的事務処理の意義は高いと思われる[35]が，県と同様の環境影響評価を市町村がすべて条例により整備し実施することはきわめて困難であるといわざるを得ない。中核市や特例市においても例外ではなかろう[36]。

また，土砂の適正処理に関する条例も同様に，広範囲にわたる規制・誘導が必要であるが，一方で，土砂の不法投棄に悩む千葉県などでは，独自の条例制定を進める市町村も相当数に及ぶ。市町村は土地利用調整制度の運用と併せて，引き続きこれら関係制度の構築を検討する必要性がある。

いずれにせよ，県土地利用調整条例の適用除外を受けたとしても，それで当該市町村において一元的・網羅的に土地利用に関する課題に対応できるわけではないので，引き続き，県と市町村が密接に調整・連携することが求められる。ただし，だからといって土地利用はすべて県が担った方が良いという短絡的な思考に陥ってはいけない。繰り返しになるが，土地利用は周辺の生活環境に大きな影響を与えるおそれがあり，すぐれて身近な問題であることから，市町村が一定の役割を果たすことは不可欠である。

そういった趣旨からいえば，日照，騒音，圧迫感，交通渋滞など個別の土地利用行為により直接の影響が大きい近隣住民等に限定した事前事後の調整は身近な（許認可権限を有する）市町村が狭域調整を行い，さらに広い影響が予想される公害や環境問題については県が広域調整を行うという棲み分けが妥当ではないだろうか。

加えて，大規模な土地利用と密接に関係し，広域的な事務処理となる森林

法，農地法，農業振興地域の整備に関する法律，神奈川県自然環境保全条例等に基づく事項の権限は神奈川県に属するものであり，やはり，市町村が土地利用調整条例やまちづくり条例を整備するのみで完結できるものではない。

したがって，特定の市町村について県条例の適用除外となった場合に，従来，関連法令について神奈川県の内部調整であったものが，市町村条例を踏まえて県の許認可部局が法定許可の審査をするというねじれ現象が生ずる。新たな法定事務の執行形態として，調整を図ることが求められる。

(3) 市町村の条例による土地利用調整（まちづくり条例）

近年，まちづくりの視点から，市町村における土地利用の規制，誘導，調整を図る条例の制定が相次いでいる。とりわけ神奈川県内においては，処分性を有し罰則も備えるなどのかなり厳格な内容を持ったまちづくり条例が現出している。

その理由は，① 神奈川県内の市町村に用途地域の決定権限がないこと，あるいは，② 用途地域制度は用途規制を施しているものの一定の用途混在を許容しており，きめ細かな土地利用誘導が困難であること，さらには，③ 開発許可や建築確認などの用途地域制度に連動する法定許認可制度が全国共通のルールであることから自治体の裁量の幅が狭く，地域の課題に対応することが困難であることといった，法執行上の課題を抱えているからである[37]。

そこで，市町村では，分権改革により拡大された条例制定権を背景に，都市計画法や建築基準法の執行とは別に独自の事務を創設し，当該市町村のまちづくりを推進するための条例を制定しているのである。つまり，法的には認められる土地利用であっても，まちづくり条例に適合しなければ，条例を根拠に一定の制限をかけるものである。上乗せ・横出し条例ということになるが，近年，こうした条例を，法律の要件と効果とは別に（並行的に）条例独自の要件と効果を定めることから，「自主条例」あるいは「並行条例」などと称される[38]（図7-4）。

この流れを踏まえ，神奈川県内の市町村で取り組まれているまちづくり条例

図 7-4：並行条例の構造

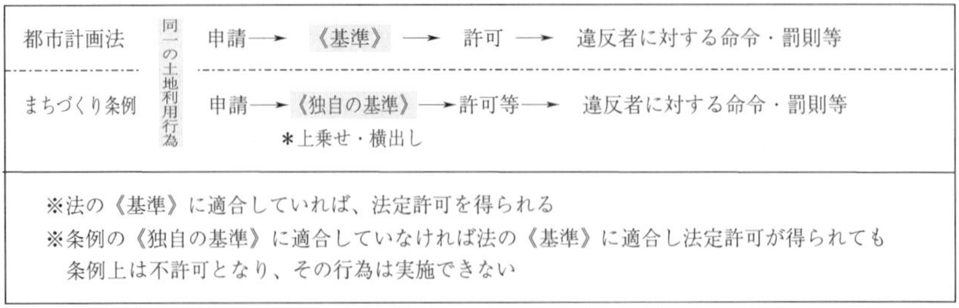

都市計画法	同一の土地利用行為	申請→	《基準》 →	許可 →	違反者に対する命令・罰則等	
まちづくり条例		申請→	《独自の基準》 *上乗せ・横出し	→許可等→	違反者に対する命令・罰則等	

※法の《基準》に適合していれば、法定許可を得られる
※条例の《独自の基準》に適合していなければ法の《基準》に適合し法定許可が得られても条例上は不許可となり、その行為は実施できない

と、法令、県の土地利用調整条例との関係を市町村の立場から整理すると、次のようになるものと考えられる。

① 当該市町村内の土地利用については、法令に基づき許可等を執行する。

② 市街化調整区域内の大規模な土地利用については、広域的視点からの誘導は県条例に委ねる。

③ 市街化区域を中心として、あるいは市街化調整区域を含め市民の生活環境の保全・増進の観点に立ち、別の角度でまちづくり条例を制定して、独自の規制・誘導を行う。

つまり、まちづくり条例は、県条例とは異なる事務を創設し、県条例とパラレルな形で運用する独自の制度である。すなわち、前述の並行条例の仕組みと同様に、県条例と市町村条例がそれぞれの目的をもって共存しているのが現状であるといえる。

5．考　察

以上、広域的要素と市民生活に密接に関わる要素が交錯する土地利用を調整するにあたって、その事務の権限の所在や、土地利用のコントロールに係る課題等を神奈川県の例を中心につぶさにみてきた。そして、都道府県と市町村の役割についての論点として、①土地利用調整事務についての法定権限のあり方、②都道府県と市町村がともに条例化し競合する場合の効果や課題、が浮

かび上がってきた。
　以上を論点を踏まえ，土地利用調整の持つ広域機能と即地的機能から都道府県と市町村の役割分担は，次のように整理できるものと考える。
　①　土地利用調整のビジョン・構想＝都道府県
　②　土地利用の総量調整（区域区分の線引き等）＝市町村（都道府県）
　③　個別の土地利用の規制・誘導に向けた意思決定（地域地区等）＝市町村
　④　①～③を踏まえた個別の土地利用規制・誘導（許認可等・条例制定）＝市町村
　このうち，①については，広域行政として，都道府県全体を視野に入れることが不可欠であり，都道府県が担うものの，②から④のより具体的な土地利用調整との連携が求められることから，市町村との調整が重要となる。
　②については，筆者は，三大都市圏を含めすべての市町村が担うことが望ましいと考える。確かに広域調整を要することは否定しないが，全体としてとらえれば，地域の実情や課題を最も理解している市町村が担うべきであり，複数市町村に関わる場合の調整も関連する市町村間で対応することとし，紛争が生じた場合に都道府県が裁定を行うシステムを構想できるのではなかろうか。
　③については，②の考えを採用すれば当然の帰結であるが，あえて②を都道府県の事務としたとしても，用途地域等の地域地区の決定は，地域の土地利用の現状を踏まえつつ，迅速，柔軟に市町村が行うべきである。
　④は，まさしく個別の土地利用において単に法定基準のみを考慮するのではなく，現実の土地利用の動向，都市の将来像，住民の生活環境，景観，商工農漁業等の実態など，様々な条件を加味して市町村が土地利用の規制・誘導を行う必要がある。条例制定はその実効性を確保し，地域の課題を解決するために行われるものである。ただし，④は独立して存在するわけではない。①から③を十分に念頭に置き，それらを達成することが一義的には④の目的となるべきであろう。そのためにも市町村は都道府県との連携をないがしろにしてはならない。
　とりわけ，神奈川県における分権時代における土地利用調整事務の市町村の

執行の意味やあり方について，筆者は，以下のように考察する。

① 神奈川県のように市町村の能力が高い地域においては，広域事務であったとしても，一律県の事務とせず，市町村が創設する土地利用調整システムとの関係を柔軟に設定し，県と市町村のシステムの連携・融合により，広域的課題と即地的課題の相乗的解決を図る。

② 用途地域をはじめとする都市計画決定権限は基本的に市町村に委ね，必要に応じて市町村相互で調整するシステムが有効である。県はその総合調整とさらに広域対応といった役割に特化する。

③ 県が市町村を使わなくては事務執行できないという事務配分や事務の執行方法を見直し，市町村の事務としたうえで，市町村単位ではできない場合に県が補完する土地利用調整システムの再構築が求められる。具体的にいえば，現在行われている県の事務を市町村代行する仕組みを逆転し，市町村事務について県が代行・補完・調整する仕組みが望ましい。

おわりに

本章は，現行の土地利用・都市計画制度や神奈川県内での取り組みをベースに論じた。

一方で，2007年からスタートした地方分権改革推進委員会が中心となって取り組みが進む第2次地方分権改革や，地方制度調査会などで検討がなされる国地方を通じた構造改革，あるいは自治体自らの取り組みにより，本章で論じた前提条件が変わることも想定される[39]。

加えて，近い将来進むことになるであろう「道州制」を見通すと，土地利用調整分野に限らず，地方自治における広域自治体と基礎自治体の役割分担も大きく見直される可能性が高い。

しかし，最も重要なのは，地方自治の主役は市民・住民であるということである。少子高齢社会の急激な進行など少なくない課題を抱える日本において，地方自治が果たす役割は一層高まることはあれ，減少することはない。市民本

位の自治を確立するための分権時代の自治組織のあり方が問われる。

1) 「地方分権の推進を図るための関係法律の整備に関する法律」（地方分権一括法）の施行により，2000年4月に実現した機関委任事務制度の廃止をはじめとする国と自治体との関係を対等・協力関係に改める一連の改革。
2) 都市計画法15条1項は，都道府県と市町村の都市計画決定権限を区分する規定だが，その5号では，「一の市町村の区域を超える広域の見地から決定すべき地域地区として政令で定めるもの…（中略）…に関する都市計画」は都道府県が定めるものとしている。そして同法施行令が改正され，首都圏整備法に規定される既成市街地及び近郊整備地帯など三大都市圏の一部における用途地域の決定をして，具体的に定めている（9条）。したがって，三大都市圏外や三大都市圏内でも同号に該当しない市町村内の用途地域の決定権限は市町村に移譲されたが，同号に該当する区域の市町村の都市計画の決定権限は，引き続き都県に留保された。この点について問題を指摘するものとして，日本都市センター2004；29-30参照。
3) 礒崎1996a；42-47，礒崎1996b；3-4参照。
4) 中核市である横須賀市の取り組みを紹介する文献として，出石2006，特例市である小田原市の取り組みを紹介する文献として，藤川2007参照。
5) 神奈川県内には横浜市，川崎市の2指定都市が存在する。都市計画区域や都市計画区域内の区域区分（いわゆる線引き）などの重要な都市計画の決定・変更については，依然都道府県が権限を有し，指定都市の都市計画については，なお課題が残っている。しかし，一般的な土地利用調整については，指定都市は概ね都道府県並みの権限を有していることから，本章ではこの問題は取り上げない。
6) 筆者の感じるところでは，「まちづくり」と表したときは地域に根ざした対応をすべき事務，「土地利用調整」と表したときは一定の面的広がりをもった広域的対応をすべき事務という整理ができそうである。これに関連し，自由民主党道州制調査会2007には，次のような記述がある。「基礎自治体については，いわば「住民の生きる場」として，都市計画等のまちづくり…（中略）…などの基本的な公共サービスを提供する役割を広く担うものとすべきである。」
7) 土地基本法は，バブル経済期において投機目的の土地取引が横行した結果もたらされた土地の高騰などに対応するための土地政策の柱として制定されたものだが，こんにちにおいても文字どおり土地に関する基本法として位置づけられるものである。
8) ただし，全国計画は国に策定が義務づけられているが，都道府県計画及び市町村計画については，「定めることができる」とされ，任意の計画となっている。
9) 相模原市に存する都市計画区域外及び非線引き都市計画区域は，市町村合併により相模原市に編入される前の旧城山・津久井・相模湖・藤野の4町域のエリアである。

10) 市町村の「都市計画に関する基本的な方針（都市計画マスタープラン）」の策定については，1992年の都市計画法改正で設けられた（18条の2）のに対し，都道府県の「都市計画区域の整備，開発及び保全の方針（都市計画区域マスタープラン）」の策定は，8年後の2000年の同法改正で定められた（6条の2）。
11) たとえば，全国でも取り組みの早かった横須賀市の場合，横須賀市都市計画マスタープランが策定されたのは，1996年3月であった。
12) 成田1989；41-43は，わが国の土地関係法制では，上位計画は法規範を有するものではなく，都市計画の上位計画適合性について定める都市計画法13条1項の規定も単なる訓示規定であるとする。
13) 都市計画法に基づく地域地区の一種で，めざすべき市街地像に応じて用途別に分類される12種類の都市計画の総称である（都市計画法8条1項1号）。都市活動の機能性，都市生活の安全性，利便性，快適性等の増進を目的として，住宅地，商業地，工業地等都市の主要な構成要素の配置及び密度について公共施設とのバランスに配慮しながら定められた土地利用の計画をもとに，土地利用の現況及び動向を勘案して定められる。都市の計画的な土地利用を実現するため定められる地域地区の中で最も根幹をなす制度である（都市計画用語研究会（2004）；425-26）。
14) 1996年11月に出された意見書をはじめとして，延べ6回にわたり，国に働きかけている。中核市市長会ホームページ（http://www.chuukakushi.gr.jp/）参照。
15) 地方分権改革推進委員会2008；24。なお，同委員会における国土交通省へのヒアリングにおける同省の資料や発言内容をみても，三大都市圏における都府県のコントロールを堅持する姿勢は変わっていないことがわかる。詳しくは，次のURL参照。http://www.cao.go.jp/bunken-kaikaku/iinkai/iinkai-index.html
16) 「第2次」という表現は，地方分権改革推進委員会の中間報告で用いられた。これまでの分権への取り組みは，2000年の分権改革と2004年から2006年にかけて実施された税財源の三位一体の改革があり，今回の改革をどう表現するかは議論のあったところであるが，1995年に制定された地方分権推進法に基づく取り組みを「第1次」とし，2007年12月に制定された地方分権改革推進法に基づく現在の取り組みを「第2次」と整理していると考えられる。
17) 地方都市においては，「都市の秩序ある整備を図るための都市計画法等の一部を改正する法律（まちづくり3法：2006年5月31日公布）により，準工業地域で大規模店舗（その用途に供する床面積が1万m²を超えるもの）を許容することはできないことになった。ただし，中心市街地活性化法に基づき「中心市街地活性化基本計画」の国の認定を受け，特別用途地区や地区計画を定めることにより大規模店舗の立地が可能となる。また，首都圏などでは，特別用途地区を導入することにより大規模店舗規制が可能である。
18) ただし，2009年12月15日に閣議決定された地方分権改革推進計画では，義務付け・枠付けの見直し事項に，大都市等における都市計画決定に係る国土交通大臣への同意を要する協議を廃止することを掲げている。

19) 横須賀市では，約10年前に幹線道路に沿った緑地が開発され大規模な住宅団地が造成された。この団地は，幹線道路からの取り付け道路やその沿道も含めて第1種低層住居専用地域に指定されていたが，その後，団地住民の利便施設が必要との観点から，幹線道路から団地への入り口部分にコンビニエンスストアが立地できるよう，近隣商業地域の変更を市から県に打診した。しかし，実際に用途地域の変更の実現までに3年の期間を要した。
20) 景観に関する政策は，多くの市町村が景観条例を制定して取り組んできた経緯もあり，景観法もこうした取り組みが背景になっていよう。
21) 最も早く景観行政団体となった世田谷区でも景観法施行後3年経過後に指定されたものであり，それ以前は，都内に景観行政団体は存在しなかった。
22) 東京都は，2003年に「東京のしゃれた街並みづくり推進条例」を制定し，同条例のもと，積極的な景観政策を実施している。
23) もっとも，建築確認事務は民間の指定確認検査機関でもでき（6条の2），もっぱら建築物の敷地，構造，設備及び用途に関する技術的な基準への適合性を判断するにとどまるものである。建築確認事務が地方自治法2条2項の地域における事務にあたることは否定できないが，民間による建築確認は，若干の疑問が残る法政策と筆者は認識している。
24) たとえば神奈川県では，開発許可権限，建築確認権限とも，33市町村中，12市が有するにとどまる。
25) 都道府県の事務の一部を市町村が処理する事務権限の移譲は，第1次分権改革により改正される前の地方自治法153条2項を根拠に，規則等に基づく事務委任という方式で行われていた。これを改め，2000年4月からは，改正地方自治法252条の17の2第1項及び改正地方教育行政の組織及び運営に関する法律55条1項に基づき，県市の対等・協力関係の下，県が条例（事務処理特例条例）を定めて実施している。神奈川県においても，3件の事務処理特例条例が制定され，これらに基づき県内市町村が事務処理を行っている。
26) 平成11年9月14日付け自治行第37号自治省行政局行政課長通知「条例による事務処理特例制度に係る条例の参考例等について」参照。
27) この問題を行政手続制度から見て指摘するものとして，出石2007；221-22参照。
28) 神奈川県の場合，事務処理特例条例により，2007年4月現在，県から市町村へ58法令，22県条例の172項目にわたる事務の移譲が行われている。そのうち経由事務は54項目を占めている。
29) この点を詳述し，行政手続制度上の改善策を提言するものとして，出石2007；222-23・225-30参照。
30) この点につき，久保2003；58-59参照。
31) 都道府県条例の適用除外規定や市町村条例との関係規定について詳細に検討するものとして，澤2007；87-114，兼子＝北村＝出石2008；263-64［津軽石］・319-20［澤］参照。

32) 横須賀市が土地利用調整関連条例の制定に向け検討を進めていた2004年当時，神奈川県土地利用調整条例の適用除外を受けるための協議を行おうと県市間で調整に入ったところ，当時の担当セクションの考えとして，この見解が示された。県条例が手続条例であるのに対し，横須賀市が検討していた条例は一歩踏み込んだ規制条例であることなどから，横須賀市では適用除外の趣旨に合致すると考えていたが，県の見解によると，協議に相当の期間を要することになるため，市の抱える課題解決を優先し，やむなく県条例の適用除外を断念して，市の条例制定を急いだという経緯がある。

なお，2007年に入り，相模原市が，旧津久井町等4町の合併を機に，土地利用方針を新たに定めるとともに，その実効性を確保するため，土地利用調整条例の制定に着手した。同市は県条例の適用除外を受ける意向のようであるが，神奈川県も県市間の分権を進める観点から，従来の方針を変換し，適用除外に向け前向きな姿勢を示しているようである。

33) たとえば，ポイ捨て防止条例を県と市が双方で定めた場合，一方がモラルに訴える宣言・訓示条例，他方が罰則付きの禁止条例を定めたとしても，双方の条例の目的や意義を考えたとき，両立すると考えるべきである。北村＝礒崎＝山口2005；19-20，北村2006；40，兼子＝北村＝出石2008；320［澤］参照。

34) 分権時代の都市自治体のあり方検討会2005は，都市自治体の条例と都道府県の条例との関係の見直しを求め，「都市自治体の条例と都道府県の条例との競合の調整」や「都道府県条例による規制からの都市自治体の適用除外」の必要性を主張している。

35) 神奈川県においても，指定都市である横浜市及び川崎市では環境影響評価条例を制定している。

36) ただし，大阪府下では，高槻市，枚方市などで，独自に環境影響評価条例を整備するなど，積極的に取り組む市町村も存在する。

37) この点を指摘し，自治体独自の条例制定をめざす取り組みを紹介した文献として，出石2006が詳しい。そのほか，まちづくり条例に関する文献は多数あるが，たとえば，南川2007；352-69，柳沢＝野口＝日置2007；245-90，小林1999など参照。

38) これに対し，法律の許可基準など法執行の内容を条例で定めるものは，法令事務条例あるいは書き換え条例と称されている。このタイプの条例も法律より厳しい内容を定めた場合，上乗せ・横出し条例となる。法律が規定する同一事項に対する条例のタイプや可能性を論ずるものとして，岩橋2001；360以下，北村2004；172-75，兼子＝北村＝出石2008；92-96［山口］・202-06［北村］など参照。

39) 本稿脱稿後，地方分権改革推進委員会の第2次〜第4次勧告が政府に提出されたほか，2009年9月には歴史的政権交代が実現した。今後の地方自治は，民主党新政権のもと，地域主権へ舵を切ることになろう。

参 考 文 献

出石稔編著（2006）『条例によるまちづくり・土地利用政策─横須賀市が実現したまちづくり条例の体系化─』第一法規。

出石稔（2007）「分権時代における行政手続制度の課題と展望〜分権適合型の市町村行政手続制度を考える〜」ジュリスコンサルタス（関東学院大学法学研究所刊）17号。

礒崎初仁（1996a）「計画的な県土利用をめざして─神奈川県土地利用調整条例の制定」季刊自治体学研究（神奈川県自治総合センター刊）69号。

礒崎初仁（1996b）「神奈川県土地利用調整条例（条例コーナー）」『ジュリスト』1101号。

岩橋健定（2001）「条例制定権の限界」小早川光郎＝宇賀克也編『行政法の発展と変革（下）』有斐閣。

兼子仁＝北村喜宣＝出石稔共編（2008）『政策法務事典』ぎょうせい。

北村喜宣（2004）『分権改革と条例』弘文堂。

北村喜宣（2006）『自治体環境行政法（第4版）』第一法規。

北村喜宣＝礒崎初仁＝山口道昭編著（2005）『政策法務研修テキスト（第2版）』第一法規。

久保茂樹（2003）「都道府県と市町村の新しい関係」北村喜宣編著『ポスト分権改革の条例法務─自治体現場は変わったか─』ぎょうせい。

小林重敬編著（1999）『地方分権時代のまちづくり条例』学芸出版社。

澤俊晴（2007）『都道府県条例と市町村条例』慈学社。

自由民主党道州制調査会（2007）「道州制に関する第2次中間報告」。

地方分権改革推進委員会（2008）「第1次勧告〜生活者の視点に立つ「地方政府」の確立〜」。

都市計画用語研究会（2004）『都市計画用語辞典』ぎょうせい。

成田頼明（1989）『土地政策と法』弘文堂。

日本都市センター（2004）『都市づくりと都市計画制度─都市計画制度と今後の都市づくりのあり方等に関する調査研究最終報告書』同センター。

藤川眞行（2007）『街づくりルール形成の実践ノウハウ─市町村における街づくりの法政策─』ぎょうせい。

分権時代の都市自治体のあり方検討会（2005）「分権時代の都市自治体のあり方について」全国市長会。

南川和宣（2007）「条例による土地利用規制」芝池義一＝見上崇洋＝曽和俊文編『まちづくり・環境行政の法的課題』日本評論社。

柳沢厚＝野口和雄＝日置雅晴編著（2007）『自治体都市計画の最前線』学芸出版社。

執筆者紹介 （執筆順）

礒崎　初仁（いそざき　はつひと）　中央大学法学部教授，大学院公共政策研究科教授（まえがき，第1章）
今村　都南雄（いまむら　つなお）　中央大学法学部教授，大学院公共政策研究科教授（第2章）
田口　一博（たぐち　かずひろ）　財団法人地方自治総合研究所研究員（第3章）
髙井　正（たかい　ただし）　財団法人東京市政調査会主任研究員（第4章）
岩﨑　忠（いわさき　ただし）　神奈川県県土整備部（第5章）
早川　淳（はやかわ　じゅん）　青山学院大学総合文化政策学部非常勤講師（第6章）
出石　稔（いずいし　みのる）　関東学院大学法学部教授（第7章）

変革の中の地方政府――自治・分権の制度設計――
中央大学社会科学研究所研究叢書23

2010年3月25日　発行

編著者　　礒崎　初仁
発行者　　中央大学出版部
代表者　　玉造　竹彦

〒192-0393　東京都八王子市東中野742-1
発行所　中央大学出版部
電話 042(674)2351　FAX 042(674)2354
http://www2.chuo-u.ac.jp/up/

Ⓒ 2009　　　　　　　　　　　　電算印刷㈱

ISBN 978-4-8057-1324-2

中央大学社会科学研究所研究叢書

1　中央大学社会科学研究所編
自主管理の構造分析
－ユーゴスラヴィアの事例研究－
Ａ5判328頁・定価2940円

80年代のユーゴの事例を通して，これまで解析のメスが入らなかった農業・大学・地域社会にも踏み込んだ最新の国際的な学際的事例研究である。

2　中央大学社会科学研究所編
現代国家の理論と現実
Ａ5判464頁・定価4515円

激動のさなかにある現代国家について，理論的・思想史的フレームワークを拡大して，既存の狭い領域を超える意欲的で大胆な問題提起を含む共同研究の集大成。

3　中央大学社会科学研究所編
地域社会の構造と変容
－多摩地域の総合研究－
Ａ5判462頁・定価5145円

経済・社会・政治・行財政・文化等の各分野の専門研究者が協力し合い，多摩地域の複合的な諸相を総合的に捉え，その特性に根差した学問を展開。

4　中央大学社会科学研究所編
革命思想の系譜学
－宗教・政治・モラリティ－
Ａ5判380頁・定価3990円

18世紀のルソーから現代のサルトルまで，西欧とロシアの革命思想を宗教・政治・モラリティに焦点をあてて雄弁に語る。

5　高柳先男編著
ヨーロッパ統合と日欧関係
－国際共同研究Ⅰ－
Ａ5判504頁・定価5250円

EU統合にともなう欧州諸国の政治・経済・社会面での構造変動が日欧関係へもたらす影響を，各国研究者の共同研究により学際的な視点から総合的に解明。

6　高柳先男編著
ヨーロッパ新秩序と民族問題
－国際共同研究Ⅱ－
Ａ5判496頁・定価5250円

冷戦の終了とEU統合にともなう欧州諸国の新秩序形成の動きを，民族問題に焦点をあて各国研究者の共同研究により学際的な視点から総合的に解明。

■ 中央大学社会科学研究所研究叢書 ■

坂本正弘・滝田賢治編著

7 現代アメリカ外交の研究

A5判264頁・定価3045円

冷戦終結後のアメリカ外交に焦点を当て，21世紀，アメリカはパクス・アメリカーナⅡを享受できるのか，それとも「黄金の帝国」になっていくのかを多面的に検討。

鶴田満彦・渡辺俊彦編著

8 グローバル化のなかの現代国家

A5判316頁・定価3675円

情報や金融におけるグローバル化が現代国家の社会システムに矛盾や軋轢を生じさせている。諸分野の専門家が変容を遂げようとする現代国家像の核心に迫る。

林　茂樹編著

9 日本の地方ＣＡＴＶ

A5判256頁・定価3045円
〈品切〉

自主製作番組を核として地域住民の連帯やコミュニティ意識の醸成さらには地域の活性化に結び付けている地域情報化の実態を地方のCATVシステムを通して実証的に解明。

池庄司敬信編

10 体制擁護と変革の思想

A5判520頁・定価6090円

A.スミス, E.バーク, J.S.ミル, J.J.ルソー, P.J.プルードン, Ф.N.チュッチェフ, 安藤昌益, 中江兆民, 梯明秀, P.ゴベッティなどの思想と体制との関わりを究明。

園田茂人編著

11 現代中国の階層変動

A5判216頁・定価2625円

改革・開放後の中国社会の変貌を，中間層，階層移動，階層意識などのキーワードから読み解く試み。大規模サンプル調査をもとにした，本格的な中国階層研究の誕生。

早川善治郎編著

12 現代社会理論とメディアの諸相

A5判448頁・定価5250円

21世紀の社会学の課題を明らかにし，文化とコミュニケーション関係を解明し，さらに日本の各種メディアの現状を分析する。

中央大学社会科学研究所研究叢書

石川晃弘編著
13 体制移行期チェコの雇用と労働
A5判162頁・定価1890円

体制転換後のチェコにおける雇用と労働生活の現実を実証的に解明した日本とチェコの社会学者の共同労作。日本チェコ比較も興味深い。

内田孟男・川原　彰編著
14 グローバル・ガバナンスの理論と政策
A5判300頁・定価3675円

グローバル・ガバナンスは世界的問題の解決を目指す国家，国際機構，市民社会の共同を可能にさせる。その理論と政策の考察。

園田茂人編著
15 東アジアの階層比較
A5判264頁・定価3150円

職業評価，社会移動，中産階級を切り口に，欧米発の階層研究を現地化しようとした労作。比較の視点から東アジアの階層実態に迫る。

矢島正見編著
16 戦後日本女装・同性愛研究
A5判628頁・定価7560円

新宿アマチュア女装世界を彩った女装者・女装者愛好男性のライフヒストリー研究と，戦後日本の女装・同性愛社会史研究の大著。

林　茂樹編著
17 地域メディアの新展開
－CATVを中心として－
A5判376頁・定価4515円

『日本の地方CATV』（叢書9号）に続くCATV研究の第2弾。地域情報，地域メディアの状況と実態をCATVを通して実証的に展開する。

川崎嘉元編著
18 エスニック・アイデンティティの研究
－流転するスロヴァキアの民－
A5判320頁・定価3675円

多民族が共生する本国および離散・移民・殖民・難民として他国に住むスロヴァキア人のエスニック・アイデンティティの実証研究。

日本比較法研究所研究叢書

67	藤本哲也 編著	諸外国の修復的司法	A5判 6300円
68	小島武司 編	ＡＤＲの実際と理論Ⅱ	A5判 5460円
69	吉田　豊 著	手付の研究	A5判 7875円
70	渥美東洋 編著	日韓比較刑事法シンポジウム	A5判 3780円
71	藤本哲也 著	犯罪学研究	A5判 4410円
72	多喜　寛 著	国家契約の法理論	A5判 3570円
73	石川・エーラース グロスフェルト・山内 編著	共演　ドイツ法と日本法	A5判 6825円
74	小島武司 編著	日本法制の改革：立法と実務の最前線	A5判 10500円
75	藤本哲也 著	性犯罪研究	A5判 3675円
76	奥田安弘 著	国際私法と隣接分野の研究	A5判 7980円
77	只木　誠 著	刑事法学における現代的課題	A5判 2835円
78	藤本哲也 著	刑事政策研究	A5判 4620円
79	山内惟介 著	比較法研究　第一巻	A5判 4200円
80	多喜　寛 著	国際私法・国際取引法の諸問題	A5判 2310円
81	日本比較法研究所 編	Future of Comparative Study in Law	菊判 11760円
82	植野妙実子 著	フランス憲法と統治構造	A5判 4200円
83	山内惟介 著	Japanisches Recht im Vergleich	菊判 7035円
84	渥美東洋 編	米国刑事判例の動向Ⅳ	A5判 9450円

＊価格は消費税５％を含みます．